[2판]

PHYSICAL EDUCATION FOR TIGHT SPACES

엄혁주 선생님의 웃음과 배움이 넘치는

교실체육

엄혁주 지음, 임지백 그림

교육과학사

머리말

2015년 『교실체육』이라는 책이 처음 세상에 나왔을 때가 기억난다. 주변의 체육관련 지인들은 교실에서 체육을 하는 것이 말이 되냐며 따져 물었다. 교실에서만 체육을 하는 것은 문제지만 기상이나 대기 상황, 학교 사정으로 운동장에서 체육을 할 수 없는 경우에 교실에서라도 할 수 있어야 한다는 것이 필자의 생각이었다. 여러 반대에도 『교실체육』을 집필했고 얼마 지나지 않아 초등 현장에 『교실체육』이 어느 정도 자리를 잡아가고 있다. 교실체육에 대한 관심은 어쩌면 현장의 교사들도 체육수업에 대한 열의와 열정을 갖고 있었다는 것을 의미한다.

물론 필자가 처음 교실체육을 소개했을 때에도 대부분 교사들의 반응은 의아했다. 그러나 교실체육을 하고 난 후에는 180도 달라졌다. 학생들이 재미있고 즐거워하며, 운동장에서보다 통제도 용이하고, 시청각자료를 충분히 이용가능하며, 격한 신체활동은 아니지만 신체활동과 함께 다양한 학습 활동(글쓰기, 감상하기 등)이 가능하다는 것이다. 특히 교실체육은 운동장이나 강당에서 이루어지는 체육수업과 다른 이점을 갖고 있다. 교사의 독립성 보장, 시청각자료의 적극적인 활용, 학생들과의 직접적인 소통의 편리 등 여러 가지가 있지만 가장 중요한 점은 학생들의 체육시간을 그냥 흘려보내거나 빼앗기지 않는다는 점이다.

하지만 그동안 체육은 학생이 가장 선호 교과임에도 불구하고 여러 사정으로 체육수업을 할 수 없었다. 교사측면, 수업 방법, 환경적 측면 등 다양한 요인이 있었지만 그중 가장 중요한 요인은 미세먼지 등의 기상상황일 것이다. 이를 보완하고자 만든 것이 교실체육이고 교실체육은 체육수업의 또 다른 방법인 것이다.

그렇다고 모든 체육수업을 교실에서만 하라는 것은 아니다. 운동장이나 체육관을 사용하기 어렵거나 운동장보다는 교실에서의 학습활동이 더 필요한 활동이라면 체육수업에서 추구하는 전인발달의 학습효과를 이끌어 내기 위해 교실체육을 해야 하는 것이다.

사실 이 책은 처음에 '학생들이 왜 신체활동 수업에 열광하는 것일까' 의 물음에서 출발하였다. 움직임에는 의식적이나 무의식적인 과정이 함께 작용하게 된다. 우리는 움직이는 동안 수많은 주변 세계와 의식적으로 지각하고 반응한다. 학생들은 그 관계가 더욱더 확연하게 나타난다. 그들은 즐거우면 뛰고, 화가 나면 발을 구르며 자신의 감정표현을 움직임으로 나타낸다. 움직이고자하는 열망 그것이 학생들이 신체활동 수업 즉 체육수업에 열광하는 근본 이유일 것이다.

그러나 학생들이 좋아하는 체육수업을 못하게 되었을 때, 그 상처는 더욱 크게 나타난다. 이를 엄혁주, 고문수(2013)는 '감정적 협박' 이라고 하였다. '감정적 협박' 은 주로 연인 사이에 빈번하게 발생한다. 서로를 적대적으로 위협을 가하기 위한 것을 '협박' 이라고 한다면, '감정적 협박' 은 상대방에게 필요나 부탁 또는 강요를 위해 감정에 대한 호소와 같은 방법으로 사용하는 강력한 요구이다. 따라서 상대방에게 위협을 가하려는 것이 아닌 나의 요구를 상대방에게 강요하려는 데에서 출발한다고 볼 수 있다. 그러므로 감정적 협박자들은 특별한 위협자가 아닌 바로 우리의 부모나 교사, 연인 그리고 동료일 때가 많으며, 그들은 자신이 감정적 협박을 가하는지도 모른다. 수업은 다양한 환경 변인과 교사 그리고 학생과의 상호작용 속에서 이루어지므로(조벽, 2012), 체육수업이 시간표에 있는데도 불구하고 비가 오거나 의도치 않은 이유가 있다고 교사는 체육수업을 하지 않고 그냥 넘어가서는 안 된다. 왜냐하면 위와 같은 이유로 체육수업을 못하면 학생들은 엄청난 실망감을 느끼기 때문이다.

이러한 측면에서 이 책은 신체활동을 통한 심신의 건강 증진을 위해 어떠한 상황에서도 체육수업을 받을 그리고 할 수 있는 권리를 보장해 줄 것이다. 혼자보다는 함께하는 모둠 게임을 통해 친구들과의 관계, 긍정적인 정서와 인성 함양에도 도움을 주게 될 것이다.

교실체육이 나오고 3년 만에 개정판을 쓰게 되었다. 개정판에서는 1판에서의 교육과정영역 중심에서 교실 및 학생 친화적 용어로 수정되었고, 민속놀이를 추가하였다. 이 책은 총 2부로 구성되었는데 1부는 교실 체육수업을 왜 해야 하는지와 교실 체육수업을 위한 교사의 역할을 자세히 설명해주고 있다. 2부는 교실 체육수업을 위한 교실 배치법과 준비운동 및 정리운동, 학기 초 어색해 할 수 있는 학생들을 위한 마음열기 게임인 '첫 만남, 친구와 친해지기', '뇌 발달하기', '목표를 함께 나아가기', '교실 올림픽', '사랑을 율동으로', '융합 체육수업' 그리고 우리의 전통놀이인 '민속놀이' 를 다루었다. 또한 안전교육이 강조되는 시점에서 각 영역별 활동 속에 안전사항을 제시하였다. 특히 이 책은 학교체육 상황은 물론 타 교과와 창의적 체험활동 그리고 학교생활 전반에 걸쳐 공간, 장비, 시간의 제약을 최소화할 수 있도록 놀이중심의 체육활동으로 구성하였다.

이 책이 나오기까지 자료 개발에 도움을 준 경인교육대학교 2013학번 윤리과, 수학과, 국어과, 체육과 학생들, 그리고 비판적 읽기와 교정하는 일로 도움을 주고 곁에서 겸손함을 잃지 않도록 지지해준 강효영 선생님, 사진촬영에 참여한 신곡초등학교 엄지온, 엄주호, 임주희 학생과, 결포초등학교 김민주, 김현익, 김나은 학생들에게 감사의 마음을 전하고자 한다.

끝으로 이 책이 나올 수 있도록 인도하시고 계획하신 하나님께 감사드린다. 그리고 바쁜 가운데에서도 삽화 작업에 최선을 다해준 임지백 선생님, 교육과학사 정경식 부장님, 이정호 실장님 그리고 편집진 여러분께 깊은 감사를 드린다.

2019년 1월

엄혁주

게임 찾아가기

활동 영역	게임	쪽수	활동 가능학년	교실배치	운동강도	인성
준비 운동 하기	지퍼 열어~지퍼 닫아	63	모두	봉황 · 사방 · 'ㅂ' 자형	중	안정감
	동물원	63	모두	봉황 · 사방 · 'ㅂ' 자형	하	안정감
	쥐와 고양이	64	모두	봉황 · 사방 · 'ㅂ' 자형	중상	안정감
	밀고당기기	64	모두	봉황 · 사방 · 'ㅂ' 자형	중	안정감
	오버언더 공 릴레이	65	모두	봉황 · 사방 · 'ㅂ' 자형	중	안정감
	사이드 공 릴레이	65	모두	봉황 · 사방 · 'ㅂ' 자형	중	안정감
	철길을 달려라	66	모두	봉황 · 사방 · 'ㅂ' 자형	중상	안정감
	무릎치기	66	모두	봉황 · 사방 · 'ㅂ' 자형	중	안정감
	애벌레 달리기	67	모두	봉황 · 사방 · 'ㅂ' 자형	중상	안정감
	친구 자리에 가서 앉기	67	모두	봉황 · 사방 · 'ㅂ' 자형	중	안정감
	둘이서 손잡고 돌기	68	모두	봉황 · 사방 · 'ㅂ' 자형	중	안정감
	상체로 원 그리기	68	모두	봉황 · 사방 · 'ㅂ' 자형	중	안정감
	서로 당기며 원 그리기	69	모두	봉황 · 사방 · 'ㅂ' 자형	중	안정감
	다리 올려	69	모두	봉황 · 사방 · 'ㅂ' 자형	중	안정감
	더 낮게	70	모두	봉황 · 사방 · 'ㅂ' 자형	중	안정감

활동 영역	게임	쪽수	활동 가능학년	교실배치	운동강도	인성
첫 만남, 친구와 친해지기	친구를 기억해	82	유~4학년	사방, '0' 자형	중상	협동
	집짓기	84	3~4학년	봉황형	중	상황판단력
	너 그리고 나	86	유~4학년	봉황형	중	사회성
	내 친구의 특징은?	88	3~4학년	기본교실	중	규칙준수 창의성
	깨트려 & 찾아	90	3~4학년	'ㄷ' 자형	중	사회성
	안경 쓴 학생	92	3~4학년	기본교실	중	공감 친밀성
	옷 공장	94	5~6학년	사방형	중	인내심
	"3" 모여	96	5~6학년	봉황 · 사방 · 'ㅂ' 자형	중	상황대처
	나를 믿어	98	5~6학년	'ㄷ' 자형	상	신뢰감
뇌 발달하기	교실 얼음땡(근력 및 근지구력과 순발력)	102	3~4학년	사방형	중	협동
	미션 임파서블 게임(유연성과 민첩성)	104	5~6학년	사방형	중	협동
	교실 추격전(민첩성과 협응성)	106	3~4학년	십자형	중상	적극성 협동
	과수원 놀이(순발력)	108	3~4학년	'ㅂ' 자형	중상	배려
	인간 고무줄(근력 및 근지구력과 유연성)	110	3~4학년	봉황형	중	협동
	순간의 찰나 (순발력과 협응성)	112	5~6학년	'ㅂ' 자형	중상	의사소통
	교실 줄다리기(근력 및 근지구력)	114	3~4학년	'ㅂ' 자형	중	의사소통
	내방은 어디에(순발력)	116	3~4학년	'ㅂ' 자형	중	사회성

활동 영역	게임	쪽수	활동 가능학년	교실배치	운동강도	인성
뇌 발달 하기	교실 땅따먹기(유연성과 순발력)	118	3~4학년	'ㅂ' 자형	중	인내심
	한 걸음 두 걸음	120	유~4학년	봉황형	중상	상황판단력
목표를 향해 함께 나아 가기	진실 혹은 거짓	124	3~4학년	'ㅂ' 자형	중	협동
	후프 고리	126	3~4학년	'ㅂ' 자형	중	배려
	뒤집고 뒤집기	128	5~6학년	'ㅂ' 자형	중상	규칙준수
	교실 체조	130	5~6학년	'ㅂ' 자형	중상	자아존중
	바이러스 피하기	132	3~4학년	'ㅂ' 자형	중상	존중
	친구와 하나 되어 달리기 I	134	5~6학년	'ㅂ' 자형	중상	협동
	친구와 하나 되어 달리기 II	136	유~4학년	'ㅂ' 자형	중	문제해결
	우유곽 투호놀이	138	3~4학년	'ㅂ' 자형	중하	집중력
	톰과 제리	140	5~6학년	'ㅂ' 자형	중	상황판단력
	엉덩이 달리기	142	유~4학년	'ㅂ' 자형	중상	협동
	함정을 뛰어넘어라	144	5~6학년	'ㅂ' 자형	중상	협동
	탁구공과 하나 되어 달리기	146	5~6학년	'ㅂ' 자형	중상	협동
	친구들과 함께 달려보자	148	5~6학년	'ㅂ' 자형	중	협동
	귀족 걸음 달리기	150	3~4학년	'ㅂ' 자형	중	집중력
	모두모두 다리 벌려	152	3~4학년	'ㅂ' 자형	중	협동, 인내심

활동 영역	게임	쪽수	활동 가능학년	교실배치	운동강도	인성
목표를 향해 함께 나아가기	럭비공아 어디가니?	154	유~4학년	'ㅂ' 자형	상	도전
	튕겨	156	유~4학년	'ㅂ' 자형	상	협동
	스포츠스태킹	158	모두	기본형	중상	인내심, 집중력
교실 올림픽	교실축구(원형 축구)	166	3~4학년	'ㄷ' 자형	중	의사소통
	던지고 받기	168	3~4학년	봉황형	하	존중, 배려
	접시 스케이트	170	5~6학년	사방형	중상	인내심
	교실 컬링 I	172	5~6학년	'ㅂ' 자형	중	협동
	교실 컬링 II	175	5~6학년	기본형	하	협동, 규칙준수
	교실 배구 I	178	3~4학년	네트형	중	공감, 협동
	교실 배구 II	180	3~4학년	네트형	중	공감, 협동
	교실 골프	182	3~4학년	봉황형	하	집중력
	교실 농구	184	유~4학년	'ㅂ' 자형	중	협동, 규칙준수
	교실 플라잉 디스크	186	5~6학년	'ㅂ' 자형	중	집중력
	교실 배드민턴	188	유~4학년	네트형	중	협동, 규칙준수
	날 따라 해봐요	190	3~4학년	봉황형	하	협동, 책임감
	교실 킨볼 I	194	유~2학년	'ㅂ' 자형	중	협동
	교실 킨볼 II	196	3~4학년	봉황형	중하	협동

활동 영역	게임	쪽수	활동 가능학년	교실배치	운동강도	인성
교실 올림픽	짝 카드	198	유~2학년	'ㄷ' 자형	중하	규칙준수
	교실 씨름	200	3~6학년	사방형, 봉황형	중상	공감
	앉은뱅이 피구	202	3~6학년	사방형	중상	배려, 협동
사랑을 율동으로	그대로 멈춰라	206	5~6학년	봉황형	중하	긍정심
	따라 쟁이	208	3~4학년	봉황형	중하	타인 존중
	교실 댄스	210	3~4학년	봉황형	중하	타인 존중
	무슨 동작일까요	212	3~4학년	봉황형	중하	창의성
	리더는 바로 '너'	214	5~6학년	봉황형	중하	공감
	리더를 따라 해요	216	5~6학년	봉황형	중하	협동, 의사소통
	탐정이 되어보자	218	5~6학년	'ㄷ' 자형	중하	공감
	왕과 신하	220	5~6학년	'ㄷ' 자형	중하	신뢰
	위험해 위험해	222	5~6학년	봉황형	중하	타인이해
	너와 나의 공통점	224	유~2학년	기본형	중하	협동
	사랑을 율동으로	226	유~2학년	기본형	중하	전통이해
	소고춤 ① (소고춤 소개하기)	228	5~6학년	봉황형	중	전통이해
	소고춤 ② (소고치며 달리기)	230	5~6학년	'ㅂ' 자형	중	적극성
	소고춤 ③ (얼쑤~ 놀아보자)	232	5~6학년	십자형	중	전통이해
	소고춤 ④ (날 따라오세요)	234	5~6학년	봉황형	중	전통이해

활동 영역	게임	쪽수	활동 가능학년	교실배치	운동강도	인성
사랑을 율동으로	소고춤 ⑤ (날 좀 보소, 날 좀 보소)	236	5~6학년	‘ㅂ’ 자형	중	자신감
	멋진 조각가가 되어보자	238	3~4학년	봉황형	중	협동, 감정이해
	우리 반 댄싱 왕	240	3~4학년	‘ㅂ’ 자형	중하	창의성, 책임감, 협동
	신체표현 1단계	242	3~4학년	사방형	중	감정이해
	신체표현 2단계	244	3~4학년	기본 후방 밀착형	중	공감, 협동
	신체표현 3단계	246	3~4학년	기본 후방 밀착형	중	공감, 협동
	신체표현 4단계	248	5~6학년	봉황형	중	배려, 협동
	신체표현 5단계	250	5~6학년	사방형	하	협동
	신체표현 6단계	253	5~6학년	기본 후방 밀착형	하	창의성
융합 교실 체육	덧셈	256	3~4학년	‘ㄷ’ 자형	하	정직성
	몸으로 도형 만들기	258	유~2 학년	‘ㅂ’ 자형	중하	협동
	Where are they?	260	5~6학년	‘ㅇ’ 자형	중	사교성
	원, 투, 쓰리, 포	262	유~2학년	‘ㅂ’ 자형 (의자 배열)	중하	책임감, 창의성
	Colors	264	유~2학년	십자형	하	창의성
	“C”를 찾아라	266	유~2학년	‘ㅂ’ 자형	하	이해심
	문장 완성하기	268	5~6학년	기본형	중하	협동
	신체 진로교육 I	270	5~6학년	‘ㅂ’ 자형	중	창의성
	신체 진로교육 II	272	5~6학년	기본형	하	사교성

활동 영역	게임	쪽수	활동 가능학년	교실배치	운동강도	인성
민속 놀이	여우야 여우야 뭐하니	276	1~3학년	봉황 · 사방 · 'ㅂ' 자형	하	상황대처
	오리알 술래잡기	277	3~4학년	봉황 · 사방 · 'ㅂ' 자형	중	배려
	강강술래 이어달리기	278	3~6학년	봉황 · 사방 · 'ㅂ' 자형	중상	배려
	제기 달리기	279	1~6학년	봉황 · 사방 · 'ㅂ' 자형	중	안정감
	실내화 투호 놀이	280	1~6학년	봉황 · 사방 · 'ㅂ' 자형	중	안정감
	우유 곽 차기	281	1~6학년	봉황 · 사방 · 'ㅂ' 자형	중	협동
	풍선 굴러쇠	282	1~6학년	봉황 · 사방 · 'ㅂ' 자형	중상	협동
	강강술래하며 튕겨	283	1~6학년	봉황 · 사방 · 'ㅂ' 자형	중	협동
	무궁화 꽃이 어떻다고	284	3~6학년	봉황 · 사방 · 'ㅂ' 자형	중상	안정감
	제기 치기	285	3~6학년	봉황 · 사방 · 'ㅂ' 자형	중	안정감

차례

제2부 교실 체육의 실제

제1부

교실 체육의 가치

제1장

교실 체육의 가치

학생들이 걸어가는 모습을 멀리서 가만히 지켜본 적이 있는가? 대부분의 학생들이 어른처럼 목적지를 향해 조용히 걸어가지 않는 것을 보았을 것이다. 주위를 두리번거리다가 관심 있는 물건이 나오면 그 물건을 관찰하기도 하고, 돌이나 장애물이 있으면 그 위로 뛰어올라 다시 점프해서 내려오기도 한다. 학생들은 보도블록 난간 위를 아슬아슬하게 걷기도 하며 쉴 틈 없이 움직이곤 한다. 학생들은 움직임에 대한 욕구가 강해서 꿈틀거리기, 기어가기, 달리기, 구르기, 균형 잡기, 던지기 등 다양한 신체활동을 좋아한다. 학생들의 이러한 움직임 욕구는 교실에서 더욱 강하게 나타날 수도 있다.

교실 체육의 가치는 어려서부터 신체활동에 많이 참여한 학생들은 신체적으로 활동적인 어른이 되며(Malina, 2001), 인성발달과 긍정적인 정서함양에 도움이 된다는 데 있다.

1. 교사의 고뇌

다음은 한 초임교사가 학교 현장에 가서 경험한 대화내용이다.

> 발령을 받고 초임학교로 향했다.
>
> 교장 선생님과 교감 선생님의 질문에 나는 "예, 자신 있습니다. 무엇이든 맡겨만 주시면 최선을 다하겠습니다."라고 야심차게 대답을 했다. 나는 앞으로 학생들과 즐거운 시간을 보낼 것을 생각하니 미소가 지워지지 않았다. 나의 기대에 부응이라도 하듯이 학교에서 체육전담 교사를 맡게 되었다.
>
> 체육부장은 학교 이곳저곳을 소개해 주셨고, 낡은 건물이지만 그 어떤 건물보다 아름다워 보였다. 운동장, 도서관, 음악실 그리고 컴퓨터실…… 체육부장은 말했다.
>
> "이제 다 봤으니 전담실로 갈까요?"
>
> "네? 그런데 체육관은 어디죠?"
>
> "체육관? 우리 학교에는 체육관이 없는데."
>
> "그럼 비가오거나 눈이 오면 수업을 어떻게 하죠?"
>
> "그냥 교실에서 보건수업하거나 이론 수업하는 거지?"
>
> "음……."
>
> 비단 이것이 위 학교만의 문제는 아니었다. 학구 내에 있는 대부분의 학교가 비슷하였다.

물론 최근에 신설된 학교는 운동장은 작지만 체육관이 있다. 그러나 체육관이라기보다는 다목적 강당, 즉 행사와 체육수업을 두루두루 다 가능하도록 만든 실내 교실의 형태를 띤다.

아마도 초임교사 때 겪은 위와 같은 일들은 시간이 흐르면서 잊거나 스스로 적응하며 지내고 있을 것이다. 그리고 이러한 생각은 체육의 가치를 다른 교과에 비해 낮게 생각하도록 만드는 계기가 될지도 모른다. 그러나 교사들이 체육의 가치를 알게 되면 학생들이 좋아하는 체육을 어디서든지 가능하도록 해야 한다는 것을 깨달을 것이다.

2. 교실 체육의 의의

앞의 이야기처럼 체육관이 없어서 체육을 할 수 없는가? 이제 그런 생각은 구시대의 유물로 넣어두어라. 대부분의 체육 전담교사들은 주당 20시간 이상을 체육관 없이 그리고 비가 오나 눈이오나 체육수업을 해왔다. 어떤 교사는 차양막이 있는 주차장에서, 어떤 교사는 교실에서 체육수업을 가르쳤다. 이 책은 바로 체육관이 없어 고민인 체육 교사나 교실에서 학생들과 즐거운 게임을 하고 싶은 담임교사 그리고 답답해하는 학생들을 위해 색다른 수업을 해보고 싶은 교사들을 위한 것이다.

체육관이 없다고 운동장 공간이 없다고 해도 교실과 같은 좁은 공간에서 수업활동을 계획하고 창조해 낼 수 있어야 한다. 우리 학생들에게 신체활동이나 체육수업은 운동발달과 신체발달뿐만 아니라 심리적, 정서적 발달에도 매우 중요하기 때문이다(엄혁주, 2014). 분명 교실은 좁은 공간이고 창문, 책상, 문구류 등 깨지기 쉽고 위험한 물건들이 있다. 그러나 체육수업 40분이 한번 흘러가면 영원히 오지 않는 귀중한 시간임을 명심해야 한다. 이 책을 활용한다면 교사와 학생들은 체육활동에 신나고 재밌게 참여하여 즐거운 수업을 만끽할 수 있다.

『교실체육』은 학생들의 운동인지 · 사회 · 정서 발달을 위한 효과적인 체육수업의 한 형태이다. 주지교과가 중요한 것처럼 체육도 매우 중요한 가치를 내포하고 있다. 하지만 학교 현장은 교사들이 체육수업을 운영하는데 많은 걸림돌이 존재한다. 가장 큰 걸림돌은 비나 눈, 혹서기와 혹한기 그리고 황사와 미세먼지 농도 증가 등의 날씨환경으로 운동장 수업이 어렵거나 체육관의 부재와 협소한 공간으로 인해 여러 학급이 동시에 체육수업을 운영하지 못한다는 점이다. 그러나 교실체육은 작은 공간에서도 신체활동을 통해 학생들의 움직임의 속성을 드러내면서 운동 환경을 개선하는 데 효과적이다.

3. 체육의 가치

학생들이 걸어가는 모습을 멀리서 가만히 지켜본 적이 있는가? 대부분의 학생들이 어른처럼 목적지를 향해 조용히 걸어가지 않는 것을 보았을 것이다. 주위를 두리번거리다가 관심있는 물건이 나오면 그 물건을 관찰하기도 하고, 돌이나 장애물이 있으면 그 위로 뛰어올라 다시 점프해서 내려오기도 한다. 학생들은 보도블록 난간 위를 아슬아슬하게 걷기도 하며 쉴 틈 없이 움직이곤 한다. 학생들은 움직임에 대한 욕구가 강해서 꿈틀거리기, 기어가기, 달리기, 구르기, 균형 잡기, 던지기 등 다양한 신체활동을 좋아한다. 학생들의 이러한 움직임 욕구는 교실에서 더욱 강하게 나타날 수도 있다. 왜냐하면 자유롭게 움직일 수 없고 가만히 의자에 앉아서 4~6시간을 조용히 앉아있어야만 하기 때문이다. 그래서 교사들의 주요 임무 중 하나가 교실에서 학생들을 어떻게 하면 움직이지 않도록 할 것인가가 되어 버렸는지도 모른다. 이것은 학생들이나 교사들에게도 그리 유쾌한 일이 아니다.

이 책은 바로 학생들의 움직임 욕구를 해결하고 교사의 괴로운 임무를 덜어주는데 답이 될 수 있다. 어려서부터 신체활동에 많이 참여한 학생들은 신체적으로 활동적인 어른이 되며(Malina, 2001), 인성발달과 긍정적인 정서함양에 도움이 된다(조한무, 엄혁주, 2014; 엄혁주, 고문수, 2014).

> 10살이 되기 전의 여자아이가 스포츠에 참여하지 않으면 25세 때 스포츠에 참여하는 수준은 10%도 안 된다.
>
> - Donna Lopiano, 여성스포츠재단(Women' s Sports Foundation) -

1) 학생들을 위한 체육의 가치

체육은 영 · 유아서부터 청소년에 이르기까지 그들의 삶에서 신체활동의 중요성을 알게 하고, 신체적 · 정신적 건강을 위해 매우 중요하다. 학생들에게 체육이 왜 중요한지 그 가치에 대해 미국 스포츠 및 체육협회(National Association for Sport and Physical Education)에서 다음과 같이 기술하였다.

- 지속적이고 건강한 신체활동

  청소년들의 증가하는 과체중 및 비만과 관련하여 지속적인 신체활동과 적절한 식이요법은 지나친 TV시청과 컴퓨터의 "스크린 타임"에 긍정적 대안을 제공한다. 그리고 신체활동은 유행성 비만을 낮추기 위한 가장 좋은 방안이 되기도 한다.
- 전략 개발(발전)

  다양한 체육프로그램은 학생들이 성인이 되었을 때, 스포츠나 신체활동에 안정적이고 성공적으로 참여하도록 가능성을 열어준다.
- 신체건강 증진

  학생들은 운동을 통해 근육과 심장혈관의 내구성, 강도 및 유연성을 향상시킬 수 있다.
- 타 교과의 이해증진

  움직임은 교실에서 배운 여러 교과의 이해를 높이도록 한다. 또한, 움직임은 향상된 뇌 기능과 연관이 있다.

- 자기 조절

  청소년들은 운동 기술과 건강 향상을 위한 책임을 받아들임으로서 귀중한 교훈을 얻게 된다.

- 목표 설정

  체육 수업은 청소년들이 체력과 같은 목표를 계획하고 성취해가는 과정을 이해하는 데 도움을 주는 유용한 실험실이다.

- 리더십과 협력

  체육 활동은 청소년들에게 과제를 해결하기 위해 집단 또는 하나의 모둠으로 움직이기를 요구한다. 이와 같은 기회들은 리더십과 협력을 가져오는 데 유용하게 작용한다.

- 향상된 자기효능감

  운동은 자신의 의사를 완벽하게 전달하거나 구사하지 못하는 어린 아이들에게 보다 효과적이다. 신체 능력에 대한 자신감은 자부심의 긍정적인 감정으로 이어질 수 있기 때문이다.

- 스트레스 감소

  우리의 신체는 운동 후에 스트레스, 긴장 그리고 불안을 감소시킨다. 이러한 감소는 수업시간에 집중력을 높이는 데 효과적이다.

- 대인관계 향상

  스포츠 및 신체활동은 새로운 친구를 사귀고 만나는 최고의 방법이다. 한사람의 신체능력에 대한 자신감은 젊었을 때 높으며, 성년기에는 보다 쉽게 대인을 만나도록 하며 다양한 상황에 쉽게 적응한다.

2) 건강의 이점

미국의 신체활동 매뉴얼에 따르면 남녀를 불문하고 신체적으로 활동적인 사람들은 자신이 움직인 만큼 다양한 이점을 갖게 된다고 보고하였다(Physical Activity Guidelines for Americans; USDHHS, 2000).

- 건강에 대한 혜택은 일주일 내내 적당한 신체활동(30분정도의 상쾌한 산책 또는 나뭇잎 쓸기, 15분간의 달리기 또는 45분간의 배구)을 했을 때 얻을 수 있다. 매일 운동을 하면 대부분의 사람들은 건강과 삶의 질을 향상시킬 수 있다.
- 신체활동의 양이 많다면 추가적인 건강상의 혜택을 얻을 수도 있다. 긴 시간 동안 높은

강도로 활동의 정규 처방을 유지해온 사람의 경우 더욱 다양한 혜택을 얻게 된다.

- 일반적으로 신체활동은 조기사망, 관상동맥 심장질환, 고혈압, 결장암 그리고 당뇨병의 위험을 감소시킨다. 또한, 신체활동은 정신적 건강을 향상시키고, 근육, 뼈 그리고 관절의 건강에도 도움이 된다.
- 신체활동은 건강하지 않아서 면역 반응이 발휘되지 못하는 사람들에게 정신적 웰빙의 향상과 신체적 기능을 향상시킴으로써 건강과 관련된 삶의 질을 높여준다.

3) 학생들에게 게임활동은 최고의 학습 방법

인간은 태어나면서부터 청소년기를 거치기까지 계속적으로 뇌 발달을 이어간다. 따라서 이 시기는 한 아이가 훌륭한 과학자가 되느냐 훌륭한 선수가 되느냐 훌륭한 인간으로 성장하느냐를 판가름하는 중요한 시기이다. 이러한 것들은 다양한 활동과 경험을 통해서 발현되고 구체화되어 나타난다. 많은 학자들이 강조하듯이 신체활동은 체력과 건강의 이점이외에도 인지적, 인성적 측면의 전인적인 발달에도 도움을 준다. 따라서 학생들에게 게임을 통한 즐거운 신체활동은 다음과 같은 다양한 발달을 가져올 수 있다.

- 지나친 경쟁으로부터의 자유: 협동

교실 체육은 지나친 경쟁으로부터 생기는 심리적 압박감을 줄여주고, 파괴적 행동의 필요성을 제거하며, 참가자들이 서로 도우면서 즐거움을 느낄 수 있는 분위기를 조성한다. 아동기에 습득한 행동이나 습관들은 나중에 성인이 되었을 때, 커다란 영향을 준다는 것을 고려해 볼 때, 아동이나 청소년들이 게임을 통해 바람직한 가치관이나 태도를 습득한다는 것은 교육적으로도 매우 중요하다. 학생들이 타인과 경쟁해서 무조건 이기는 것만 중요하다고 생각한다면 자신의 삶의 과정에서 타인들을 해치는 것을 주저하지 않게 될 뿐만 아니라, 자신의 가족과 스스로를 파괴하게 될지도 모른다.

- 창의력을 발휘할 수 있는 자유: 인지와 창의력

침팬지 연구로 유명한 교토대의 영장류 연구소의 보고에 따르면 인지능력은 너그러움과 배려를 통해 발달한다고 발표했다. 비고츠키도 서로 협동하는 게임은 인지발달을 주도할 수 있는 사회적 경험이라고 강조했다. 결국 아동은 게임을 통해서 지적발달을 위한 기초를 다지게 되며(Piaget, 1953; Weininger, 1972), 이때 인지발달과 함께 계발되는 것이 바로 창의력이다. 게임 교육에서 아동들의 창의성이 중요한 이유는 그들의 창의성이 발달될 수 있는 자유가 허락될 때, 개인적 만족감을 얻을 뿐만 아니라, 자신이 당면한 문제점들을 해결하는 데 중요한 경험을 갖도록 한다.

• 소외로부터의 자유: 소속감(참여), 자신감

참여하는 학생을 제거하거나 소외시키는 게임은 게임의 경험이 부족하거나 기술이 부족한 학생들에게 불이익을 주고, 그들로 하여금 소외감과 자신감의 상실 등의 감정을 유발하게 된다. 무엇보다 유감인 것은 게임에서 탈락되는 학생들이 게임 과정에서 제외되거나 소외됨으로써 경험이 줄어들게 되고, 기술을 향상시킬 수 있는 기회까지도 박탈당할 수 있다. 게임은 어떠한 형태로든지 게임의 주체 자들이 소외되는 것을 배제하여 승리자와 패배자로 구분되지 않도록 해야 한다.

• 선택의 자유: 책임감, 문제해결력

게임에 참여하는 학생들에게 비록 나이가 어릴지라도 선택의 기회를 제공하는 것은 그들을 존중하고 그들 자신이 스스로 책임을 질 수 있다는 신념을 뜻한다. 교사들은 아동이나 청소년들을 책임감 있는 인격체로 대할 때, 그들이 책임감을 느끼며 행동하게 된다. 아동이나 청소년들이 의견을 제시할 수 있고 의사 결정을 하며 게임에 참여할 선택의 자유가 주어질 때, 게임에 참여하고 즐기고자 하는 내적인 동기 유발이 형성된다.

• 재미

Orlick(2006)은 게임을 하는 학생들의 기본적인 이유가 재미라고 강조하였다. 학생들이 게임에서 재미를 느낄 때, 교사는 학생들의 가슴과 영혼에 영양을 공급해주는 것이기 때문이다.

4. 체육수업과 뇌 발달과의 관계[1)]

1990년대의 뇌와 관련된 연구들은 뇌 손상이나 질병 등에 초점을 맞추고 있었기 때문에 교수 · 학습이나 운동과는 별 상관이 없었던 것이 사실이다. 그러나 뇌에 관한 연구가 상당히 많이 진척되면서 교육학이나 체육학에도 주요한 영향을 미치게 되었다. 그러한 영향은 운동을 통해 뇌는 학습과 기억을 향상하게 된다는 연구결과가 나오면서부터이다. 결론부터 말하

1) 고문수, 엄혁주, 송지환(2015)의 [초등체육수업론] 2판의 내용을 재구성하여 작성하였음.

자면 신체활동은 뇌로의 혈액 공급을 원활하게 해 줄 뿐만 아니라(Scholey, Moss, Neave, & Wesnes, 1999), 회백질(grey matter)과 신경세포 수를 증가시키고 인지 처리와 감정을 조절하는 능력을 향상시킨다는 사실이 입증된 것이다. 하버드 의과대학의 존 레이티와 에릭 헤이그먼(2008) 연구진들은 운동의 효과를 다음과 같이 주장하였다.

> 누구나 운동을 하면 기분이 좋아진다는 사실을 알지만 도대체 왜 그런지를 아는 사람은 별로 없다. 그저 스트레스가 사라져서 혹은 뭉친 근육이 풀어지거나 엔도르핀 수치가 높아져서 그럴 것이라고 짐작할 뿐이다. 하지만 유쾌한 기분이 드는 진정한 이유는 운동을 해서 혈액을 뇌에 공급해주면 뇌가 최적의 상태가 되기 때문이다. 이러한 점은 단순히 운동이 신체에 이롭다는 사실보다 훨씬 중요하고 흥미진진하다. 근육이 발달하고 심장과 폐의 기능이 개선되는 것은 부산물에 불과하다. 그래서 나는 종종 환자들에게 말하곤 한다. 운동을 하는 진정한 목적은 뇌의 구조를 개선하는 작업이다.
>
> 이상헌 옮김(2009). 『운동화 신은 뇌』의 내용 중에서

1) 운동과 뇌와의 관계

뇌는 운동을 통해 더욱 발달한다. 예를 들어 정확한 신체활동을 위해 뇌가 발달하고 이렇게 발달된 뇌는 몸에 더욱 복잡하고 효율적인 움직임을 가능하도록 해준다. 세상에 태어나면서부터 아기들은 하나의 생명체로 살아 움직이는데 이러한 움직임의 강도와 민첩성 발달을 위해 끊임없이 반사작용을 한다. 반사는 생존에 필요하고 지속적으로 유지되는 생존 반사(호흡 반사, 눈 깜빡이기 반사, 동공 반사, 입술 내밀기 반사, 빨기 반사 등)와 일정 기간이 지나면 사라지는 원시 반사(바빈스키 반사, 모로 반사, 잡기 반사, 보행 반사 등)로 나뉜다. 이러한 반사작용을 통해 아기들의 신경은 발달하게 되고 이렇게 발달된 신경은 뇌를 자극하여 뇌도 함께 발달하고 성장하게 된다.

2) 운동과 뇌 발달의 관계

수십여 년 전만 해도 인간의 뇌 신경세포는 한 번 손상으로 재생이나 회복이 불가능한 것으로 알려져 왔다. 그러나 최근 뇌 과학계는 운동이 뇌에 미치는 강력하고 결정적인 메커니즘, 즉 운동이 직접 새로운 뇌세포를 만들어내어 뇌 기능을 높인다는 사실을 입증하였다. 생성된 신경세포가 살아남게 하려면 풍요로운 환경을 만들어 자극을 주어야 하는데, 이러한 자극 즉

운동이 신경세포의 생성을 촉진할 뿐 아니라, 새로 태어난 신경세포가 소멸하지 않고 성장하도록 돕는다는 것이다.

(1) 뇌세포 성장인자 BDNF(brain-derived neurotrophic factor)

대표적인 성장인자는 BDNF(brain-derived neurotrophic factor)라 불리는 '뇌세포 성장인자' 이다. BDNF는 뇌세포의 성장과 건강유지를 돕고 스트레스로부터 뇌세포를 지켜주며, 자체적으로 항 우울제, 항 불안제의 역할까지 한다. 따라서 BDNF를 기적의 성장인자라고 부르는데, 이 BDNF를 증가시키는데 가장 좋은 방법이 운동이다.

(2) 두뇌 혈류량의 증가

운동을 하면 뇌의 혈류량이 증가한다. 뇌의 혈류량이 증가한다는 것은 뇌에 공급되는 영양과 산소량이 늘어난다는 것을 의미한다. 따라서 뇌의 혈류량이 증가하면 학습능력 향상에 많은 도움을 주는 것이다. 존 레이티 교수는 "운동을 하는 진정한 목적은 뇌의 구조를 개선하는 것이며 운동은 집중력과 침착성을 높이고 충동성을 낮춰준다." 라고 강조하였다.

평소와 같이 아침에 자율학습을 계속한 반은 뇌혈류량에 변화가 없었으나 영상 체조 반은 약간의 변화를 보였고, '0교시 체육수업' 을 실시한 반에서는 아래 사진과 같이 두드러진 뇌혈류량 증가를 보였다(김선일, 2010).

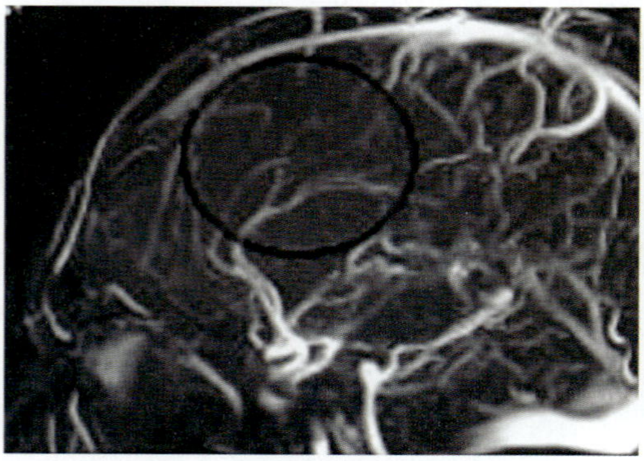

[그림 1] 운동 전

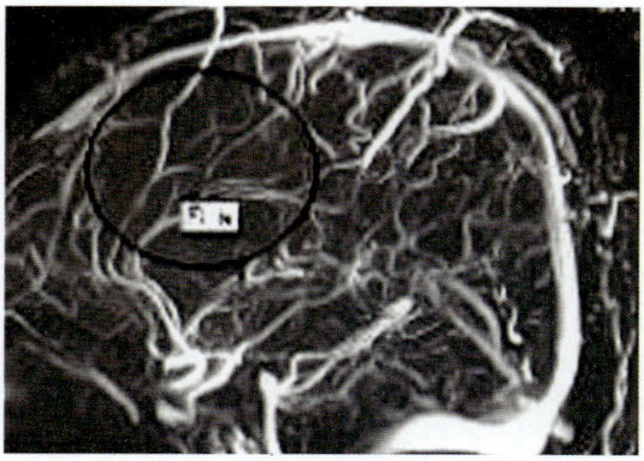

[그림 2] 운동 후

(3) 심리적 안정감의 생성

신인섭 교수(서울대 신경정신과: 학생들의 운동 전 · 후 지적 능력 및 인성테스트 담당)가 실시한 '0교시 체육수업' 프로젝트에 따르면 "학습이 잘 이루어지기 위해서는 스트레스를 덜

받고 즐겁게 공부할 수 있는 환경을 만들어 주어야 하는데, 실험을 통해 운동반의 정서적 안정성이 현저히 높아진 것을 확인할 수 있었다." 고 한다.

(4) 주의력과 집중력 및 학업 성적의 향상

'0교시 체육' 프로그램을 진행하면서 학습, 심리 전문가와 함께 학생들의 운동 프로그램 시작 전과 후의 지적 능력을 검사하고 그 변화를 비교 분석하였다. 그 결과 세 그룹 중 운동반이 인지적 능력에서 가장 효과가 있었으며, 주의력과 기억력이 동시에 상승한 학생이 가장 많은 것으로 나타났다. 또한, 국 · 영 · 수 등 주요 과목의 성적을 비교한 결과, 운동 반 학생의 77%가 전년도에 비해 성적이 향상된 것으로 나타났다. 특히, 비운동반에 비해 수학 점수의 향상이 두드러진 것으로 나타났다.

운동은 약의 효과와 같은 자연 스트레스 백신이다. 운동을 하면 기분이 좋아지는데 그 이유는 운동이 뇌의 기능을 향상시키고 신경전달물질의 생성을 촉진함으로써 신체의 전체적인 균형을 맞추어주기 때문이다. 따라서 운동을 많이 하는 노인의 경우 뇌 속으로의 혈액 공급과 뇌의 전기 활동이 왕성하여 20대와 비슷한 수준을 갖게 되는 것이다. 이제 운동은 신체적 건강만을 위한 것이 아닌 우리 몸의 균형과 뇌 발달을 위해 필연적인 활동이다.

3) 운동과 뇌 발달의 최신의 연구 결과

그동안 학교교육에서 성적을 올리기 위해서는 운동도 하지 않고 놀지도 않고 하루 종일 책상앞에 앉아 공부를 해야만 한다고 생각해왔다. 이러한 발상은 신체활동이 두뇌 활동과 관련이 없다고 생각했기 때문이다. 그러나 최근에는 위의 생각이 잘못 되었다는 연구결과가 홍수처럼 쏟아져 나오고 있다.

(1) 뇌의 백질과 신체활동의 연관성

2014년 8월 국제 학술지인 '인간 신경과학의 선구자' (Frontiers in Human Neuroscience)에서 발표된 로라 체덕 헤이먼(Laura Chaddock-Heyman, 2014)인 미국 일리노이 대학교(University of Illinois) 심리학과 교수의 연구에 따르면, 신체 운동이 두뇌 활동 개선에 도움이 된다고 한다.

연구 모듬은 9~10세 어린이를 대상으로 뇌의 백질과 신체활동의 연관성을 연구하였다. 그 결과, 신체활동을 한 아이는 그렇지 않은 아이보다 '백질' 을 더 많이 가지고 있는 것으로 나타났다. 백질은 회백질 사이를 연결하는 신경섬유로 정보를 전달하는 역할을 하는 것으로 알려졌다.

백질이 많으면 주의집중력과 기억력 그리고 두뇌 조직 간 연결이 활발하게 이루어진다. 기존의 연구들이 해마 등 뇌 특정 부분의 크기가 신체운동에 의해 어느 정도 영향을 받느냐에 초점을 맞추고 있었다면 이번 연구는 백질을 통한 뇌의 발달에 초점을 두었다. 따라서 운동을 통해 건강해지면 백질을 통한 두뇌 속 신경 신호 전달 활동이 더 활발해진다는 것을 밝혀낸 것이다. 더욱이 신체운동이 아이들의 뇌 활동과 학습력에 중요한 영향을 미친다는 것을 입증하였다.

결국 백질의 차이가 뇌의 인지능력의 차이를 가져오고, 이것은 학교 교육과정에서 체육 수업을 줄이거나 없앰으로써 학생들이 학교에서 대부분의 시간을 책상 앞에 앉아서 수업을 받고 있는 현실에 경각심을 주는 결과이다. 의자에 앉아만 있는다고 공부에 효과가 나타나지는 않는다. 오히려 적절한 신체활동을 통해 뇌가 활성화 되도록 도와주는 것이 중요하다. 특히, 학생들이 체육시간 만큼이라도 신체활동에 적극적으로 참여하도록 하고, 학교수업에서 다른 과목으로 대체하거나 시간을 감소해서는 안 된다.

(2) 유산소운동, 뇌 건강도 지켜준다

신체활동은 뇌 발달과 함께 뇌 건강도 지켜준다. 뇌 발달과 뇌 건강은 어찌 보면 비슷한 말이라고 생각할 수도 있지만 이것은 우리 몸의 근육이 발달하는 것과 우리 몸이 건강한 것이 다르다는 것과 비슷한 맥락이다.

2014년 1월 '노화신경학' (Neurobiology of aging) 학술지에 발표된 클로틴 고티에(C. J. Gauthier, 2014) 캐나다 몬트리올 대학교(Université de Montréal) 교수 팀은 신체와 정신이 건강한 18~30세 성인 31명과 55~75세의 노인 54명에게 강도 높은 운동을 하게하고 30초간 최대산소흡입량을 측정하였다. 이와 더불어 스트루프 검사(Stroop test)라는 인지기능 테스트를 시행하였다.

연구 팀은 스트루프 검사를 시행하는 과정에서 MRI검사를 통해 뇌의 혈류량과 뇌 활동을 측정하였다. 이와 함께 심장에서 펌프질을 통해 온몸으로 혈액을 내보내는 대동맥의 두께도 함께 측정했다. 이러한 검사는 성인 그룹과 노인 그룹만이 아니라, 같은 그룹 내에서도 비교분석을 진행했다. 그 결과, 대동맥 건강과 뇌의 기능 및 운동과 뇌의 기능 사이에는 연관이 있는 것으로 나타났다. 그리고 나이를 먹을수록 대동맥의 탄력성과 뇌 기능은 저하된다는 사실을 밝혀냈다. 이는 운동을 통해 대동맥의 노화를 막을 수 있으며, 이것은 두뇌 건강을 유지하고 노화를 방지하는데 도움을 준다는 것이다.

동맥이 나이가 들면서 점차 굳어지는 혈관경화는 대동맥에서 시작된다. 즉 대동맥의 경

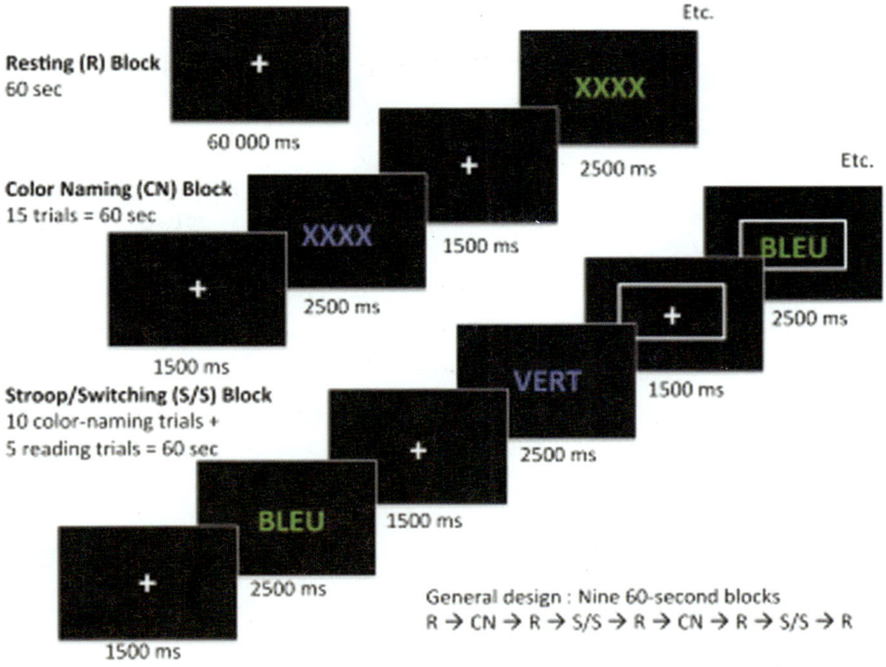

[그림 3] 클로틴 고티에 교수팀의 수정된 스트루프 과제 검사

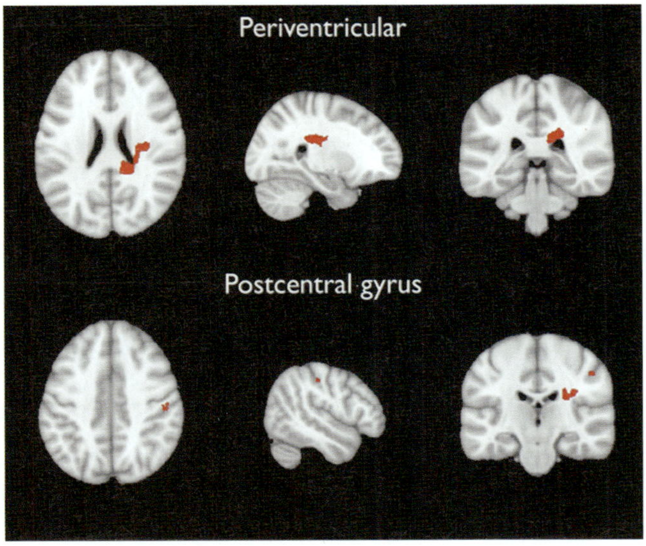

[그림 4] 뇌혈관저항(CVR)과 최대심박수 관련 뇌촬영

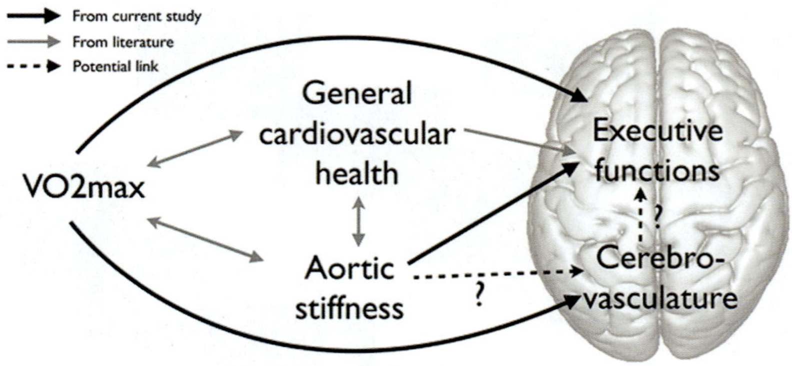

[그림 5] 대동맥 건강, 심폐 체력 그리고 뇌 기능 관련성의 개념적 프레임

화는 뇌에 대한 혈액공급에 영향을 미쳐 인지기능에도 변화를 가져온다. 이와 반대로 대동맥의 경화를 막으면 인지기능의 변화 속도를 감소하게 하는데, 이를 위한 최고의 방법이 바로 운동이다.

5. 교실 체육의 본질적 특성

교실 체육이 노동이나 일과 다른 점은 수업 그 자체가 놀이이면서 동시에 배움이 일어난다는 것이다. 교실 체육, 그 자체에 본질적인 의미가 포함되어 있다는 것이다. 이제 우리는 교실 체육의 본질적 특성에 대해 일반적으로 합의된 몇 가지 관점을 검토하고자 한다.

체육 수업과 마찬가지로 교실 체육은 단순히 교실에서 노는 것에 그치는 것이 아니라 더 많은 의미를 지니고 있는데 여기서는 4가지 필수적 특성에 대해 알아보았다.

첫째, 학생들이 가장 좋아하는 교과가 체육인 것은 교육적 의미와 수업이라는 활동 속에 재미가 있기 때문이다. 마찬가지로 교실 체육도 먼저 우선시 되어야 할 것이 즐거워야 한다는 것이다. 여기서 즐거움의 대상은 물론 학생이 된다. 학생이 즐거우면 교사도 즐겁고 수업도 즐거운 것이 되기 때문이다.

둘째, 교실 체육은 자율적인 참여가 되어야 한다. 아무리 좋은 내용과 의미가 있는 활동이라 할지라도 학생들이 내적으로 동기화 되어 있지 않다면 그 시간은 매우 힘들고 어려운 시간이 된다. 하지만 내적으로 동기화 된 활동은 시간가는 줄 모르고 활동에 몰입하게 된다. King(1979)은 학생들이 활동에 강요를 당한다면 그 활동은 결코 즐겁지 않고 그것을 일로 간주하게 된다고 강조하였다.

셋째, 교실 체육은 학생들이 적극적으로 참여함으로써 자기 주도적인 활동이 이루어진다. 학생들은 하고 있는 것에 수동적이거나 무관심하기보다는 신체적으로나 심리적으로 몰입해야 하기 때문이다. 아동들은 스스로 자신이 정한 활동이나 과업에 몰두할 때 성공적이라고 느낄 뿐만 아니라 자기 주도적으로 참여하려는 마음을 갖는다(Bredekamp, 1987). 아동의 주도적 학습은 교사의 안내나 조언, 지식 등 어떠한 제공이 없이는 일어나지 않으므로 교사는 사전에 학생들의 활동이 활발히 이루어지도록 충분한 안내와 자료를 제공해야 한다(Bredekamp, 1993).

넷째, 교실 체육은 통합적 교수 운영이 가능하다. 체육수업은 신체활동에 직접 참여하며, 그러한 활동 속에서 관련 가치를 통합적으로 습득할 수 있도록 해야 한다. 이러한 관점에서 운동장이나 체육관보다는 교실에서는 더 활용이 가능하고 그 효과 또한 극대화 될 수 있다. 예를 들어, 경쟁활동에서 농구를 익힌다면 학습자들이 모둠 별로 패스 연습을 하고, 농구 관련 서적을 읽으며, 농구에 관한 지식을 찾고 발표해 볼 수 있다. 또 경기장이 아닌 교실에서 농구 경기를 TV나 컴퓨터를 활용해 관람하거나 동영상을 보면서 규칙과 방법을 익힐 수도 있다. 그리고 게임이나 경기 상황에서 득점을 잘 하기 위해 모둠원들과 전략을 토론하는 방법도 활용할 수 있다.

6. 교실 체육에서의 고려사항

교실 체육의 목표는 생활체육의 목표로 전이되는 가운데 학생들에게 신체적, 정서적 건강과 교육적 가치를 제공해야 한다. 그 구체적인 목표 달성을 위해서는 다음과 같은 내용을 고려해야 한다.

1) 체육의 다양화

체육은 미래사회에 각광받는 인간과학의 한 분야이다. 따라서 체육은 학생의 건강과 행복을 추구하는 가운데 활동 주체인 학생의 인간다운 생활능력과 인성 함양에 큰 비중을 두고, 스스로 인간 능력의 한계를 극복해 나갈 수 있는 경험을 제공함으로써 개인의 전인발달을 도모할 수 있어야 한다. 그러므로 체육은 개인이 가진 다양한 인간적 특징이 골고루 그 가치를 인정받으면서 지 · 덕 · 체 전반에 걸쳐 균형 있는 인간성 형성을 촉진하는 내용으로 구성되어야 할 것이다.

2) 평생체육의 생활화

2000년대 체육의 형태는 체육활동의 생활화이다. 따라서 국민생활의 안정을 바탕으로 여가를 통한 체육활동이 보편화되어야 한다. 체육활동은 성, 연령, 신체조건, 지역 및 사회계층에 구애됨이 없이 국민 누구나가 복지 환경 속에서 합리적인 활동을 보장받는 가운데 습관적 태도가 형성되어 일상생활 중에 주기적인 규칙성을 띠고 자연적인 참여가 이루어지는 상황에서 실시되어야 한다.

3) 개인의 체력적, 심리적 발달

교실 체육은 체력 증진과 함께 인성발달과 긍정적인 정서 발달에 도움을 준다. 따라서 교실 체육의 주요 이점은 다음과 같다.

첫째, 자아개념의 증진을 가져온다. 친구들과 함께 교실에서 움직이고 대화하고 하는 과정을 통해 학생들은 긍정적인 자아개념을 형성하게 된다. 자아개념은 혼자서는 결코 긍정적으로 이루어지기 힘들다. 나를 보는 타인 그리고 내가 보는 타인이 서로 긍정적으로 일치될 때 바른 자아개념이 형성되기 때문이다.

둘째, 교실 체육은 학생 상호간의 긍정적인 상호의존을 가능하게 한다. 인간은 혼자서 살 수 없듯이 서로가 서로를 돕고 도우며 살아간다. 교실 체육은 작은 사회의 활동과 마찬가지로 좁은 교실에서 서로에 대한 긍정적인 관계형성을 통해 긍정적인 상호의존을 가능하도록 만든다.

셋째, 교실 체육은 대인관계의 발달을 가져온다. 좁은 교실이지만 모둠 간의 경쟁이나 모둠 내의 경쟁은 서로를 적대적으로 여기는 것이 아니라, 공동의 목표를 달성하기 위해 모둠 간에 경쟁을 하기도 하고, 모둠 내에서도 경쟁을 한다. 경쟁의 부정적인 측면이 아닌 긍정적인 경쟁은 서로에 대해 호감을 갖고 적극적으로 활동하게 하는 원동력이 되는 것이다.

넷째, 교실 체육은 활동에 몰입하도록 만들어 준다. 사실 모든 학생들이 신체활동과 체육 수업을 좋아하거나 재미있어 하는 것은 아니다. 그러나 교실 체육을 통해 활동 그 자체에 재미와 흥미를 갖고 체육 수업에 몰입할 수 있는 기회를 제공한다.

7. 교실 체육 전 확인해야 할 사항

교사가 교실 체육을 계획하고 적용하는 과정에서 고려해야 할 점은 다음과 같다.

첫째, 교사는 교실 체육을 적용하기 전 운동장 또는 체육관에서의 체육수업처럼 수업 전 학생의 체력 수준을 측정해야 한다. 체육 수업 전 학생의 체력 수준을 확인하는 것은 매우 중요하다. 그 이유는 학생의 체력 수준에 따라 모둠을 구성하기도 하고, 게임의 수준을 고려하여 적용해야 하기 때문이다.

둘째, 교사는 교실 체육을 하기 전에 교실 환경과 책상 배치를 어떻게 해야 할지 정해야 한다. 그리고 장소 배치에 따라 모둠원 구성을 어떻게 해야 하는지를 계획해야 한다. 공간의 크기에 따라서 모둠원 구성이 달라지기 때문이다. 공간이 넓다면 문제가 되지 않지만 공간이 좁다면 모둠원을 적게 구성하고 적절하게 배치해야 한다.

셋째, 교사는 교실 체육을 적용하는 과정에서 준비물을 확인해야 한다. 게임 전 준비물을 준비하는 것은 누구에게나 당연한 일이지만, 학생의 수준이나 공간 그리고 환경적 요인에 따라 준비물을 변형 또는 교체하여 준비해야 하기 때문이다.

넷째, 놀이형 중심과 학교체육 교과과정 내용 중심의 프로그램을 고려하여 게임을 재구성해야 한다.

다섯째, 학생들이 안전하고 적극적으로 참여하도록 활동을 확대해야 한다. 아무리 좋은 프로그램과 재미있는 게임이라 할지라도 안전사고 발생 시 교사의 모든 노력이 수포로 돌아간다는 것을 기억해야 한다.

8. 놀이중심 교실체육

초등 선생님들에게 체육수업은 가르치기 쉽지 않은 교과임엔 틀림없다. 필자도 운동 기능이 뛰어난 편이 아니기 때문에 초임시절 비슷한 고민을 했었다. 그런데 아이들과 함께 체육 수업을 하다 보니 다른 생각을 하게 되었다. 그동안 초등 체육수업은 방법적인 측면에서 문제가 있었던 것 같다. 초등 체육과 교육과정에서도 제시했듯이 '신체활동의 기초 및 기본교육'을 목표로 하는 초등체육에서 어쩌면 스포츠적 측면을 고려한 결과일 것이다. 그렇다면 초등 체육이 어떤 방향으로 가야하는지에 대해 간략히 설명해 보고자 한다.

첫째, 체육수업 시작에 있어 준비운동 방법의 전환이다. 대부분의 선생님들은 준비운동에 대해 대부분이 '운동장 2바퀴' 와 '국민체조' 를 떠올린다. 운동장 2바퀴를 뛰고 곧이어 국민체조를 실시하는데 이는 스트레칭 동작을 한다기보다는 형식적인 팔, 다리, 몸 움직임이라 할 수 있다. 학생들은 준비운동이라는 요식행위)에서부터 스트레스와 거부감을 느낀다.

준비운동은 본 운동을 위한 근육을 웜업(warm up)시켜 부상 방지, 가동범위 확대 등의 장점을 얻기 위해실시한다. 그러나 대부분의 체육수업은 형식적으로 준비운동을 하고 쉬면서 동기유발, 학습목표, 학습활동에 대한 교사의 설명을 실시한다. 5~7분정도 되는 이 시간은 웜업(warm-up)되었던 근육이 다시 식어 준비운동을 하기 전의 상황으로 돌아간다. 따라서 준비운동은 모든 교사의 설명이 끝난 후 실시하고 실시방법도 운동장 2바퀴와 국민체조가 아닌 놀이 중심의 준비운동 게임을 실시하면 학생들이 더욱 즐겁게 참여하게 될 것이다.

둘째, 기존의 체육수업이 스포츠 기능 발달에만 초점을 맞추고 있다 보니 접근하는데 어려움이 있었다. 스포츠 기능 발달에 초점을 맞추기 되면 초등교사에게도 힘든 과목이 되고 무엇보다 학생들의 발달 단계에도 적합하지 않다. 그러나 지금까지 이런 방식이 유지되어 온 것은 기존의 체육수업이 초등학생의 특징에 대한 이해 없이 중등체육의 스포츠 기능적 관점에서 체육수업을 바라보았기 때문이다. 초등 체육과 교육과정(교육부, 2015)에서는 초등 체육의 목표를 "신체활동의 기본 및 기초 교육 '이라고 명시하고 있다. 이러한 목표 달성을 위해서 스포츠 기능이 아닌 단순한 게임과 놀이가 접목된 신체활동이 필요하다. 다시말해 놀이 중심과 놀이가 적용된 교실 체육 수업이 이루어져야 할 것이다.

초등학생들은 운동선수가 되고 싶어서 체육을 좋아하는 것이 아니다. 본능적으로 뛰고 달리고 움직이는 내적 욕구를 분출하고 싶어하기 때문이다. 따라서 미세먼지, 눈이오고, 비가 오고, 운동장이 좁아서 등으로 운동장 체육을 할 수 없을 때 교실에서 아이들과 즐겁고 재밌는 교실체육을 즐겨보자.

제2장

교실 체육 계획을 위한 교사의 역할

게임을 좁은 공간이나 실내에서 하다보면 여러 가지 안전사고에 노출될 수 있다. 안전사고를 예방하는 것은 교사의 책임이 뒤따른다. 따라서 교사는 학생에 대한 관심과 환경구성에 책임을 다해야 한다.

1. 교실 게임 수업을 위한 교사의 책임

게임을 좁은 공간이나 실내에서 하다보면 여러 가지 안전사고에 노출될 수 있다. 안전사고를 예방하는 것은 교사의 책임이 뒤따른다. 따라서 교사는 학생에 대한 관심과 환경구성에 책임을 다해야 한다. 이를 위해 IFTA(International Fun and Team Athletics)에서는 교사의 책임을 다음과 같이 기술하고 있다.

1) 학생들의 안전과 복지에 대한 고민

교사는 학생들의 안전과 복지에 대해 많은 고민을 해야 한다. 이를 위해서는 교사가 직접 눈으로 확인하고 점검해보는 과정이 필요하다. 안전과 복지를 위한 사항은 다음과 같다.

첫째, 시설에 대해 안전점검을 실시해야 한다.
둘째, 적합한 장비를 사용해야 한다.
셋째, 적합한 복장과 준비물을 사용해야 한다.
넷째, 안전사고를 예방하도록 노력해야 한다.
다섯째, 모둠 게임활동의 내용이 계획대로 잘 전개되고 있는지 점검해야 한다.
여섯째, 각종 형태의 체벌이나 학대를 해서는 안 된다.
일곱째, 사고에 따른 적절한 응급 대처법을 익히거나 안전사고 매트릭스를 점검한다.
여덟째, 안전사고에 대비해 효율적인 응급절차에 대한 계획을 수립해야 한다.

2) 학생들의 운동참여를 장려

첫째, 학생들은 어떠한 경우에도 차별을 받아서는 안된다.
둘째, 학생 개개인의 개별적인 지도가 이루어져야 한다.
셋째, 학생들의 교육 참여를 확대하도록 해야 한다.
넷째, 현실적인 목표를 설정하고 이를 성취하도록 지원해야 한다.

3) 교사의 모델링

첫째, 교사는 단정한 옷차림을 통해 학생들에게 솔선수범하는 모습을 보여야 한다.
둘째, 수업 시간은 철저히 준수해야 한다.
셋째, 언어사용은 간단하고 명료하게 한다.
넷째, 교사가 열정적이면 학생도 열정적으로 수업에 임한다는 것을 명심한다.
다섯째, 교사는 항상 최선의 노력을 기울이고 페어플레이를 하도록 장려한다.

4) 학생들의 긍정적인 정서 함양을 위한 장려

첫째, 모든 종류의 참여를 존중한다.
둘째, 팀워크를 장려한다.
셋째, 성취에 대해 존중하는 태도를 기르도록 한다.
넷째, 정직한 플레이와 공정한 플레이를 하도록 장려한다.
다섯째, 도움이 필요할 때에는 부모가 참여하여 함께하는 활동이 되도록 한다.
여섯째, 모둠을 통한 배움이 일어나도록 장려한다.
일곱째, 적극적으로 수용하고 새로운 창의적 사고를 발현하도록 한다.

5) 적절한 피드백을 제공한다.

피드백은 학생들이 자신의 활동에 대해 얻는 귀중한 정보가 된다. 따라서 교사는 학생의 동기부여와 주의 집중을 위해 적절한 피드백을 제공해야 한다. 교사가 학생들에게 제공하는 수업 내용관련 피드백은 교사가 학생의 학습활동 지원에 적극적인 관심을 갖고 있다는 의지의 표시이다. 교사의 피드백 제공은 학습 과제 지향적이고, 생산적인 학습 환경을 유지하는데 도움이 된다.

교사가 학생에게 제공하는 피드백은 사용 의도나 정보의 구체성에 따라 다양하게 분류할 수 있다. Rink(2002)는 피드백을 반응의 정확성 여부에 따라 평가 피드백과 수정 피드백, 일치 피드백과 불일치 피드백, 일반적 피드백과 구체적 피드백, 긍정적 피드백과 부정적 피드백으로 구분하였다.

첫째, 평가 피드백과 수정 피드백

평가 피드백(evaluative feedback)은 어떤 학습 과제를 얼마나 잘 수행하였는지에 대한 가치 판단에 관한 정보를 전달한다. 평가 피드백은 학생의 운동수행 결과에 관해서 교사가 내리는 가치 판단이라고 할 수 있다. 이에 반해 수정 피드백(corrective feedback)은 운동기능 향상에 필요한 반응과 불필요한 반응에 관한 정보를 제공한다.

둘째, 일치 피드백과 불일치 피드백

피드백의 일치성과 피드백의 내용, 학습 과제의 초점, 교사가 제공하는 단서와 학습 의도와의 일치여부에 의해 결정된다. 일치 피드백은 학습 초점과 직접적으로 관련이 있는 운동수행이나 그 결과에 관한 정보이다. 일치 피드백을 자주 제공하면 학습활동의 집중력을 높일 수 있고, 학생들도 학습 과제에 더욱 전념하게 된다. 반면, 불일치 피드백은 어떤 운동기능을 연습하는데 필요한 중요한 정보이지만 제시된 학습 과제의 초점과 구체적으로 관련성이 없는 학습정보를 말한다.

셋째, 일반적 피드백과 구체적 피드백

대체적으로 일반적 피드백보다는 구체적 피드백이 학생들에게 더 가치 있는 것으로 판명되고 있다. 초등학생들에게는 운동수행에 관한 구체적인 정보보다 운동수행의 의도를 전달하는 일반적 피드백이 더 효과적일 수 있다. 또한, 자아존중감이 낮은 학생들에게는 잘못된 반응을 구체적으로 지적하는 부정적 피드백보다는 동기유발에 도움이 되는 일반적이고 긍정적인 피드백을 제공하는 것이 더 효과적이다.

구체적 피드백의 제공능력은 기능향상의 분명한 목표, 기능의 수행방법 그리고 관찰 및 분석 능력에 달려있다. 학생들의 운동수행에 대해서 일반적 피드백만을 제공하는 교사는 운동수행의 어떤 측면이 좋았는지 스스로 자문하는 훈련을 계속하면 구체적인 피드백 정보를 얻는데 도움이 된다.

넷째, 긍정적 피드백과 부정적 피드백

교사들은 일반적으로 긍정적인 피드백보다 부정적인 피드백을 더 자주 제공하는 경향이 있다. 교사들이 부정적 피드백을 더 많이 제공하는 것은 교사의 중요한 역할 또는 기능이 학생들의 오류 동작을 고쳐주는 것이라고 잘못 이해하고 있기 때문이다.

피드백은 보통 게임활동 직후 또는 시간이 경과한 후에 제공할 수 있다. 피드백은 보통 활동 직후에 제공할수록 학습에 더 큰 도움이 된다. 즉 즉각 피드백이 지연 피드백보다 효과적이다. 마찬가지로 모둠에 접근하여 지도하는 경우에도 활동 직후에 피드백을 제공한다. 때로는 지연된 피드백이 더 효과적일 때가 있다. 학생들에게 연습 시간을 부여한 다음 평가 피드백과 수정 피드백을 제공하는 것이 더 효과적인 경우이다.

2. 발문하기

교실 체육 중 학생들의 반응을 알아보는 가장 좋은 방법은 학생들과 대화할 수 있는 질문을 활용하는 것이다. 교실 체육이 끝나고 나면 학생들은 인지적, 심동적, 정서적 측면에서 변화를 보일 것이다. 이때 교사는 학생들에게 조용하거나 즐거운 음악을 틀어주고 서로 이야기를 주고받을 수 있는 질문을 활용할 수 있다. 아래에 제시하는 내용은 Orlick(2006)이 제시한 상황별 발문하기의 예시이다.

수업이 끝나고 활용할 수 있는 발문

- 교실 체육이 좋았니?
- 교실 체육이 재미있었니?
- 너희들이 게임하는 동안 친구들과 함께 참여하도록 도와주었다고 생각했니?
- 너는 이 수업에 참여하고 있다는 느낌을 받았니?
- 너는 다른 친구들과 협동을 했니?
- 다른 친구들이 너와 협동을 했니?
- 교실 체육에서 가장 좋았던 점은 무엇이라고 생각하니?
- 교실 체육에서 하기 싫었던 것은 무엇이었니?
- 교실 체육을 좀 더 재미있고 잘 할 수 있도록 좋은 아이디어가 있니?

새로운 게임 규칙을 소개할 때 할 수 있는 발문

- 새로운 규칙에 대해 어떻게 생각하니? 그것들이 좋니?
- 일반적인 규칙에 비해 지금의 새로운 규칙이 더 마음에 드니?
- 새로운 규칙에 대해 가장 좋았던 것은 무엇이었지?
- 새로운 규칙에 대해 좋지 않았던 것은 무엇이었지?
- 게임을 더욱 잘하고 재밌게 할 수 있도록 어떠한 변화를 주면 좋을까?
- 너는 이 새로운 규칙으로 다음에도 또 하고 싶니?

새로운 게임을 소개할 때 그 게임에 대한 의견을 물을 때 사용할 수 있는 발문

- 그 게임 어땠니? 좋았니?
- 이 게임이 너의 목표를 이루는데 도움을 주니?
- 이 게임에서 가장 좋았던 점은 무엇이었지?
- 이 게임에서 좋지 않았던 점은 무엇이었지?
- 게임을 좀 더 잘하고 재미있게 하기 위한 아이디어가 있나?

3. 모둠 구성 전략(grouping strategy)

이 책은 학생 개개인에게 보다 많은 신체활동의 기회를 주기 위해서 대부분의 활동이 소모둠 협동학습으로 구성되어 있다. 따라서 교사와 학생뿐만 아니라 학생과 학생간의 상호작용(interaction)이 중요하다. 신체활동의 경우 같은 학년이라도 학생 개개인의 수준차가 크기 때문에 무엇보다 효과적인 모둠 구성 전략이 필요하다. 여기에서는 활동의 성격에 따라 교사가 선택할 수 있는 방법과 그것을 효과적으로 적용하는 방법에 대해 소개해 보도록 한다.

모둠 구성방법은 크게 두 가지로 나누어 생각해 볼 수 있다. 두 가지 방법 모두 장단점이 있으므로 활동의 특징을 생각해 보고 적당한 방법을 선택한다.

1) 동질 수준 모둠 구성(Homogeneous grouping)

- 수준이 비슷한 학생들과 모둠을 만들어 주는 구성방법이다.
- 수준이 비슷한 학생들과 구성함으로 수준이 높은 친구가 모든 걸 주도하는 형태에서 벗어날 수 있다. 학생 간에 수준차가 비슷하므로 비교적 편안한 느낌을 갖는다.
- 이 방법을 선택할 경우 교사는 중위수준과 하위수준 모둠에 집중해서 지도하는 것이 효과적이다.

2) 이질 수준 모둠 구성(Heterogeneous grouping)

- 수준이 서로 다른 학생들끼리 모둠을 만들어 주는 구성방법이다. 전체 집단을 상중하로 나눈 후 각 수준의 학생을 모아서 한 모둠을 구성하는 방법을 예로 들 수 있다.
- 수준차가 서로 다르므로 상위수준이나 중위수준의 학생이 하위수준의 학생에게 도움을 주면서 이끌어 나갈 수 있다.
- 중위수준이나 하위수준 학생이 소외될 수 있다는 단점이 있다.
- 이 방법을 선택할 경우 교사는 전체 모둠을 돌아다니면서 활동을 지도하고 서로간의 협력학습을 촉진하도록 하는 것이 효과적이다.

위와 같이 학생의 신체 능력을 고려하는 것 외에 또 다른 것들을 생각해 볼 수 있다.

1. 어느 운동이든 소질이 있는 친구들 / 운동에 자신 없어 하는 친구
2. 어느 집단에서든 리더가 되고 싶어 하는 친구 / 소극적이고 따라 하기 좋아하는 친구
3. 신체 조건이 정말 좋은 친구 / 좋지 않은 친구
4. 동질 집단 구성 시 활동의 난이도 설정 문제

제2부

교실 체육의 실제

제3장

교실 배치법

좁은 교실에서 체육을 하려면 공간을 좀 더 효율적으로 사용해야 한다. 교실 배치법은 바로 이러한 문제를 해결해 주는 귀중한 자료가 될 것이다.

교실 배치 방법은 총 9가지로서 기본 교실 구조, 기본 후방 밀착형, 'ㄷ'자형, 봉황형, 사방형, 'ㅂ'자형, 'ㅇ'자형, 네트형, 십자형이 있다. 체육 수업의 내용과 활동에 맞게 다양한 교실 배치법을 활용해 보도록 하자.

1 기본 교실 구조

구조설명

- 일반적인 교실에서 사용하는 모둠 대형이다.
- 24명을 6모둠으로 기본 구성하였다.
- 교실마다 책상배열이 다르지만 상황에 맞게 재배열하면 된다.

2 기본 후방 밀착형

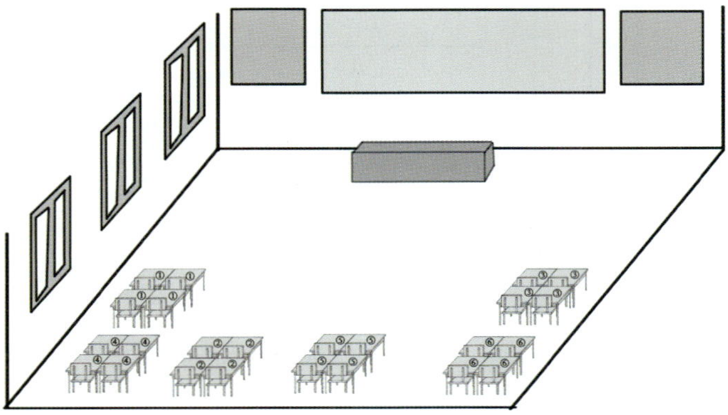

구조설명

- 교실에서 사용하는 모둠 대형이나 책상을 뒤쪽에 밀착하여 앞 중앙에서 발표를 할 수 있도록 한다.
- 표현활동에서와 같이 모둠별 발표활동에 활용할 수 있다.

3 'ㄷ'자형

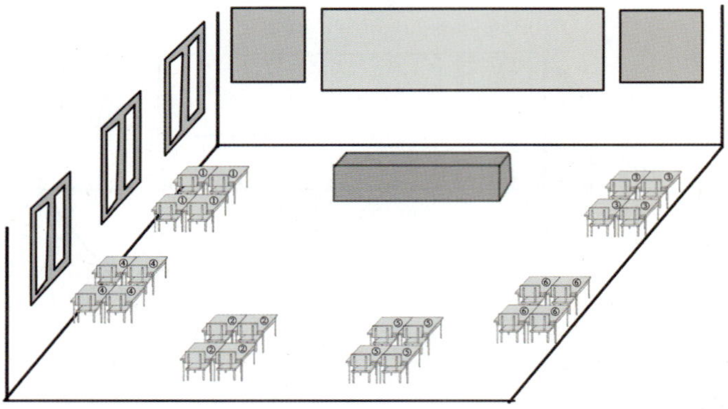

구조설명

- 책상을 옆과 뒤 벽에 배치한다.
- 책상사이 사이에 학생들을 대기시킬 수 있다.
- 표현활동에서와 같이 모둠별 발표활동에 활용할 수 있다.

4 봉황형

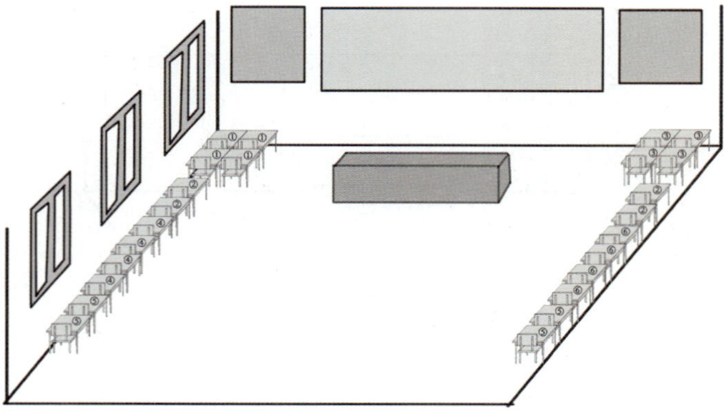

구조설명

- 책상을 옆의 벽에 일렬로 배치한다.
- 교실은 앞뒤고 넓게 사용할 수 있다.
- 봉황형은 학생들이 책상을 배열할 때 혼란스러울 수 있으므로 교사의 안내와 지도가 필요하다.

5 사방형

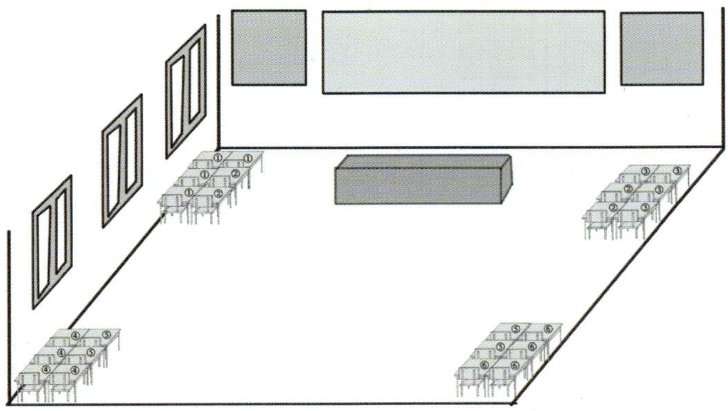

구조설명

- 책상을 각 코너로 배치한다.
- 코너를 활용한 게임에 적합하다.
- 책상 배열시 2모둠과 5모둠 학생이 두 부분으로 나뉘어 배치되므로 사전에 미리 위치를 지정해준다.

6 'ㅂ'자형

구조설명

- 책상을 교탁(칠판) 주위로 배치한다.
- 이 구조는 공간 활용도가 높다. 특히, 좌우를 넓게 사용하는데 용이하다.
- 모든 학생이 함께 체조를 하거나 스트레칭을 할 때 활용도가 높다.

7 'O' 자형

구조설명

- 책상을 교실 중앙에 둥글게 배치하고 가운데에 학생이 드나들 수 있도록 책상을 하나정도 빼놓을 수도 있다.
- 네트형 게임과 비슷하게 활용할 수 있지만 둥글게 배치한 책상 안에 방해자가 들어가 패스나 게임 시 공 등을 가로채기 할 수 있는 게임에 적합하다.

8 네트형

구조설명

- 교실 가운데에 네트 역할을 할 수 있도록 책상을 배열한다.
- 네트형 게임에 가장 적합한 구조이다.

9 십자형

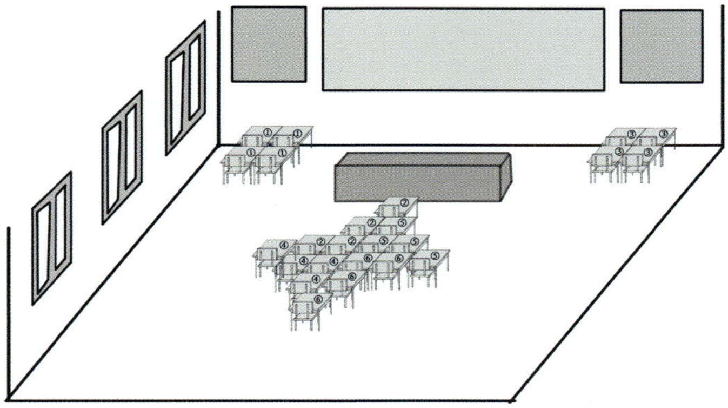

구조설명

- 2개 모둠은 교탁(칠판) 좌우에 배치하고 나머지 모둠의 책상들은 교실 가운데에 십자형으로 배치한다.
- 책상을 가운데에 두고 주위를 도는 게임에 적합하다.
- 사각형 배열이 아닌 십자형배열로 해야 하는 이유는 학생들이 돌 때 모서리에 부딪혀서 다치는 사고를 최소화하기 위해서이다.

제4장

준비운동과 정리운동

실내에서 하는 운동은 물론 격렬하지는 않다. 그렇다고 하더라도 준비운동을 소홀히 해서는 안 된다. 어떠한 운동이든 시작하기에 앞서 학생들에게 준비운동의 중요성을 인지시켜야 한다. 특히, 어린시기부터 학생들에게 준비운동을 시키는 것은 바람직한 운동 습관을 형성하기 위한 교육적 수단이 된다. 또한, 토론과 시범, 연습과 같은 모둠 게임을 위해서도 준비운동은 훌륭한 교육적 수단이 된다.

1. 준비운동의 중요성

실내에서 하는 운동은 물론 격렬하지는 않다. 그렇다고 하더라도 준비운동을 소홀히 해서는 안 된다. 어떠한 운동이든 시작하기에 앞서 학생들에게 준비운동의 중요성을 인지시켜야 한다. 특히, 어린시기부터 학생들에게 준비운동을 시키는 것은 바람직한 운동 습관을 형성하기 위한 교육적 수단이 된다. 그리고 토론과 시범, 연습과 같은 모둠 게임을 위해서 준비운동은 훌륭한 교육적 수단이 된다.

준비운동은 모둠 게임을 시작하기 전 신체와 근육의 온도를 높이고, 몸과 마음을 운동하기에 알맞도록 준비시켜주는 것이다. 그리고 준비운동은 체온, 심박수, 호흡의 양 등을 증가시키며, 혈액순환을 촉진함으로써 근육에 필요한 산소를 원활하게 공급한다. 학생들은 준비운동을 통해 모든 종류의 상해를 예방하는데 효과적일지라도 준비운동 후에도 부상을 입을 염려가 있음을 설명해야 한다.

준비운동은 신체와 근육의 온도를 점차적으로 높여주기 위해 가벼운 운동부터 시작한다. 주위의 환경을 고려하여 가벼운 뛰기나 정적 스트레칭 등의 활동이 적합하다. 특히, 정적 스트레칭은 실내 게임이나 운동을 위해 근육의 유연성을 향상시키고, 이동성 움직임을 통해 관절 및 사지의 가동범위를 증가시킴으로써 상해 예방에 매우 효과적이다.

2. 정리운동의 중요성

모든 활동의 마무리에 주어지는 정리운동은 심박수와 호흡을 원래 상태로 회복시킨다. 또한, 근육의 피로를 풀어주며 혈액순환을 돕는다. 만약 운동 후 즉시 정리운동을 하지 않으면 혈액순환에 장애가 나타나고, 급기야는 피곤함과 어지러움을 유발할 수 있다.

정리운동 과정은 근육의 결림을 예방하고, 근육을 이완시켜주기 위하여 3~4분의 가벼운 조깅과 6~7분의 정적 스트레칭으로 구성하는 것이 바람직하다. 정적 스트레칭은 준비운동 때 수행했던 과정과 비슷하게 실시한다.

준비운동과 정리운동은 매우 중요하기 때문에 수업 종료시간이 연장되더라도 반드시 실시해야 한다. 이러한 과정은 바람직한 운동 습관의 형성과 평생 교육 차원에서도 긍정적인 영향을 미치게 된다. 정리운동을 실시하지 않는 것 보다는 차라리 본 활동(체험활동)을 짧게 하는 편이 더 바람직하다고 할 수 있다. 또한, 정리운동 시간은 교사가 학생들로부터 개별적인 피드백을 제공받고, 핵심사항을 점검할 수 있는 좋은 기회가 된다.

3. 리드업 게임(Lead up game)

기존의 준비운동은 천편일률적으로 운동장을 뛰고 단체 체조를 하는 형식이었다. 이러한 준비운동은 수업을 시작하기 위한 하나의 단계로 인식되고 학생의 입장에서는 통과의례로 여김으로써 어떻게 해서든 빨리 지나가고 싶은 과정으로 인식되었다. 그러나 준비운동은 본 운동을 위한 준비로서 본 운동에서 사용할 근육과 신체 부위를 준비시키는 것이 가장 큰 목적이다. 따라서 준비운동의 목적을 충족시키기 위해서는 게임활동을 통해 학생의 능력 수준을 확인하고 즐겁고 흥미롭게 준비운동을 할 수 있도록 해야 한다. 무엇보다 중요한 것은 본 운동에서 사용할 근육과 신체부위의 온도를 높여줄 수 있는 준비운동 게임을 선정해야 한다.

이러한 준비운동 게임으로서 가장 적합한 것이 리드업 게임이다. 리드업 게임은 특히 유아 또는 유소년에게 알맞도록 각종 스포츠의 원형을 쉽게 배울 수 있는 것으로 변형하여 단순화한 게임이다. 리드업 게임은 이러한 단순한 구조로 학생들에게 스포츠에 대한 흥미를 불러일으키고, 스포츠의 기초적 기능은 물론 성적 요소, 판단력 그리고 체력과 같은 건강의 요소를 함양할 수 있는 장점이 있다.

4. 스트레칭

1) 스트레칭의 특징

게임을 활용한 준비운동은 학생들에게 흥미와 재미를 유도할 수 있다. 그러나 격한 운동을 하기 전에는 근육의 상해를 입지 않기 위해 스트레칭도 함께 하는 것이 중요하다.

스트레칭은 근육을 천천히 신장하여 유연성을 높일 수 있는 운동이다. 스트레칭은 긴장되고 굳어있는 근육을 풀어주고, 운동을 할 수 있는 적합한 상태로 만들어주며, 운동이 끝난 후에 실시하면 근육의 회복을 가져오는 장점이 있다. 스트레칭은 근육통을 예방하고 운동 상해를 방지하는데 효과적이고 바른 자세를 유지할 수 있도록 한다.

준비운동에서 스트레칭 활동이 포함되어 있으면, 활동을 간단히 실시하면서 스트레칭의 목적을 설명해야 한다. 올바른 정적 스트레칭은 신체의 주요 근육부위를 풀어주는 움직임들을 포함한다. 스트레칭은 10초 정도 근육이 이완되도록 하며, 약간의 긴장감을 가져와야 한다. 스트레칭은 근육의 길이를 확장하여 보통 상태보다 근육을 이완시켜주는 것으로써 유연성의 향상을 위해 근육을 정상 길이보다 약 10% 이상 늘려주어야 한다.

2) 기본 스트레칭

• 목 스트레칭하기

다리를 어깨 넓이로 넓히고 목을 왼쪽부터 시작하여 오른쪽으로 이동한다. 오른쪽의 경우, 오른쪽 귀가 오른쪽 어깨를 향하도록 천천히 움직인다. 10초간 스트레칭을 유지하고, 천천히 풀어주면서 처음 자세로 돌아온다. 이 동작을 반복한다.

• 어깨 스트레칭하기 1

다리를 어깨 넓이로 벌리고, 오른쪽 팔을 수직으로 올린다. 왼 손으로 오른 팔꿈치를 감싸고 옆으로 당겨서 근육을 늘려준다. 편하게 10초간 호흡하며 동작을 유지한다. 반대 팔도 동일한 방식으로 실시하고, 이 동작을 반복한다.

• 어깨 스트레칭하기 2

왼팔을 어깨높이로 들어 앞쪽으로 뻗어준다. 이때 손바닥이 안쪽을 향하도록 한다. 오른 손등을 왼 손등과 맞닿도록 걸어서 왼팔을 오른쪽으로 당긴다. 편하게 5초정도 호흡하며 동작을 유지한다. 반대 팔도 동일한 방식으로 실시하고, 이 동작을 반복한다.

• 팔 스트레칭하기

다리를 어깨 넓이로 넓히고, 손가락 깍지를 끼어 두 팔을 앞으로 최대한 뻗는다. 깍지 낀 손을 허리로부터 최대한 멀리 뻗은 채로 위로 천천히 올린다. 편하게 10초간 호흡하며 동작을 유지한 후 손을 푼다.

• 상체 스트레칭하기

다리를 어깨 넓이로 넓히고, 양팔을 뻗어서 아래로 내린다. 편하게 호흡하면서 천천히 손바닥을 바닥에 대어 본다. 5초간 유지하고 천천히 처음 자세로 돌아온다.

• 옆구리와 허리 스트레칭하기

다리를 어깨 넓이로 하고 선다. 오른쪽 허리를 천천히 굽히고 오른 팔은 편하게 내려놓는다. 이때 상체는 앞뒤로 굽히지 않도록 한다. 허리를 굽힐 수 없을 때까지 굽히고 시선은 정면을 향하도록 하여 10초간 유지한다. 천천히 처음 자세로 돌아오고 반대쪽도 번갈아 시행한다.

• 허벅지 스트레칭하기 1

발바닥을 맞대고 책상 다리로 앉는다. 다리를 최대한 몸 쪽으로 당기고 무릎은 옆쪽으로 움직인다. 무릎을 바닥 쪽으로 천천히 누른다. 이때 허리는 항상 쭉 펴고, 10초간 유지한 후 동작을 반복한다.

• 허벅지 스트레칭하기 2

다리를 넓게 벌려 발끝은 좌우 전방으로 45°정도 향하게 한다. 체중을 왼쪽으로 이동하여 5초 정도 유지한다. 반대쪽도 번갈아서 실시한다.

• 대퇴근 스트레칭하기

왼발로 서고 무릎은 편다. 오른쪽 무릎을 구부려 오른쪽 발목을 오른손으로 잡은 다음 발을 천천히 엉덩이 쪽으로 당긴다. 오른쪽 무릎은 바닥 쪽을 향하게 하고, 발은 엉덩이 쪽으로 들어준다. 이때 몸이 앞쪽으로 기울어지지 않도록 주의한다. 호흡을 하면서 10초간 유지하고, 반대쪽도 번갈아 시행한다.

• 종아리 스트레칭하기

벽에 몸을 의지한 채로 오른쪽 무릎을 구부리고 왼쪽 무릎은 편 채로 유지한다. 등은 곧게 세우고 뒤꿈치는 바닥에 댄 채로 유지한다. 이때 양손으로 오른쪽 무릎을 잡고 당긴다. 편하게 호흡하면서 10초간 유지한다. 반대쪽도 번갈아 시행한다.

2) 협동 스트레칭

• 원 당기기

두 명이 서로 마주보고 선다. 서로 손을 잡고, 발꿈치를 붙인다. 그리고 천천히 뒤로 당기면서 반시계 방향이나 시계방향으로 원을 그리며 움직인다.

• 허리 굽혀 손잡기

두 명이 등을 맞대고 선다. 허리를 굽혀 다리 사이로 서로 손을 잡을 때까지 뻗어준다. 손을 잡은 다음 서로 당겨 주면서 몸 바깥쪽 근육을 늘려 준다.

• 옆으로 손 잡아 당기기

두 명이 옆으로 서서 한 발을 붙인다. 그리고 손을 잡은 다음 천천히 당겨준다. 그러나 이때 반동을 이용하지 않도록 주의한다.

• 한 발로 무릎 당기기

서로 마주보고 서서, 상대방의 어깨에 오른손을 얹는다. 그리고 왼쪽 무릎을 굽히고, 왼손으로 발끝을 잡아당긴다.

5. 준비운동과 정리운동 게임의 실제

1 지퍼 열어~지퍼 닫아

활동자료

없음

게임방법

학생들은 하이파이브 하듯이 두 줄로 마주보고 서서 반대편의 학생이 닿을 정도로 두 손을 앞으로 편다. 한 학생이 두 줄 사이를 뛰어올 때 손을 뻗은 학생들은 팔이 닿기 전에 위로 올린다. 이 게임은 준비운동 외에 친구들과 신뢰감을 형성하도록 한다.

2 동물원

활동자료

다양한 동물 사진

게임방법

교사가 동물사진을 보여주면 학생들은 사진의 동물을 흉내 내며 교실 이곳저곳을 돌아다닌다. 1분 또는 2분 정도 시간을 정해 놓고 시간이 끝나면 다른 동물 사진을 보여주고 흉내 내도록 한다.

3 쥐와 고양이

활동자료

중앙선(장애물이 없도록 유의)을 표시할 색 테이프

게임방법

학생들이 파트너와 짝을 이뤄 중앙선에서 등을 지고 앉도록 한다. 한 학생은 '쥐'가 되고, 다른 학생은 '고양이'가 된다. 교사가 '쥐'를 외치면 '쥐' 학생은 빨리 일어나서 자신의 의자로 달려가 앉는다. 이때 '고양이' 역할을 하는 학생은 쥐를 잡기 위해 뛴다. 교사가 '고양이'를 외치면 반대로 수행한다.

4 밀고 당기기

활동자료

축구공 또는 1kg의 메디신볼

게임방법

학생들은 공을 든 교사 주위로 큰 원을 만든다. 교사가 한 학생에게 공을 주면서 '밀기' 또는 '당기기'라는 지시를 한다. 만약 교사가 '밀기'라고 말하면 학생은 가슴으로부터 공을 밀면서 교사에게 던지고, 교사가 '당기기'라고 말하면 두 손을 머리 뒤로 하여 공을 앞으로 던진다. 그룹의 모든 학생들은 돌아가면서 교사와 공 주고받기를 수행한다. 그리고 나서 교사가 '반대로' 지시를 내리면 '밀기' 때는 두 손을 머리 뒤로 하여 공을 앞으로 던지고, '당기기' 때는 가슴으로부터 공을 밀면서 던진다. 만약, 학생이 실수를 하게 되면, 원 밖을 한 바퀴 돌아 다시 자기 자리로 가서 활동에 참여하도록 한다.

5 오버언더 공 릴레이

활동자료

축구공 또는 1kg의 메디신볼(각 줄에 1개씩)

게임방법

의자에 앉은 상태에서 간격을 두고 줄을 선다. 각 줄의 첫 번째 학생에게 축구공이나 1kg의 메디신볼을 주고, 호루라기 소리가 나면 뒤에 있는 학생에게 공을 머리 위로 전달하도록 한다. 뒤에 있는 학생은 다리 사이로 공을 뒷사람에게 주고 이 동작을 마지막 학생까지 반복한다. 마지막 학생은 공을 받고 빠르게 달려와서 맨 앞줄에 서도록 한다.

6 사이드 공 릴레이

활동자료

축구공 또는 1kg의 메디신볼

게임방법

의자에 앉은 상태에서 간격을 두고 줄을 선다. 각 줄의 첫 번째 학생에게 축구공이나 1kg의 메디신볼을 주어 호루라기 소리와 함께 뒷사람에게 공을 왼쪽으로 전달하도록 한다. 다음 학생은 오른쪽으로 공을 뒷사람에게 주고 이 동작을 마지막 학생까지 반복한다. 마지막 학생은 공을 받고 빠르게 달려와서 맨 앞줄에 서도록 한다. 이와 같은 방법으로 왼쪽과 오른쪽을 번갈아 가면서 실행한다.

7 철길을 달려라

활동자료

없음

게임방법

5명씩 한 줄로 앉아 발바닥을 붙인 후, 오른발과 왼발 사이를 30cm 정도 넓힌다. 맨 마지막에 있는 학생이 다리 사이를 달려서 앞으로 오면 앉아있던 학생들은 한 칸씩 뒤로 이동하여 앉는다. 앞으로 달려온 학생은 맨 앞에 앉아서 다리를 넓히도록 한다. 맨 뒤에 있던 학생이 일어나서 다리 사이를 달려서 앞으로 온다. 이러한 방법으로 반복하는 게임이다.

8 무릎치기

활동자료

없음

게임방법

학생들은 파트너와 한 발 또는 두 발 정도 떨어져서 마주보고 선다. 교사의 시작 신호에 학생들은 30초 동안 상대방의 무릎은 손으로 쳐야 한다. 이때 자신의 무릎을 치지 못하도록 방어하면서 상대방의 무릎을 많이 쳐야 한다. 가장 많이 친 학생이 승리하는 게임이다.

9 애벌레 달리기

활동자료

없음

게임방법

학생들은 일렬로 줄을 선다. 무릎 꿇고 엎드린 상태에서 앞사람의 발목을 잡는다. 교사의 시작 신호에 맞춰 목표지점까지 전진한다.

10 친구 자리에 가서 앉기

활동자료

없음

게임방법

교사는 반 친구들의 이름이 적혀있는 쪽지를 들고 있다. 모두 쪽지 하나씩을 가지고 가서 적혀 있는 친구를 찾는 게임이다. 그리고 친구에게 물어본 후 그 친구의 자리에 앉는다. 먼저 앉는 사람에게는 다음 활동에서 혜택을 준다.

11 둘이서 손잡고 돌기

활동자료

없음

게임방법

2명의 학생이 서로 마주보고 서서 손을 잡는다. 그러고 나서 시계방향 또는 반시계방향으로 천천히 또는 빠르게 돌아간다. 이 운동은 협응성을 향상시키는 데 효과적인 운동이다.

12 상체로 원 그리기

활동자료

없음

게임방법

2명의 학생이 팔 길이 정도의 적당한 거리를 유지하고 마주본다. 양손을 서로의 어깨에 올리고 앞으로 뒤로 그리고 좌로 우로 체중을 실어 기댄다. 이때 발은 떼지 않고 고정된 상태에서 상체만 움직이도록 한다. 어느 정도 익숙해지면 원을 그리며 운동을 한다.

13 서로 당기며 원 그리기

활동자료

없음

게임방법

2명의 학생이 서로 손을 잡고, 발 앞 끝을 붙인다. 그리고 상체로 뒤로 당긴다. 이때 체격이 서로 비슷한 학생끼리 짝을 지어야 한다. 그렇지 않으면 체격이 큰 학생 쪽으로 끌려가서 수행이 어려워진다. 서로 팽팽하게 끌어당긴 상태에서 시계방향이나 반시계방향으로 원을 그리며 천천히 움직인다.

14 다리 올려

활동자료

없음

게임방법

한명은 벽을 등지고 서고 두 다리를 최대한 똑바로 편 상태에서 한 쪽 다리를 들어 올린다. 앞 사람은 깍지 낀 손으로 들어 올린 다리를 받치고 약간 당길 정도로 다리를 잡고 들어준다. 다리를 내리기 전 10초간 유지한다.

15 더 낮게

활동자료

3m 정도의 끈

게임방법

림보 게임을 변형 한 것으로 우선 한반을 두 모둠으로 나눈다. 두 명은 준비 된 긴 끈을 잡고 나머지는 림보 게임을 한다. 교사의 지시에 따라 끈의 높이를 점점 낮춘다. 마지막까지 남는 사람은 (굳이 2명이 아니더라도 그 이상이어도 무관) 늪는 역할을 할 수 있는 우선권을 준다.

제5장

교실 체육을 위한 수업의 구조[2)]

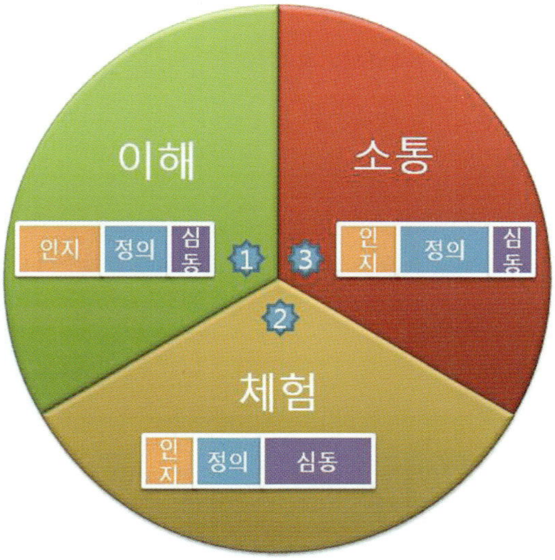

수업목표 내지는 수업절차와 관련하여 도입, 전개, 정리에서 무엇을 어떻게 할 것인가를 분명하게 안내할 수 있는 새로운 수업 구조의 개발이 필요한 시점이다. 이에 본서에서는 도입, 전개, 정리에서 학생들에게 제공할 수 있는 목표의 불명확성을 줄이고, 가르칠 내용이 무엇인지를 명확하게 안내할 수 있는 수업의 구조로 이해, 체험, 소통의 구조를 활용하였다.

2) 교육부 정책과제인 「2014 인성중심수업강화를 위한 체육과 교수 · 학습 자료 개발」 보고서의 내용 일부를 발췌 수정한 것임.

1. 체육수업 구조의 문제점

체육수업을 통해 학생들에게 가르치고자 하는 내용은 심동적 · 인지적 · 정의적으로 통합된 인간을 육성하는 것이다. 그러나 지금까지의 체육수업을 보면 학생들에게 통합된 인간을 육성하는데 기여했다기보다는 오히려 심동적 측면에 대한 이해를 강조하거나 좀 더 냉정하게 지적하면 심동적 측면을 경험할 수 있는 기회의 제공하는 수준에 그쳤다고 볼 수 있다. 이는 무엇보다 현행 체육수업의 구조에서 문제점을 찾아볼 수 있다. 즉 도입, 전개, 정리의 수업구조로 학생들과 수업을 하다 보니 체육교육에서 학생들에게 무엇을 어떻게 가르쳐야 할 것인가가 명확하게 제시되지 못하였다.

도입에서 인지적 안목이나 정서적인 측면을 강조할 것인지 아니면 심동적인 측면에 대한 안목을 형성하는데 도움을 줄 것인지 등 교사의 역할이 불분명하게 드러났다. 전개와 정리 또한 도입과 마찬가지의 모습을 보인다. 체육이 추구하고자 하는 목표 중 추구하고자 하는 목표를 구조의 어느 과정에서 제공할 것인지를 생각할 수 있는 역할에 한계가 있었던 것으로 보인다. 이러한 문제점을 해소하기 위해서는 교사들이 수업의 구조 속에서 무엇을 어떻게 해야 하는가를 명확하게 안내할 수 있는 새로운 구조의 틀이 마련될 필요가 있다. 굳이 생각하지 않으려 해도 심동적 · 인지적 · 정의적 측면의 내용을 포함할 수 있는 잔상이 머릿속에 떠오를 수 있는 그 무엇인가가 필요한 것이다.

이에 수업목표 내지는 수업절차와 관련하여 도입, 전개, 정리에서 무엇을 어떻게 할 것인가를 분명하게 안내할 수 있는 새로운 수업 구조의 개발이 필요한 시점이다. 이에 본서에서는 도입, 전개, 정리에서 학생들에게 제공할 수 있는 목표의 불명확성을 줄이고, 가르칠 내용이 무엇인지를 명확하게 안내할 수 있는 수업의 구조로 이해, 체험, 소통의 구조를 활용하였다.

2. 교실 체육 수업 구조의 대안

체육수업 구조의 대안은 학생의 전인발달 측면에서 교수 · 학습의 과정이 바르게 드러날 수 있는 새로운 수업의 구조를 적용하는 것이다. 기존에 제시된 수업모형은 현장에서 쉽게 적용하기 어렵고 교사들이 좋은 자료를 활용하는데 오히려 걸림돌이 될 수 있다는 의견이 많았다. 물론 수업모형은 오랜 시간동안 이론적, 과학적으로 검증된 수업의 중요한 도구임에는 분명하다.

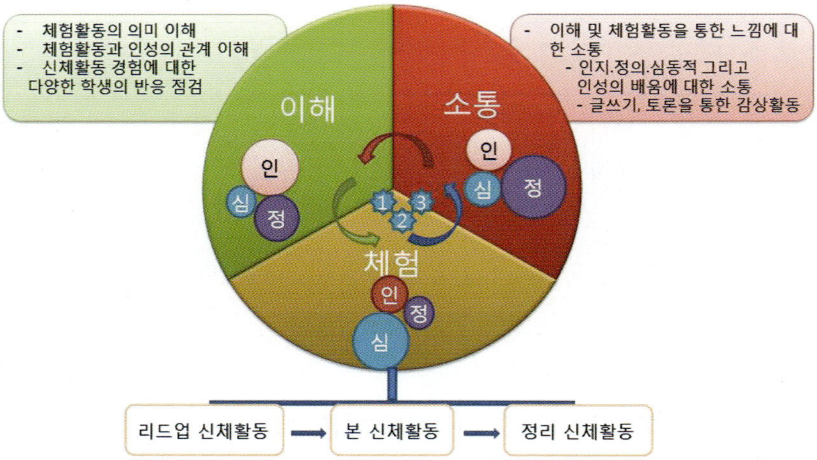

[그림 6] 교실 체육수업 구조

그러나 수업모형은 한두 차시 또는 한 학기에도 적용하기 어려울 뿐만 아니라 수업모형에 치우친다면 자칫 현장 교사들이 수업 그 자체보다는 수업모형 중심의 수업을 통해 모형을 위한 수업의 과오를 범할 수 있는 제한점이 있다. 따라서 체육수업의 특성을 잘 반영하면서 교사들이 쉽게 적용 가능하도록 이해, 체험, 소통의 수업구조를 통해 학생들로 하여금 통합적인 안목을 형성할 수 있도록 해야 한다.

본 수업구조는 '이해', '체험', '소통' 의 세 과정으로 구성된다.

수업 구조	개념
이해	각 차시에서 제공하고자 하는 신체활동에 대한 인지적 이해와 수업을 통해 학생들에게 달성시키고자 하는 정서적인 안목을 강화할 수 있는 다양한 발문과 신체활동 경험에 대한 학생들의 다양한 반응을 점검하고, 자신의 수업에 대한 구체적인 목표가 분명하게 제시될 수 있도록 안내하는 단계이다.
체험	각 차시에서 수행하고자 하는 신체활동에 관한 준비운동, 본 활동 그리고 정리운동을 일관성 있게 진행할 수 있는 체계적인 절차로 구성된다. 특히, 본 활동을 잘 수행하기 위해 필요한 준비운동이나 게임을 활용한 준비운동을 구안하여 학생들이 신체활동에 흥미를 갖고 참여할 수 있는 동인을 제공하는 단계이다. 체험활동에서는 개인활동과 대인활동이 적절히 구성될 수 있도록 한다.
소통	해당 수업의 평가와 함께 본 차시의 주제에 대한 인지적 이해와 신체활동의 기본 운동기능 및 수업활동에서 모둠원들과의 상호작용 그리고 수업경험에 대한 느낌, 정서 등을 이야기하고 수업의 목표와 관련된 신체활동의 가치를 내면화하고 일상생활에서 실천을 다짐하도록 하는 단계이다.

이러한 수업의 구조 속에 교실체육 교수·학습 자료를 구성하는 본 저서에서는 건강활동, 도전활동, 경쟁활동, 표현활동의 4가지 영역으로 구분하고, 학생의 성장 발달 측면에서 3단계 학년 군(유치원-초 2학년, 초 3학년-초 4학년, 초 5학년-초 6학년)으로 구성하였다.

3. 교실 체육 수업 구조의 예

교실 체육에서 새로운 수업의 구조를 활용한다면 의미 있고 재미있으면서도 학생이 자발적인 참여와 몰입을 경험할 수 있다. 교수·학습 자료의 개요에서는 해당 영역의 내용을 확인할 수 있도록 영역구분과 학생수준을 고려한 학년 군 그리고 차시를 설명하였다. 학습주제에 따른 구체적인 학습목표를 교과목표와 인성목표로 제시하여 인성중심의 교수·학습 활동을 확인하는데 용이하도록 하였다.

교실 체육 수업 구조 속에는 안전사고나 교실 체육에서 유의해야 할 사항을 제시함으로써 교사가 수업을 하는데 필요한 사항을 미리 점검해 볼 수 있도록 하였다. 수업구조에는 전반적인 교수·학습의 흐름 속에서 어떠한 활동이 이루어지는지 살펴볼 수 있도록 안내하였다. 학습 자료는 수업과 평가에 필요한 자료를 제시하였으며, 안전사고 예방을 위한 안전 항목을 추가하였다. 교실 체육에서 학생들의 적극적인 참여를 저해하는 요인으로 안전에 대한 위협을 들 수 있다. 따라서 교수·학습 과정에서는 안전에 대한 철저한 예방책이 마련되어야 한다.

또한, 본 활동에 적합한 준비운동을 제시함으로써 운동 상해 예방을 줄이도록 구성하였다. 준비운동에서 숫자 표시는 4장 5절 '준비운동과 정리운동 게임의 실제'에 제시된 게임의 숫자를 의미한다.

1) 교수 · 학습 자료의 개요

O 사라진 친구를 찾아라

<table>
<tr><td rowspan="2">학습 목표</td><td>교과 목표</td><td colspan="3">교실 밖으로 나간 친구를 찾고, 찾은 친구를 기억할 수 있다.</td></tr>
<tr><td>인성 목표</td><td colspan="3">모둠원들과 협동할 수 있는 능력을 기르고, 학기 초에 반 친구들과 친해질 수 있다.</td></tr>
<tr><td>학습 자료</td><td colspan="2">다양한 장애물, 줄긋기 기구, 콘</td><td>학년군</td><td>3~4학년</td></tr>
<tr><td>안전</td><td colspan="4">책상을 한쪽으로 치우고, 술래와 밖에 나가는 학생이 아닌 나머지 학생들이 돌아다닐 때 너무 빨리 돌아다니지 않도록 지도한다.</td></tr>
<tr><td>준비 운동</td><td colspan="4">2</td></tr>
<tr><td>활동 장면</td><td colspan="4"></td></tr>
</table>

4. 교실 체육 후 학생 설문지

아래의 설문지는 교실 체육에 참여한 학생들이 어떤 생각을 하고 있는지를 알아보는데 활용할 수 있다.

1) 교실 체육 참여 설문지

첫 번째 설문의 요소는 신체적 자신감, 활력, 협동, 재미, 난이도, 재참여 의사에 대한 물음이며, 이를 통해 학생들이 교실 체육에 어느 정도 만족하고 있는지 확인할 수 있다.

요소	문항 번호	요소	문항 번호
신체적 자신감	1번, 2번, 3번	재미	8번, 9번
활력	4번, 5번	난이도	10번
협동	6번, 7번	재참여의사	11번

번호	설문 문항	전혀 그렇지 않다	그렇지 않다	보통 이다	그렇다	매우 그렇다
1	몸을 건강하게 만드는 데 도움이 된다.	①	②	③	④	⑤
2	운동기술 향상에 도움이 된다.	①	②	③	④	⑤
3	자신에 대해서 뿌듯함을 느낀다.	①	②	③	④	⑤
4	스트레스 해소에 도움이 된다.	①	②	③	④	⑤
5	생활에 활력을 준다.	①	②	③	④	⑤
6	협동심을 기르는 데 도움이 된다.	①	②	③	④	⑤
7	친구들하고 사이좋게 지내는 데 도움이 된다.	①	②	③	④	⑤
8	이 게임을 하는 동안 집중했다.	①	②	③	④	⑤
9	이 게임이 재미있었다.	①	②	③	④	⑤
10	이 게임의 난이도가 높았다.	①	②	③	④	⑤
11	이 게임을 더 자주 하고 싶다.	①	②	③	④	⑤

2) 교실 체육 품성 설문지(인성 요소 평가)

교실 체육에 참여한 학생들의 인성 발달을 측정하기 위해 엄혁주(2012)가 개발한 스포츠 품성 척도를 활용해도 좋다. 원 설문지는 9요인(책임감, 자신감, 인내, 집중력, 자기관리, 배려성, 존중, 정직성, 사회성) 총 33문항으로 구성되어 있다. 그러나 본 저서에서는 교실 체육의 상황에 맞게 수정하여 책임감, 배려성, 자기존중, 자신감, 사회성, 인내심, 집중력 7요인만 제시하였다.

설문 문항			전혀 그렇지 않다	그렇지 않다	보통이다	그렇다	매우 그렇다
책임감	1	나는 실력에 상관없이 최선을 다한다.	①	②	③	④	⑤
	2	나는 지더라도 포기하지 않고 최선을 다한다.	①	②	③	④	⑤
	3	나는 교실 체육시간에 나의 일을 남에게 미루지 않는다.	①	②	③	④	⑤
배려성	4	나는 상대 모둠에게 피해를 주는 행동을 하지 않는다.	①	②	③	④	⑤
	5	나는 게임 중 상대를 배려하고 존중한다.	①	②	③	④	⑤
	6	나는 운동할 때 다른 학생의 입장을 생각하고 행동한다.	①	②	③	④	⑤
자기존중	7	나는 교실 체육에서 우리 모둠에서 소중한 학생이다.	①	②	③	④	⑤
	8	나는 교실 체육에서 우리 모둠에서 가치 있는 학생이다.	①	②	③	④	⑤
	9	나는 교실 체육에서 내가 가치 있는 학생이라고 생각한다.	①	②	③	④	⑤
자신감	10	나는 교사가 칭찬해 줄 때 자신감이 생긴다.	①	②	③	④	⑤
	11	나는 상대편보다 경기를 잘 했을 때 자신감이 생긴다.	①	②	③	④	⑤
	12	나는 모둠원들로부터 격려나 칭찬을 받았을 때 자신감이 생긴다.	①	②	③	④	⑤
사회성	13	나는 우리 모둠이 실수를 해도 격려하려고 노력한다.	①	②	③	④	⑤
	14	나는 우리 모둠을 믿고 의지한다.	①	②	③	④	⑤
	15	나는 모둠원을 위해 동료들과 협동한다.	①	②	③	④	⑤
인내심	16	나는 교실 체육에서 힘들더라도 참고 끝까지 할 수 있다.	①	②	③	④	⑤
	20	나는 지더라도 포기 않고 끝까지 최선을 다한다.	①	②	③	④	⑤
	21	나는 새로운 운동을 배운다면 잘 할 때까지 참고 노력할 생각이 있다.	①	②	③	④	⑤
집중력	22	나는 경기 중에 주의집중을 잘 한다.	①	②	③	④	⑤
	23	나는 경기에서 집중을 제대로 한다.	①	②	③	④	⑤
	24	나는 경기할 때 딴 생각을 하지 않는다.	①	②	③	④	⑤

5. 교실 체육 평가의 이해

교육평가의 기능은 보는 관점에 따라 다양하지만 학습자의 성취도를 사정하는 일, 교육프로그램의 효과를 판단하는 일, 교육정책에 도움을 주는 일 등이 공식적인 평가기능이라면 개별 학생의 진로지도를 위한 자료수집과 학습상태의 문제에 대한 발견과 해결 등은 교실평가의 기능이라고 볼 수 있다. 그런데 지금까지의 평가는 공식적인 평가에 초점이 맞추어져 있었고, 교실평가는 소홀히 취급되어 왔다. 다시 말하면 지금까지의 평가는 평가 결과를 가지고 학생들의 우열을 가리거나 점수로 인간을 규정한 측면이 강하다. 이것은 인간을 이해하고, 그 다양성을 존중하기에 부족함이 많다. 특히, 학습자에 대한 폭넓은 배려가 부족하게 드러나고 있다. 결국 학생들을 인성중심이 아닌 서열화의 대상으로만 인식함으로써 이루어진 결과로써의 성격이 강하다.

교육이 학생의 잠재 능력을 발견할 수 있도록 도와주는 것이고, 학생이 지닌 장점을 펼치게 하는 것이 학습이라고 할 때, 평가는 학생들의 숨은 보화를 캐내어 인성함양은 물론 전인발달을 위한 역할을 수행해야 하는 것이다.

교육의 본질이 '개인의 재주, 능력 등을 끌어내는 것'이라면 전통적 표준화 검사는 이를 만족시킬 수 없었기 때문에 교육의 본질로 돌아가는 평가가 필요했던 것이다. 이런 필요성에 의해 수행평가가 등장하였고, 이 수행평가는 지금까지의 전통적인 평가가 이룰 수 없었던 교육목표를 달성할 수 있는 교육적 의미를 담고 있다.

예컨대, 지금까지의 지필검사에서는 고차원적인 사고기술을 평가하기가 어려웠기 때문에 교사와 학생은 지필검사에서 다루어지는 낮은 수준의 지식, 사실을 습득하는 것에 주력하였고, 이는 학습과 수업의 수준을 낮추는 결과를 가져왔다. 이런 평가 방법으로는 학생들의 인성함양이나 고차원적인 사고능력을 함양하는데 어려움이 많다. 따라서 새로운 평가 패러다임의 변화를 요구하는 것이다. 다양한 이유들로 인해 새로운 평가의 필요성을 요구했고, 대안평가는 그 요구에 적절히 대응하고 있다. 또한 학습심리학, 인지심리학, 뇌 연구를 통해 인간의 능력에 대한 개념이 새롭게 바뀌고 있다는 점도 중요하다. 특히, 인성함양을 위해서는 학생의 성장을 지속적으로 확인할 수 있는 평가가 필요하다.

'평가는 수업을 돕는다.' 라고 이론적으로 강조되어 왔으나 그동안의 평가는 성적 사정과 서열화에만 급급한 나머지 지속적인 성장을 돕는 평가가 아닌 일회성 또는 확인 차원으로서의 평가가 이루어진 것이다. 그러나 새로운 평가 패러다임은 학생의 성장을 지속적으로 점검하고, 이를 통해 피드백을 주어 점차적인 발달이 가능하도록 돕는 데 있으며, 이러한 평가들을 통해 학생의 잠재력을 찾고 개발하여 진로를 정하는 데 도움을 줄 수 있어야 한다.

이와 같이 학생의 지속적인 성장과 잠재력을 확인하고 인성발달과 전인발달로서의 평가가 이루어지기 위해서는 "수업은 곧 평가이다."라는 공식이 성립되어야 한다. 본 저서에서는 이러한 평가의 관점에서 '성장 참조형 평가'라는 기조 아래 '수업 속에서의 평가'가 이루어지도록 학습평가를 구안하여 제시하였다.

제6장

첫 만남, 친구와 친해지기

학생들과 첫 만남은 누구나 설레기 마련이다. 이것은 교사 뿐만 아니라 학생간에도 똑같다. 첫 만남에서 서로의 어색함을 깬다는 의미의 아이스브레이킹 활동은 학생들의 긴장을 완화시키고 학교생활과 교실 수업을 원활히 진행할 수 있도록 하는데 도움을 준다. 즉, 아이스브레이킹이란 새로 형성된 팀이나 학생들끼리 어색함을 떨쳐버리고 한 팀으로 활력을 불어 넣어주는 활동이라 할 수 있다.

1 친구를 기억해

<table>
<tr><td rowspan="2">학습 목표</td><td>교과 목표</td><td colspan="3">교실 밖으로 나간 친구를 찾고, 찾은 친구를 기억할 수 있다.</td></tr>
<tr><td>인성 목표</td><td colspan="3">모둠원들과 협동할 수 있는 능력을 기르고, 학기 초에 반 친구들과 친해질 수 있다.</td></tr>
<tr><td>학습 자료</td><td colspan="2">다양한 장애물, 줄긋기 기구, 콘</td><td>학년군</td><td>3~4학년</td></tr>
<tr><td>안전</td><td colspan="4">책상을 한쪽으로 치우고, 술래와 밖에 나가는 학생이 아닌 나머지 학생들이 돌아다닐 때 너무 빨리 돌아다니지 않도록 지도한다.</td></tr>
<tr><td>준비 운동</td><td colspan="4">친구 자리에 가서 앉기</td></tr>
<tr><td>활동 장면</td><td colspan="4"></td></tr>
</table>

팁과 재구성

① 한 모둠이 모두 술래가 되어서 숨겨진 한명을 찾는다. 나머지 학생들은 한 명을 술래에게 보이지 않게 잘 둘러싸고 있어야 한다.

② 한 명이 나가 있고, 술래도 한명이다. 술래는 돌아다니는 나머지 학생들에게 나간 학생의 정보에 대해 질문하여 그 학생을 찾는다.

<table>
<tr><th>수업
구조</th><th>활동</th></tr>
<tr><td>이해</td><td>- 친구와 배려에 대해 이해하기
- 게임활동 이해하기</td></tr>
<tr><td>체험</td><td>① 5명씩 모둠별로 선다.
② 각 모둠에서 1명은 술래, 1명은 밖으로 나가는 사람이다.
③ 술래 4명은 앞으로 나와 등을 돌리고 서서 눈을 감는다.
④ 교사가 나가는 학생 4명을 지목하면 그 학생들은 교실 밖으로 나간다.
㉠ 나간 학생들이 떠들지 않도록 지도한다.
㉡ 나간 학생들은 다음에 술래가 된다.
⑤ 나머지 학생들은 교실 안을 돌아다닌다.
- 술래에게 힌트를 주지 않는다고 약속한다.
⑥ 신호를 주면 술래 4명은 각각 나간 사람 한명을 찾는다. 이때 찾을 수 있는 시간은 30초로 제한한다.
⑦ 먼저 찾아내는 술래가 속한 모둠이 이긴다.</td></tr>
<tr><td>소통</td><td>오늘 가장 활동을 잘 한 모둠은 몇 모둠인지 적어보고, 술래가 되어서 찾은 친구의 이름을 적어 봅시다. 그리고 친구의 이름을 잘 기억하기 위해서 어떤 노력을 할 것인지 적어 봅시다.
<table>
<tr><td>오늘 가장 잘 한 모둠은?</td><td></td></tr>
<tr><td>오늘 찾은 친구의
이름은?</td><td></td></tr>
<tr><td>친구 이름을
기억하기 위한
나만의 방법은
무엇인가?</td><td></td></tr>
</table></td></tr>
</table>

2 집짓기

<table>
<tr><td rowspan="2">학습 목표</td><td>교과 목표</td><td colspan="3">게임의 규칙에 잘 따르며, 자신의 역할을 인식하고 변화하는 상황에 순발력 있게 대처할 수 있다.</td></tr>
<tr><td>인성 목표</td><td colspan="3">변화하는 상황에 빠르게 대처할 수 있도록 상황 판단력을 기를 수 있다.</td></tr>
<tr><td>학습 자료</td><td colspan="2">없음</td><td>학년군</td><td>3~4학년</td></tr>
<tr><td>안전</td><td colspan="4">친구를 밀치거나 붙잡지 않고 자신의 의지대로 움직일 수 있도록 존중하는 자세를 지닐 수 있도록 지도한다.</td></tr>
<tr><td>준비 운동</td><td colspan="4">2</td></tr>
<tr><td>활동 장면</td><td colspan="4"></td></tr>
</table>

팁과 재구성

① 아기의 수를 둘로 늘린다.

② "바람이 분다."에 아기 또는 집만 움직이고, "아기가 운다."에 집과 아기 둘 모두 움직이게 한다.

③ 게임 시작 전 여섯 모둠으로 나누어 모둠원들 전체가 술래를 가장 적게 한 모둠이 승리하도록 규칙을 조정한다.

수업 구조	활동
이해	▶ 우리 반 친구에 대해 이해하기 ▶ 게임활동 이해하기
체험	▶ 준비운동 ▶ 본 활동 ① 교실 책상을 모두 밀고 자유롭게 선다. ② 술래를 한 명 정한다. ③ 술래를 제외한 나머지는 3명이 짝이 되어 두 명은 양 손을 맞잡아 위로 들고 집을 만들고, 한 명은 그 안에 들어가 아기 역할을 담당한다. ④ 술래는 세 가지 말을 할 수 있다. "집이 무너진다.", "아기가 운다.", "바람이 분다." ㉠ 술래가 "집이 무너진다."를 외치면, 아기는 그대로 있고 집은 서로 양 손을 풀고 다른 아기의 집이 되어야 한다. 이때 술래도 한 아기의 집을 만드는 데 동참한다. 이때 손을 붙잡지 못한 집이 다시 술래가 된다. ㉡ 술래가 "아기가 운다."를 외치면, 집은 손을 맞잡은 상태 그대로 있고 아기들이 서로 다른 집을 찾아간다. 이때 술래도 한 집 안으로 들어가야 한다. 집 안으로 들어가지 못한 아기가 술래가 된다. ㉢ 술래가 "바람이 분다."를 외치면, 집과 아기 모두가 자리를 바꾼다. 이때 술래도 집과 아기 중 하나가 되어 자리를 차지해야 다시 술래가 되는 것을 면할 수 있다. 아무 곳에도 끼지 못한 학생이 술래가 된다. ▶ 정리운동
소통	▶ 마지막에 나와 함께 짝을 했던 친구에 대해 인터뷰하고 발표해 보세요.

3 너 그리고 나

학습 목표	교과 목표	자신을 친구들 앞에서 소개하고, 친구의 특징을 기억하는 계기가 된다.		
	인성 목표	친구들과의 친근감을 느끼면서 사회성을 기를 수 있다.		
학습 자료	없음		학년군	유~4학년
안전	학생들이 다치지 않도록 책상을 한쪽으로 치우고 자리를 허겁지겁 바꾸느라 서로 밀치고 부딪혀서 다치지 않도록 지도한다.			
준비 운동	10			
활동 장면				

팁과 재구성

호명의 기준을 두 개로 제시하여, 각각의 호명 기준에 해당되는 학생끼리 서로 자리를 바꾸도록 한다. 이때 두 개의 호명 기준에 모두 해당이 되는 학생은 어느 자리에 앉아도 상관이 없다.

<table>
<tr><th>수업
구조</th><th>활동</th></tr>
<tr><td>이해</td><td>▶ 우리 반 친구에 대해 이해하기
▶ 게임활동 이해하기</td></tr>
<tr><td>체험</td><td>▶준비운동
▶ 본 활동
① 한 반의 인원수가 20명이라면, 19명의 학생만이 앉을 수 있도록, 여분의 공간을 남겨두지 않고 큰 원을 그리며 앉는다.
② 원 안에는 한 학생이 서 있다.
③ 원 안의 학생이 호명 대상의 기준을 외친다.
④ 호명 대상이 된 학생들과 원 안의 학생들은 서로 자리에 앉으려 한다.
㉠ 이때 호명된 학생은 자신의 자리에 앉지 않도록 한다.
㉡ 자리를 바꾸는 과정에서 학생들끼리 부딪혀 사고가 나지 않도록 한다.
⑤ 자리에 앉지 못한 학생은 원 안에 서서 자기소개를 한 후, 자신이 생각한 호명 대상의 기준을 외친다.
⑥ 이러한 과정을 반복한다.
⑦ 한번 씩 모두 돌아가면서 자기소개를 할 수 있도록 교사가 호명 기준을 제시해주어도 좋다.
▶ 정리운동</td></tr>
<tr><td>소통</td><td>▶ 오늘 활동을 통해 알게 된 한 친구를 소개해주세요(이름, 특징 등).
<table>
<tr><td>소개 하고 싶은 친구</td><td></td></tr>
<tr><td>그 친구의 특징</td><td></td></tr>
<tr><td>그 친구를
반 친구들에게
소개하는 글을
써 보세요.</td><td></td></tr>
</table></td></tr>
</table>

4 내 친구의 특징은?

<table>
<tr><td rowspan="2">학습
목표</td><td>교과
목표</td><td colspan="3">친구들에게 관심을 가져 특징을 찾고 친밀감을 갖는다.</td></tr>
<tr><td>인성
목표</td><td colspan="3">규칙을 잘 지킬 수 있고, 놀이를 새로운 규칙을 적용해 창의적으로 각색할 수 있다.</td></tr>
<tr><td>학습
자료</td><td colspan="2">없음</td><td>학년군</td><td>3~4학년</td></tr>
<tr><td>안전</td><td colspan="4">서로 부딪힐 가능성이 많은 게임이므로 학생들에게 조심하도록 안내한다.</td></tr>
<tr><td>준비
운동</td><td colspan="4">10</td></tr>
<tr><td>활동
장면</td><td colspan="4">
</td></tr>
</table>

팁과 재구성

① 다른 교과에서 배웠던 요소들을 통합하여 제시하면 학생들이 학습했던 것들을 복습하는 효과를 가질 수 있고 다시 한 번 환기시킬 수 있다.

② 주어진 특징에 해당이 안 되는 학생들끼리도 자리를 바꿔보는 기회를 제공한다.

<table>
<tr><th>수업 구조</th><th>활동</th></tr>
<tr><td>이해</td><td>▶ 친구를 사랑하는 마음 이해하기
▶ 게임활동 이해하기</td></tr>
<tr><td>체험</td><td>▶ 준비운동
▶ 본 활동
* 원으로 둘러 앉아 교사는 한명을 지목하고 가운데 서도록 한다.
① 그 학생은 원으로 둘러앉은 친구 중 한명에게 '당신은 당신의 이웃을 사랑하십니까?' 라고 묻는다.
② 질문을 받은 친구가 '예' 라고 할 땐 그 친구의 이웃이 자리를 바꿔 앉아야 한다. 단, 질문을 한 친구도 재빠르게 비어있는 자리에 앉는다.
③ 질문을 받은 친구가 '아니오' 라고 하면 '그렇다면 어떤 이웃을 사랑하십니까?' 라고 되묻는다. 이에 '저는 ○한 사람이 좋습니다.' 라고 답한다.
④ 자리를 바꿔야 하는 친구들은 ○한 사람이다. 그들끼리 재빠르게 자리를 바꾼다.
⑤ 자리에 앉지 못한 친구가 술래가 되고 1번을 다시 행한다.
⑥ 제한 시간을 두고, 그 시간이 되었을 때의 서 있는 친구가 술래가 된다.
▶ 정리운동</td></tr>
<tr><td>소통</td><td>1. 〈내 친구의 특징은?〉 게임을 한 뒤, 친구의 이름을 적고, 생각나는 특징을 몇 가지 적어보세요.
<table><tr><th>횟수</th><th>특징</th></tr><tr><td></td><td></td></tr></table>
2. '○한 사람을 좋아합니다.' 의 공통점으로 자리를 바꾸는 규칙 이외에 자신만의 새로운 규칙을 만들어 보고 발표해보세요.
<table><tr><th>내가 만든 규칙/기대효과</th></tr><tr><td></td></tr></table>
</td></tr>
</table>

5 깨트려 & 찾아

<table>
<tr><td rowspan="2">학습 목표</td><td>교과 목표</td><td colspan="3">우리 모둠의 친구들을 빠르게 찾아 모일 수 있다.</td></tr>
<tr><td>인성 목표</td><td colspan="3">친구들과의 동질감을 통해 사회성을 키울 수 있다.</td></tr>
<tr><td>학습 자료</td><td colspan="2">호루라기</td><td>학년군</td><td>3~4학년</td></tr>
<tr><td>안전</td><td colspan="4">학생들이 빨리 자신의 모둠을 찾기 위해 뛰거나 다른 학생들과 부딪힘이 있을 수 있기 때문에 자신의 모둠을 찾을 때 절대 뛰지 않도록 숙지시키고 만약 뛰어서 모둠을 찾았을 시, 다음 게임에서 1분간 멈춰 있어야 하는 등의 페널티를 부과한다.</td></tr>
<tr><td>준비 운동</td><td colspan="4">2</td></tr>
<tr><td>활동 장면</td><td colspan="4">
</td></tr>
</table>

팁과 재구성

① 자신의 모둠이 아닌 다른 모둠을 섭외하여 두 모둠이 함께 모이도록 한다.

② 자신의 모둠을 찾은 후 교사가 제시하는 물건을 함께 찾아보도록 한다.

수업 구조	활동
이해	▶ 우리 모둠 친구들이 좋아하는 것에 대해 이야기하기 ▶ 게임활동 이해하기
체험	▶ 준비운동 ▶ 본 활동 ① 학생들을 5명씩 네 모둠으로 만든다. ② 학생들은 교사가 "깨뜨려!"라고 외칠 때까지 자유롭게 걸어 다닌다. 학생들은 교사의 말을 들으면 자신의 모둠에서 멀어져야 한다. ③ 교사가 "찾아!"라고 외치면 학생들은 자신의 모둠으로 돌아와서 다섯이 다 모이면 무릎을 꿇고 앉는다. ④ 다른 모둠원과 활동할 수 있도록 모둠원을 자주 바꾼다. ▶ 정리운동
소통	▶ 오늘 함께 활동한 모둠에는 어떤 친구들이 있었는지를 적고, 그 친구들 중 한 명을 선정하여 소개하는 글을 써 보세요. 오늘 가장 잘 한 모둠은? ( ) 내 친구 ( ) 소개하기

6 안경 쓴 사람

<table>
<tr><td rowspan="2">학습 목표</td><td>교과 목표</td><td colspan="3">재빨리 움직여 나와 같은 특징을 가진 친구와 자리를 바꿀 수 있다.</td></tr>
<tr><td>인성 목표</td><td colspan="3">공통된 특징을 가진 학생들끼리 자리를 바꾸는 활동을 통해 서로의 공통점과 차이점을 비교해 보고 공감능력, 친밀감을 높일 수 있다.</td></tr>
<tr><td>학습 자료</td><td colspan="2">그림 카드 10장</td><td>학년군</td><td>3~4학년</td></tr>
<tr><td>안전</td><td colspan="4">활동이 끝난 후 학습지에 안전 규칙을 가장 잘 지킨 '안전 지킴이' 를 뽑아서 칭찬해주는 방식을 통해 학생들이 안전을 잘 지킬 수 있도록 동기를 부여한다.</td></tr>
<tr><td>준비 운동</td><td colspan="4">무엇이 무엇이 똑같을까?
• 학생들은 6명씩 모둠을 만들어 자리에 앉는다. 교사는 각 모둠별로 공통점을 찾을 수 있는 그림 카드 10장씩을 나누어 준다. 이때 그림카드는 무엇이든 상관없다. 학생들은 서로 같은 공통점이 있는 카드 끼리 묶어 분류한다. 분류를 마친 모둠은 칠판으로 나와 카드를 자기 모둠이 분류한 대로 붙인다.</td></tr>
<tr><td>활동 장면</td><td colspan="4">
</td></tr>
</table>

팁과 재구성

① 물어보는 내용을 다양하게 한다. 생김새뿐만 아니라 사는 곳, 취미 등을 물어본다.

② 자리를 바꿀 때 이동하는 모습을 달리해 본다. 쭈그려서 간다거나 깡충깡충 뛰도록 하여 게임의 재미와 난이도를 높일 수 있다.

수업 구조	활동

이해

▶ 나는 어떤 특징이 있는지 생각해 보고 발표하기

▶ 게임활동 이해하기

체험

▶ 준비운동

▶ 본 활동

① 학생들은 모두 자기자리에 앉고, 맨 처음 술래가 될 학생은 앞으로 나온다. 그리고 그 학생의 의자를 밖으로 뺀다.

② 술래가 된 학생은 앉아 있는 학생들 중 한 명에게 가서 '너는 어떻게 생겼니?' 라고 물어본다.

③ 술래의 질문을 들은 학생은 자신의 특징을 말한다.

예) 안경을 썼어, 머리카락을 갈색으로 염색 했어.

④ 한 학생이 말한 특징과 같은 특징을 가지고 있는 학생은 일어나서 서로 자리를 바꿔 앉는다. 이때 술래도 남는 자리에 같이 앉는다.

⑤ 앉지 못한 학생이 술래가 되어 게임을 계속 진행한다.

⑥ 위의 활동을 반복해서 해 보고, 게임이 끝난 후 자기와 비슷한 특징을 가진 학생들을 적어보고 그 이유를 말해보는 시간을 갖는다.

⑦ 활동이 끝난 후 학습지에 안전 규칙을 잘 지킨 '지킴이' 를 뽑는다.

▶ 정리운동

소통

▶ 게임을 하면서 '안전 규칙' 을 잘 지킨 '안전 지킴이' 를 선정한 후 그 이유도 적어 보세요.

안전 지킴이	이유

▶ 4명씩 모둠을 정해서 친구들 끼리 비슷한 특징, 다른 특징을 찾아보세요.

7 옷 공장

<table>
<tr><td rowspan="2">학습
목표</td><td>교과
목표</td><td colspan="3">서로 엉켜 있는 팔을 풀 수 있다.</td></tr>
<tr><td>인성
목표</td><td colspan="3">엉켜 있는 팔을 풀기 위한 문제를 잘 해결할 수 있다.</td></tr>
<tr><td>학습
자료</td><td colspan="2">없음</td><td>학년군</td><td>5~6학년</td></tr>
<tr><td>안전</td><td colspan="4">학생들의 겹친 팔들을 풀다보면 서로 엉키게 되어 부상을 당할 수 있으므로 급하게 하지 않도록 주의한다.</td></tr>
<tr><td>준비
운동</td><td colspan="4"></td></tr>
<tr><td>활동
장면</td><td colspan="4"></td></tr>
</table>

팁과 재구성

① 다른 친구와 손을 잡을 때, 이젠 양 옆이 아닌 친구들과 손을 잡도록 한 다음 풀어보도록 한다.

② 다른 학생과 잡은 손을 가장 먼저 푼 학생은 해당 모둠에서 빠지도록 한다. 그렇게 되면 해당 친구와 손을 잡았던 학생들은 해당 손을 등 뒤로 대어 움직이지 않도록 하여 한명씩 빠져나가는 게임을 한다.

<table>
<tr><th>수업
구조</th><th>활동</th></tr>
<tr><td>이해</td><td>▶ 어려운 문제나 상황을 잘 해결하기 위한 방법에 대해 토의하기
▶ 게임활동 이해하기</td></tr>
<tr><td>체험</td><td>▶ 준비운동
▶ 본 활동
① 우선 학생들로 하여금 6-8명씩 모둠을 이루어 원형으로 서도록 한다.
② 학생들은 손을 뻗어 앞에 있는 두 친구의 손을 하나씩 잡는다.
③ 바로 옆 친구의 손을 잡으면 안 된다. 같은 학생의 손을 잡아도 안 된다.
④ 잡은 손을 풀지 않은 채로 엉켜 있는 팔을 풀어야 한다.
⑤ 필요에 따라 손을 잡은 채로 손을 회전하거나 위치를 바꿀 수 있다.
▶ 정리운동</td></tr>
<tr><td>소통</td><td>▶ 다음을 읽고 평가해 보세요.
<table>
<tr><th colspan="2">평가문항</th><th>평가</th></tr>
<tr><td rowspan="2">자기
평가</td><td>자신의 몸을 충분히 활용하여 엉켜 있는 팔을 풀었나요?</td><td></td></tr>
<tr><td>친구들과 협동심을 발휘하였나요?</td><td></td></tr>
<tr><td>동료
평가</td><td colspan="2">게임을 하면서 가장 잘했다고 생각하는 친구나 모둠을 찾고, 그 이유는 무엇인가요?

• 가장 잘 한 친구(모둠):
• 그렇게 생각한 이유
____
______________________________</td></tr>
</table>
</td></tr>
</table>

8 "3" 모여

학습 목표	교과 목표	숫자를 잘 듣고 친구들과 짝을 지어 원을 만들 수 있다.
	인성 목표	상황에 따라 적절하게 대처를 할 수 있다.
학습 자료	없음	학년군: 5~6학년
안전	학생들이 모둠을 구성하는 과정에서 다칠 위험이 있으므로 서두르지 않도록 하고, 주의 깊게 지켜본다.	
준비 운동	15	
활동 장면		

팁과 재구성

① 모둠이 되었던 친구들이 속하지 않도록 모둠을 다시 구성한다.

② 모둠을 이루는 것에서 끝내지 않고, 한명이 다른 한쪽을 업는 방법의 미션을 제시한다.

<table>
<tr><th>수업 구조</th><th>활동</th></tr>
<tr><td>이해</td><td>▶ 상황에 알맞은 대처를 할 수 있는 방법에 대해 토의하기
▶ 게임활동 이해하기</td></tr>
<tr><td>체험</td><td>▶ 준비운동
▶ 본 활동
※ 학생들은 자유롭게 흩어져 있다.
① 학생들은 교실 안을 걸어 다니고 교사가 신호를 주면, 세 명 또는 네 명씩 모여 모둠을 이룬다.
② 모둠을 이루지 못한 학생이 있다면 교사의 역할을 대신한다.
③ 본격적으로 게임을 시작하고, 제시한 숫자로 모둠을 구성한다.
④ 2명이 남아 있을 때까지 게임이 진행된다.
▶ 정리운동</td></tr>
<tr><td>소통</td><td>▶ “3” 모여 활동을 통해 자신이 잘한 점이나 부족했다고 생각하는 점을 써 보세요.
<table><tr><th>잘한 점</th><th>부족했던 점</th></tr><tr><td></td><td></td></tr></table></td></tr>
</table>

9 나를 믿어

<table>
<tr><td rowspan="2">학습 목표</td><td>교과 목표</td><td colspan="3">몸을 눕히는 친구를 넘어지거나 땅에 머리가 닿지 않도록 받아줄 수 있다.</td></tr>
<tr><td>인성 목표</td><td colspan="3">몸을 젖힐 때 불안한 마음을 모둠원들과 함께 이겨내는 활동을 통해 신뢰의 가치를 느낄 수 있다.</td></tr>
<tr><td>학습 자료</td><td colspan="2">긴 끈과 같은 도구, 요가매트</td><td>학년군</td><td>5~6학년</td></tr>
<tr><td>안전</td><td colspan="4">게임 시작 전에 눕는 학생을 나머지 모둠원이 잘 받쳐주지 않으면 머리를 다치거나 넘어질 수 있다는 것을 충분히 알려준다. 바닥에 매트를 설치한다.</td></tr>
<tr><td>준비 운동</td><td colspan="4">15</td></tr>
<tr><td>활동 장면</td><td colspan="4"></td></tr>
</table>

팁과 재구성

각 모둠의 인원을 줄인다. 안아주는 인원이 줄면 더 힘을 모아야 한다.

수업 구조	활동
이해	▶ 친구와 신뢰를 쌓으려면 어떻게 해야 하는지 토의하기 - 이 활동의 부제는 신뢰 쌓기 게임으로 눕는 학생이 처음에는 불안해 하지만 나머지 학생들을 믿고 눕게 되면 안정적으로 받쳐져 신뢰가 쌓이는 활동이다. ▶ 게임활동 이해하기
체험	▶ 준비운동 ▶ 본 활동 ① 각 모둠에서 누울 학생을 정한다. 한 명씩 번갈아 가며 하므로 차례만 정하면 된다. ② 누울 학생을 기준으로 나머지 4명은 한명 을 둥글게 둘러선다. ③ 가운데 학생은 발을 땅에 고정한 채 몸의 힘을 빼고 자신의 침대라고 생각하고 몸을 눕힌다. ④ 이때 모둠원 중 한 명은 눕는 학생의 두 손을 잡아 준다. 주변을 둘러싼 친구들이 눕는 친구를 받아준다. ⑤ 눕는 학생의 몸통이나 머리가 바닥에 닿거나 정해진 시간동안 버티지 못하면 탈락한다. ▶ 정리운동
소통	▶ 다음은 체육 활동을 하는 친구의 생각입니다. 물음에 답하시오.  1. 내가 누울 때 만약 나를 잡아주는 친구가 없었다면 어떤 상황이 발생했을지 적어보세요. __________ __________

소통

2. 위의 대화와 같이 친구가 안심하고 누울 수 있도록 하려면 어떻게 해야 하는지 쓰세요.

____

____

3. 게임활동이 끝난 후 서로를 평가해 보세요.

자기 평가(매우 잘함 ◎, 잘함 ○, 보통 □)	상호평가 (모둠원끼리 평가)			
평가기준	자기 평가 내용	친구이름		
자신이 누울 때 다른 친구를 믿고 누울수 있었나요?				
눕는 친구를 안심하고 누울 수 있도록 도와주었나요?				

제7장

뇌 발달하기

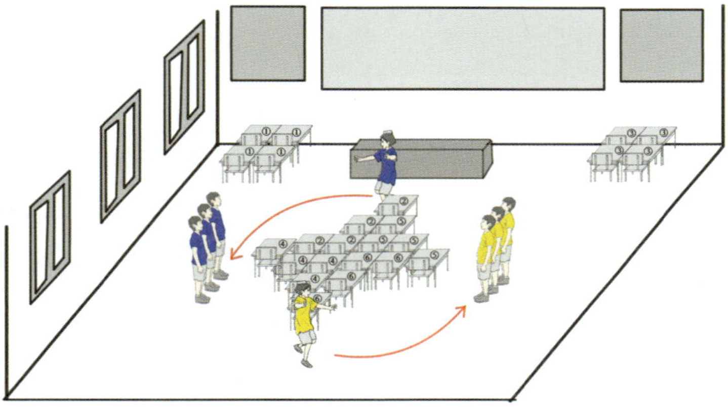

인간은 반사와 움직임 활동을 통해 감각이 발달하고 뇌가 발달한다. 건강을 위한 체력향상 운동은 학생들 자신의 삶을 스스로 계발하고 나아가 건강한 사회를 만드는 데 공헌할 수 있을 것이다.

초등학교에서는 건강과 체력의 개념 이해, 건강 체력과 운동 체력 요소의 이해, 각 체력 요소들을 증진할 수 있는 올바른 운동 방법의 이해와 실천을 목적으로 체력 증진 원리와 관리 방법, 체력 측정과 운동 처방, 체력 관리 프로그램 설계 등을 포함하여 진행해야 한다.

1 교실 얼음땡(근력 및 근지구력과 순발력)

<table>
<tr><td rowspan="2">학습 목표</td><td>교과 목표</td><td colspan="3">지형과 규칙을 이용하고 어려움을 해결하는 과정에서 근력 및 근지구력과 순발력을 기를 수 있다.</td></tr>
<tr><td>인성 목표</td><td colspan="3">어려움의 상황을 해결함으로써 문제해결력을 기를 수 있다.</td></tr>
<tr><td>학습 자료</td><td colspan="2">호루라기, 청 테이프</td><td>학년군</td><td>3~4학년</td></tr>
<tr><td>안전</td><td colspan="4">한 발로 계속 뛰는 것은 학생들의 발목에 무리가 갈 수 있으므로 교사는 호루라기를 사용하여 발을 바꿀 수 있도록 지도해야 한다.</td></tr>
<tr><td>준비 운동</td><td colspan="4">날 따라 해봐요
• 학생들이 원형으로 서서 한 명씩 원의 중심에 서도록 한다. 원의 중심에 선 학생은 균형 잡기나 하체 근육 풀기와 관련된 동작을 하고, 다른 학생들은 이를 따라한다. 다음으로 중심에 선 학생은 이전 학생이 했던 동작을 반복하고, 자신의 동작을 추가한다. 이러한 방법으로 계속해서 학생들이 돌아가며 동작을 추가하다가 중심에 선 학생이 동작의 순서를 틀리거나 기억을 하지 못하면 원을 따라 한 바퀴를 돌고 와서 동작을 새롭게 시작한다.</td></tr>
<tr><td>활동 장면</td><td colspan="4"></td></tr>
</table>

팁과 재구성

① 논밭의 수를 줄인다. 두루미들이 한 발로 뛰어야 하는 거리가 늘어난다.

② 사냥꾼을 두 명으로 늘린다. 두루미들이 더 빠르게 움직여야 하고, 서로가 협력해야 한다.

수업 구조	활동
이해	▶ 몸으로 하는 의사소통 방법에 대해 알아보기 ▶ 게임활동 이해하기
체험	▶ 준비운동 ▶ 본 활동 ① 학생 중 한 명을 '사냥꾼'으로 설정하고, 다른 학생들은 '두루미'가 된다. ② 사냥꾼인 학생은 두 발로, 두루미인 학생들은 한 발을 들고 달려야 한다. ③ 교사가 호루라기를 불어 시작 신호를 주면 두루미들은 사냥꾼을 피해 달리고, 사냥꾼은 두루미들을 잡기 위해 달린다. ㉠ 계속해서 한 발로 달리는 것은 힘들므로 교사가 1분에 한 번씩 호루라기를 불어 발을 바꿔 달릴 수 있도록 한다. ㉡ 두루미들의 서식지인 논밭(안전지대)에서는 사냥꾼이 두루미를 잡을 수 없으며, 두루미는 논밭에서 10초 동안 두 발로 쉴 수 있다. ㉢ 10초 이상 논밭에 머무른 두루미는 탈락하며, 사냥꾼은 두루미가 쉬고 있는 논밭 앞에서 3초 이상 대기할 수 없다. ④ 사냥꾼에게 잡힐 위험에 처한 두루미들은 "얼음!"을 외치면 그 자리에서 움직일 수 없는 대신 사냥꾼에게 잡히지 않는다. 사냥꾼은 얼음 상태가 된 두루미 주위에서 3초 이상 대기할 수 없다. ⑤ 얼음 상태가 된 두루미들을 다른 두루미가 "땡!"을 외치면서 건들면 얼음 상태에서 풀려난다. ⑥ 한 두루미가 사냥꾼에게 잡히면 게임이 끝나고, 잡힌 두루미가 사냥꾼이 되어 게임을 새롭게 시작한다. ▶ 정리운동
소통	▶ 다음 〈보기〉의 '나'가 내용 속 행동을 계속 반복한다면 어떤 일이 일어날지 토의해 봅시다. 〈보기〉 오늘은 비가 와서 체육시간에 교실에서 '두루미 얼음땡' 놀이를 했다. 사냥꾼은 주호가 맡았고, 나와 다른 친구들은 두루미가 되었다. 주호를 피해 한 발로 뛰어다니는데 여간 힘든 게 아니었다. 그래서 내가 잠시 논밭에서 쉬고 있는데, 지온이가 주호를 피해 얼음을 외쳤다. 주호가 다른 친구를 잡으러 가자 지온이가 나에게 땡을 해달라며 도움을 요청했지만 나는 괜히 나갔다가 주호에게 잡힐 수도 있고, 좀 더 쉬고 싶어서 일부러 못들은 척하며 시선을 피했다. 게임을 계속 하던 중 방금 전과 같은 상황이 벌어졌지만, 나는 이번에도 친구를 도와주지 않았다.

2 미션 임파서블 게임(유연성과 민첩성)

<table>
<tr><td rowspan="2">학습 목표</td><td>교과 목표</td><td colspan="3">모둠 별로 움직이는 줄을 피해 재빠르게 이동하며 유연성과 민첩성을 기를 수 있다.</td></tr>
<tr><td>인성 목표</td><td colspan="3">보다 많은 모둠원이 살아남기 위해 서로 노력하는 과정에서 협동심을 기를 수 있다.</td></tr>
<tr><td>학습 자료</td><td colspan="2">10m가량의 줄 두 개, 호루라기, 타이머, 색 테이프</td><td>학년군</td><td>5~6학년</td></tr>
<tr><td>안전</td><td colspan="4">탈락한 학생들이 경기장 밖으로 빠져 나올 때 다칠 수 있으므로 호루라기를 불어 잠시 경기를 중단한 다음에 탈락한 학생이 무사히 밖으로 빠져 나왔을 때 경기를 다시 진행한다.</td></tr>
<tr><td>준비 운동</td><td colspan="4">12</td></tr>
<tr><td>활동 장면</td><td colspan="4"></td></tr>
</table>

팁과 재구성

① 네 모둠이 동시에 진행한다. 학생들이 더 좁은 공간에서 집중해서 피할 수 있다.

② 줄의 개수를 늘린다. 두 줄이 아니라 세 줄, 네 줄을 활용하여 학생들이 더 많은 줄을 집중해서 피할 수 있도록 한다.

수업 구조	활동
이해	▶ 친구와 함께 빠르게 움직이며 협동하는 방법 이해하기 ▶ 게임활동 이해하기
체험	▶ 준비운동 ▶ 본 활동 * 여기서는 한 반의 학생 수가 20명이며, 4개의 모둠을 만들고 모둠별로 5명씩 인원을 배치한다. ① 4모둠 중 먼저 경기할 두 모둠의 학생들이 모두 경기장 안으로 들어온다. ② 각 모둠에서 2명씩 나와서 모둠 별로 한 줄을 맡고 두 명의 모둠원이 줄의 양끝을 잡고 구역 끝에 선다. 다른 모둠도 마찬가지도 다른 줄의 양 끝을 잡고 구역 끝에 선다. ③ 교사가 호루라기를 불어 출발 신호를 주면 줄을 잡은 학생들은 줄을 양 옆이나 위 아래로 이동하고, 나머지 학생들은 움직이는 줄을 피해 돌아다닌다. ④ 움직이는 줄에 닿은 학생은 경기장 밖으로 나온다. ⑤ 최후의 1인이 남을 때까지 경기를 진행한다. ⑥ 이후 학생들에게 모둠이 이길 수 있으려면 각 모둠과 개인이 어떤 전략을 짜는 것이 좋을지 토의해본다. ▶ 정리운동
소통	▶ 미션 임파서블 게임을 하다가 모둠끼리 다투는 상황에서 상대 모둠과 거친 몸싸움이나 다툼 없이 미션 임파서블 게임을 더 재밌게 할 수 있는 방법에는 어떤 것이 있는지 적어 보세요.

3 교실 추격전(민첩성과 협응성)

<table>
<tr><td rowspan="2">학습 목표</td><td>교과 목표</td><td colspan="3">머리 위에 지우개를 얹고 추격전을 함으로써, 민첩성과 협응성을 기를 수 있다.</td></tr>
<tr><td>인성 목표</td><td colspan="3">모둠을 나눠서 상대 모둠 친구와 쫓고 쫓기며 우리 모둠을 아끼는 마음을 가질 수 있다.</td></tr>
<tr><td>학습 자료</td><td colspan="2">칠판지우개 2개</td><td>학년군</td><td>3~4학년</td></tr>
<tr><td>안전</td><td colspan="4">추격전 마지막 과정에서 술래가 앉고 추격자가 잡는 순간에 서로 몸싸움이나 충돌로 인해 다칠 위험이 있으니 조심하도록 인지시킨다.</td></tr>
<tr><td>준비 운동</td><td colspan="4">지우개 얹고 걷기
• 학생들을 두 모둠으로 나누어 칠판지우개를 모둠별로 하나씩 준다. 각 모둠은 절반으로 나뉘어져 지우개를 얹고 걸어야 할 구간의 양 끝에 배치한다. 각 모둠의 첫 번째 주자는 지우개를 머리에 얹고 정해진 구간을 걸어가 구간의 양 끝에 있는 다음 주자에게 지우개를 넘겨준다. 이 게임은 학생이 균형감각을 익히는 데에 초점을 두므로 교사는 학생이 지우개를 끝까지 머리에 얹고 갈 수 있도록 격려하고 성급하게 달리지 않도록 지도한다. 이런 방식으로 지우개가 맨 마지막 주자에게 전달될 때까지 계속한다.</td></tr>
<tr><td>활동 장면</td><td colspan="4">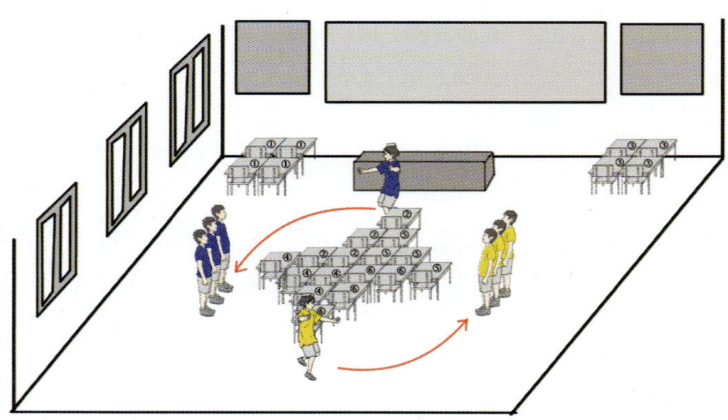</td></tr>
</table>

팁과 재구성

① 머리 위에 지우개가 아닌 책을 올려놓는다. 이때 학생들이 균형감각을 잡는데 신경 쓰도록 한다.

② 술래를 추가한다. 술래를 모둠별로 두 명을 정하여 서로 부딪히지 않도록 피하면서 추격전을 벌이도록 한다.

<table>
<tr><th>수업 구조</th><th>활동</th></tr>
<tr><td>이해</td><td>▶ 친구와 함께 빠르게 움직이며 협동하는 방법 이해하기
▶ 게임활동 이해하기</td></tr>
<tr><td>체험</td><td>▶ 준비운동
▶ 본 활동
① 학생들을 두 모둠으로 나눠 모두 원 모양으로 빙 둘러 앉는다.
② 이때 앉은 자리 구성원 배치를 우리 모둠, 상대 모둠, 우리 모둠, 상대 모둠 이런 식으로 양 모둠 구성원들을 번갈아 가는 순서로 앉을 수 있도록 지도한다.
③ 교사가 처음 술래를 한명 정하여 그 술래가 칠판지우개 두 개를 든다. 그리고 원 모양으로 앉아 있는 학생들의 바깥쪽으로 천천히 돈다.
④ 술래는 일정한 시간동안 돌다가 상대 모둠 중 한명 추격자를 정하고, 그 학생의 머리 위에 지우개를 놓고 술래도 머리에 지우개를 얹고 달린다.
⑤ 추격자는 일어나서 술래인 학생을 잡기 위해 달리고, 술래는 한 바퀴를 돌아 원래 추격자가 앉아있던 자리까지 달린 후 추격자가 잡기 전에 빈자리에 앉는다.
⑥ 술래가 앉기 전에 추격자가 술래를 잡으면 추격자가 승리하고, 추격자가 술래를 잡지 못하면 술래가 승리한다.
⑦ 같은 모둠원이 한번 이긴 경우 모둠에 1점을 부여하며, 모둠이 총 5점을 획득하면 그 모둠이 승리한다.
▶ 정리운동</td></tr>
<tr><td>소통</td><td>▶ 아래에 있는 자기평가표를 채워 넣어 보세요.
<table>
<tr><td colspan="2">술래는 몇 번 되었나요?</td><td colspan="2">번</td></tr>
<tr><td colspan="2">추격자는 몇 번 되었나요?</td><td colspan="2">번</td></tr>
<tr><td colspan="2">술래가 되어 추격자를 피해 몇 번 술래를 피했나요?</td><td colspan="2">번</td></tr>
<tr><td colspan="2">추격자가 되어서 술래를 몇 번 잡았나요?</td><td colspan="2">번</td></tr>
<tr><td>나는 상대 술래 또는 추격자를 피해
재빠르게 움직였다.</td><td>상</td><td>중</td><td>하</td></tr>
<tr><td>나는 다른 친구를 다치게 하거나 피해를
입히지 않고 안전하게 게임을 하였다.</td><td>상</td><td>중</td><td>하</td></tr>
</table></td></tr>
</table>

4 과수원 놀이(순발력)

<table>
<tr><td rowspan="2">학습 목표</td><td>교과 목표</td><td colspan="3">게임의 규칙에 잘 따르며, 순발력을 발휘하여 자리를 바꿀 수 있다.</td></tr>
<tr><td>인성 목표</td><td colspan="3">너무 경쟁적이지 않게 상대방을 배려하며 빠르게 움직일 수 있다.</td></tr>
<tr><td>학습 자료</td><td colspan="2">의자 혹은 바닥, 네 종류의 과일 카드</td><td>학년군</td><td>3~4학년</td></tr>
<tr><td>안전</td><td colspan="4">자리의 개수가 정해져 있는 게임이므로 서로 자리에 앉으려고 밀치거나 붙잡아 싸움이 일어날 수 있다. 그러므로 서로 신체적 접촉을 줄이고 배려하는 자세를 지닐 수 있도록 한다.</td></tr>
<tr><td>준비 운동</td><td colspan="4">음악 달리기
• 책상과 의자를 한 쪽으로 치우고 다 같이 나란히 선다. 3단계로 나누어 점점 빠른 음악을 사용한다. 박을 느껴 보고, 박자에 발걸음을 맞추어 달려 본다.</td></tr>
<tr><td>활동 장면</td><td colspan="4"></td></tr>
</table>

팁과 재구성

① 과일의 종류를 늘린다. 배, 복숭아 정도를 추가하여 5~6가지 정도까지가 적당하다.

② 술래를 두 명으로 하여 귓속말로 상의한 후 과일 이름을 말하도록 한다.

<table>
<tr><th>수업
구조</th><th>활동</th></tr>
<tr><td>이해</td><td>▶ 친구들과 즐겁게 운동하기 위해 서로를 이해하고 배려하는 마음 이해하기
▶ 게임활동 이해하기</td></tr>
<tr><td>체험</td><td>▶ 준비운동
▶ 본 활동
* 게임 시작 전, 교사는 사과, 귤, 포도, 딸기 4가지 종류의 과일 카드를 학생들에게 각각 한 장씩 돌아가도록 나누어 준다.
① 반을 두 모둠으로 나누고 술래를 정하고, 반 전체가 둥글게 앉는다. 의자를 놓는다면 술래의 의자는 빼고 놓는다.
② 술래를 제외한 학생들은 마음에 드는 과일 카드를 골라 모두가 볼 수 있도록 든다.
③ 술래가 한 과일의 이름을 외치면, 그 과일 카드를 든 학생들은 모두 자리를 바꾼다. 원래 자신이 앉았던 자리에는 다시 앉을 수 없다.
④ 자리를 바꾸는 도중 술래도 다른 학생들이 일어난 빈자리로 가서 앉는다.
⑤ 자리에 앉지 못한 학생이 다시 술래가 된다.
⑥ "○반 과일가게!"라고 외치면 모든 학생들이 일어나 자리를 바꾼다.
⑦ 술래가 바뀌면 다시 마음에 드는 과일 카드를 앞에 들고 같은 방식으로 게임을 계속 진행한다.
⑧ 한 모둠의 전체 학생이 술래를 한 횟수를 더해 승패를 정한다.
▶ 정리운동</td></tr>
<tr><td>소통</td><td>▶ 아래에 있는 자기평가표를 채워 넣어 보세요.
<table>
<tr><td>술래는 몇 번 되었나요?</td><td colspan="3">번</td></tr>
<tr><td>나는 재빠르게 움직였다.</td><td>상</td><td>중</td><td>하</td></tr>
<tr><td>나는 다른 친구를
방해하지 않고 움직였다.</td><td>상</td><td>중</td><td>하</td></tr>
</table>
</td></tr>
</table>

5 인간 고무줄(근력 및 근지구력과 유연성)

학습 목표	교과 목표	신체를 늘리는 활동을 통해 기초체력과 유연성을 기를 수 있다.		
	인성 목표	모둠원들과 몸을 맞댄 채로 적극적으로 신체를 늘리는 활동을 통해 협동심을 키울 수 있다.		
학습 자료	칠판 자석		학년군	3~4학년
안전	학생들이 무리하게 몸을 늘리다가 사고가 일어나지 않도록 사전에 스트레칭을 충분히 시키도록 한다.			
준비 운동	5 6			
활동 장면				

팁과 재구성

① 서로 발만 댄 채로 게임을 한다.

② 모둠원의 수를 줄인다.

<table>
<tr><th>수업 구조</th><th>활동</th></tr>
<tr><td>이해</td><td>▶ 칭찬받을 행동을 한 친구를 정하고 그 이유에 대해 이야기하기
▶ 게임활동 이해하기</td></tr>
<tr><td>체험</td><td>▶ 준비운동
▶ 본 활동
① 게임 시작 전에 교사는 칠판에 미리 자석들을 붙여놓는다.
② 게임이 시작되면 각 모둠원들이 출발선에서 칠판을 향하게 일렬로 선다.
③ 모둠원끼리 신체를 맞댄 채로 신체를 최대한 늘려가기 시작한다.
④ 출발점에 서서 모둠 별로 신체를 접촉시킨다.
⑤ 모둠원끼리 신체가 떨어지지 않은 상태에서 맨 끝에 선 학생이 칠판에 붙은 자석들을 뗀다.
⑥ 점점 갈수록 출발점이 칠판에서 멀어진다.
⑦ 가장 많은 자석을 뗀 모둠이 승리한다.
⑧ 만일 신체가 떨어지면 무효가 되며, 기회는 바로 다른 모둠으로 넘어간다.
▶ 정리운동</td></tr>
<tr><td>소통</td><td>▶ 자기평가를 해 봅시다.
<table><tr><th>평가기준</th><th>아주 잘함/잘함/보통</th></tr><tr><td>1. 모둠원끼리 서로 협동하고 격려하면서 게임을 했다.
(협동)</td><td></td></tr><tr><td>2. 유연성의 필요성을 알았다.</td><td></td></tr></table></td></tr>
</table>

6 순간의 찰나(순발력과 협응성)

<table>
<tr><td rowspan="2">학습 목표</td><td>교과 목표</td><td colspan="3">옆의 막대기를 빠르게 잡는 활동을 통해 순발력과 협응성을 기를 수 있다.</td></tr>
<tr><td>인성 목표</td><td colspan="3">다른 친구와의 긍정적인 의사소통을 배울 수 있다.</td></tr>
<tr><td>학습 자료</td><td colspan="2">같은 굵기와 같은 길이의 막대기, 청 테이프</td><td>학년군</td><td>5~6학년</td></tr>
<tr><td>안전</td><td colspan="4">막대기가 발을 찧지 않도록 주의시킨다. 상대방이 막대기를 잡으면 자신은 뒤로 빠져야 함을 상기시킨다.</td></tr>
<tr><td>준비 운동</td><td colspan="4">5</td></tr>
<tr><td>활동 장면</td><td colspan="4"></td></tr>
</table>

팁과 재구성

① 움직일 수 있는 신호를 다양하게 정한다. (ex: 7반, 오예, 선생님, 오늘, 움직여...)

② 배웠던 박자나 음악에 맞추어 움직인다.

③ 성공하면 더 큰 원형 등의 다른 도형에 맞추어 해당 놀이를 반복한다.

④ 모양을 크게 만들어 서도록 하여 학생들이 몸을 골고루 쓸 수 있도록 한다.

<table>
<tr><th>수업
구조</th><th>활동</th></tr>
<tr><td>이해</td><td>▶ 축구선수의 경기 장면을 보며 협응성 이해하기
▶ 게임활동 이해하기</td></tr>
<tr><td>체험</td><td>▶ 준비운동
▶ 본 활동
① 활동할 수 있는 놀이 공간을 충분히 만든다.
② 청 테이프로 직사각형, 원 등 교사가 원하는 틀을 만든다. (단, 너무 어렵게 만들면 의욕이 떨어질 수 있으므로, 기본 도형이 좋다)
③ 틀에 따라 한명씩 선다. 모둠원 모두는 막대기를 바닥에 대고 자신의 오른쪽에 세워 놓는다. 상대방이 내 막대기를 잡으면 자신은 그 막대기를 계속 잡고 있을 수 없다.
④ 교사의 구호에 맞추어, 자신의 막대기는 그대로 두고 상대방의 막대기를 잡으러 간다.
⑤ 상대방이 막대기를 잡으면 자신은 뒤로 빠진다.
▶ 정리운동</td></tr>
<tr><td>소통</td><td>▶ 자기평가를 해 봅시다.
<table><tr><th>평가기준</th><th>아주 잘함/잘함/보통</th></tr><tr><td>1. 친구들과 협동할 수 있는 마음을 가진다.</td><td></td></tr><tr><td>2. 허리, 다리, 팔 등의 유연성을 기른다.</td><td></td></tr></table></td></tr>
</table>

7 교실 줄다리기(근력 및 근지구력)

<table>
<tr><td rowspan="2">학습 목표</td><td>교과 목표</td><td colspan="3">줄다리기를 하며 근력 및 근지구력을 기를 수 있다.</td></tr>
<tr><td>인성 목표</td><td colspan="3">다른 친구와의 긍정적인 의사소통을 배울 수 있다.</td></tr>
<tr><td>학습 자료</td><td colspan="2">2m 정도의 줄다리기를 할 수 있는 줄</td><td>학년군</td><td>3~4학년</td></tr>
<tr><td>안전</td><td colspan="4">운동 능력 수준의 차이가 크면 갑자기 끌려와서 다칠 수 있으므로 근력의 수준이 비슷한 학생들끼리 줄다리기 할 수 있도록 한다.</td></tr>
<tr><td>준비 운동</td><td colspan="4">5</td></tr>
<tr><td>활동 장면</td><td colspan="4"></td></tr>
</table>

팁과 재구성

① 매트 위에 서서 줄다리기를 할 수 있다.

② 의자에 앉아서 줄다리기를 할 수 있다.

<table>
<tr><th>수업
구조</th><th>활동</th></tr>
<tr><td>이해</td><td>▶ 줄다리기 경기를 보며 위험한 상황과 전략 이해하기
▶ 게임활동 이해하기</td></tr>
<tr><td>체험</td><td>▶ 준비운동
▶ 본 활동
① 교실 가운데에 큰 매트를 펼친다.
② 미리 짜인 모둠별로 앉은 후 각 모둠에서 한 명씩 나온다.
③ 매트 위에 앉아서 밧줄을 가지고 줄다리기를 한다.
④ 먼저 끌려온 쪽이 지는 게임이다.
▶ 정리운동</td></tr>
<tr><td>소통</td><td>▶ 자기평가를 해 봅시다.
<table>
<tr><th>평가기준</th><th>아주 잘함/잘함/보통</th></tr>
<tr><td>1. 온 몸에 힘을 주어 줄을 잡아당겼다.</td><td></td></tr>
<tr><td>2. 근력과 근지구력의 중요성에 대해 알게 되었다.</td><td></td></tr>
</table>
</td></tr>
</table>

8 내방은 어디에(순발력)

<table>
<tr><td rowspan="2">학습 목표</td><td>교과 목표</td><td colspan="3">전체가 체육시간에 주도적으로 참여하여 순발력을 기를 수 있다.</td></tr>
<tr><td>인성 목표</td><td colspan="3">친구와 눈빛으로 말하며 친밀감을 높여 사회성을 함양할 수 있다</td></tr>
<tr><td>학습 자료</td><td colspan="2">색깔테이프</td><td>학년군</td><td>3~4학년</td></tr>
<tr><td>안전</td><td colspan="4">부딪히는 안전사고가 일어나기 쉬우므로 이동할 때는 자신을 기준으로 우측으로 이동하도록 한다. 두 명의 학생이 남은 하나의 고양이 방을 차지하는 과정에서 경쟁이 과열되지 않도록, 교사는 두 명 중 한명이 색깔 테이프를 먼저 밟을 경우 다른 한 학생을 제지시킨다.</td></tr>
<tr><td>준비 운동</td><td colspan="4">선착순 일어나기 게임
• 6명씩 모둠을 지어서 앉은 상태에서 1부터 6까지 외치며 선착순으로 일어나는 게임을 한다. 6을 외치거나 여러 명에서 동시에 외친 학생이 술래가 된다. 술래가 된 학생들끼리 한 번 더 같은 게임을 하여 마지막으로 술래가 된 학생은 본 게임의 술래가 된다.</td></tr>
<tr><td>활동 장면</td><td colspan="4"></td></tr>
</table>

팁과 재구성

4분 길이의 음악을 준비하여 음악이 끝날 때까지 자신의 방에서 적어도 한번은 이동하도록 시간을 제한한다.

<table>
<tr><th>수업 구조</th><th>활동</th></tr>
<tr><td>이해</td><td>▶ 순발력을 기르기 위한 방법과 나의 순발력 수준 이해하기
▶ 게임활동 이해하기</td></tr>
<tr><td>체험</td><td>▶ 준비운동
▶ 본 활동
① 술래를 제외한 학생들은 색깔 테이프를 한 장 씩 받는다.
② 준비운동에서 결정된 술래를 제외한 23명이 둥글게 원을 만든 후, 색깔 테이프를 각자의 발 밑바닥에 붙이고 그 위에 선다.
③ 이때 테이프는 고양이 방이고, 학생들은 고양이가 된다.
④ 고양이 방이 없는 술래는 원의 한 가운데에 선다.
⑤ 둥글게 원을 만든 학생들은 서로 눈이 마주칠 때마다 재빨리 서로의 고양이 방을 바꾼다.
⑥ 이때 술래가 고양이 방을 가로채면, 방이 없는 고양이가 새로운 술래가 된다.
⑦ 단, 술래는 차례에 한 번 "고양이 방 주세요!"라고 크게 외칠 수 있는데, 이렇게 외치면 고양이들은 양 옆을 제외한 다른 방으로 모두 이동해야 한다.
▶ 정리운동</td></tr>
<tr><td>소통</td><td>▶ 문항 1
눈을 맞추는 것만으로 친구와 자리를 바꾸자는 의사소통이 되었는지, 눈 맞춤 말고 의사소통을 도울 수 있는 다른 수단에는 무엇이 있을지 생각해봅시다.(소리 내는 것은 제외)
____
____
▶ 문항 2
일상생활에서 순발력을 발휘해야 할 상황에는 무엇이 있는지 적어봅시다. 또 그때 주의해야 할 점은 무엇이 있을까요?
____
______________________</td></tr>
</table>

9 교실 땅따먹기(유연성과 순발력)

<table>
<tr><td rowspan="2">학습 목표</td><td>교과 목표</td><td colspan="3">놀이의 전략을 잘 이해하고 최선을 다해 버티며 유연성과 순발력을 기를 수 있다.</td></tr>
<tr><td>인성 목표</td><td colspan="3">놀이의 특성을 잘 이해하고 끝까지 참고 버틸 수 있는 인내심과 성취감을 향상할 수 있다.</td></tr>
<tr><td>학습 자료</td><td colspan="2">3×3 바둑판모양이 그려진 큰 종이(전지), 색깔카드</td><td>학년군</td><td>3~4학년</td></tr>
<tr><td>안전</td><td colspan="4">전지를 말하는 것은 전지크기 만한 사이즈를 말하는 것이고, 학생들의 신체 크기에 맞추면 더욱 좋다. 게임시작 전에 근육에 무리가 오지 않도록 스트레칭을 충분히 하도록 한다.</td></tr>
<tr><td>준비 운동</td><td colspan="4">네 발로 가장 크게 몸의 면적을 만들어보아요
• 자신의 두 손과 두 발만을 이용하며 가장 큰 면적을 차지할 수 있도록 한다.</td></tr>
<tr><td>활동 장면</td><td colspan="4"></td></tr>
</table>

팁과 재구성

① 각자 색깔을 정하여 전지를 빙고 판 삼아 빙고게임을 할 수도 있다.

② 가장 빠르게 빙고를 만드는 학생이 승리한다.

수업 구조	활동
이해	▶ 목표를 이루기 위해 참고 인내하며 성취했을 때의 감정 이해하기 ▶ 게임활동 이해하기
체험	▶ 준비운동 ▶ 본 활동 이 활동은 자신이 균형을 잡기 위해 쉬운 자리를 선점하는 동시에 다른 친구들이 자리를 잡기 힘들도록 위치를 선정하는 데 있다. 손과 발만 바닥에 닿을 수 있으며 친구들의 몸과 맞닿아 좀 더 친밀감을 느낄 수 있고, 우스꽝스러운 자세가 나올 수 있어 즐거움이 있다. 균형감각을 길러주며 몸을 늘려 스트레칭 효과도 있다. 모둠별로 세 명씩 구성하여 게임을 진행한다. ① 가위, 바위, 보를 통해 카드 뽑을 순서를 정한다. ② 색깔카드를 하나 뽑는다.(노, 초, 파) ③ 각각 해당하는 카드의 색깔에 신체의 일부를 올려놓는다. ④ 버티지 못하는 학생은 탈락이고 마지막까지 버티는 학생이 승리한다. ▶ 정리운동
소통	1. 〈교실 땅따먹기〉놀이를 한 뒤, 자신은 모둠에서 몇 번 이겼으며, 자신이 생각하는 승리 전략이 무엇인지 적어봅시다. 2. 모둠에서 가장 잘한 친구에게 승리 전략을 물어보고, 자신이 생각한 전략과 어떻게 다른지 비교해봅시다.

이긴 횟수	승리 전략

가장 잘한 친구의 이름	승리 전략
공통점/차이점	

10 한 걸음 두 걸음

학습 목표	교과 목표	한 걸음씩 움직이면서 유연성과 균형성을 기를 수 있다.
	인성 목표	전략을 세워 상황에 따라 적절히 이동할 위치를 생각해 봄으로써 상황 판단력을 향상시킬 수 있다.
학습 자료	없음	학년군: 유~4학년
안전	한 발로 서 있다가 넘어져 다칠 수 있으므로 한 발보다는 두 발로 서 있도록 한다.	
준비 운동	1 7	
활동 장면		

팁과 재구성

① 한 걸음이 아닌 두 걸음씩 옮겨가며 게임을 즐길 수 있다.

② 앉아서 토끼뜀이나 손과 발을 땅에 대고 동시에 한 걸음씩 움직이는 게임으로 변형할 수 있다.

<table>
<tr><th>수업
구조</th><th>활동</th></tr>
<tr><td>이해</td><td>▶ 술래를 피해 안전한 위치로 이동하기 위해서는 어떤 전략을 세워야 하는지 이야기 해 보기
▶ 게임 이해하기</td></tr>
<tr><td>체험</td><td>▶ 준비운동
▶ 본 활동
① 교실 안에 구역을 정하고 자유롭게 서도록 한다.
② 모든 학생이 자리를 정하면 술래를 정한다.
③ 교사가 “움직여”라고 할 때, 모두 한 걸음씩 움직일 수 있다.
④ 한 걸음씩만 움직이다가 술래에게 잡히면 술래가 된다.
⑤ 술래가 된 학생은 방금 전 까지 술래였던 학생을 3걸음 이내에서는 다시 잡을 수 없다.
⑥ 일부러 술래가 되려는 학생은 게임에서 제외된다.
▶ 정리운동</td></tr>
<tr><td>소통</td><td>▶ 지시문을 읽고 적어보세요.
<table>
<tr><td>술래를 잘 피해 움직였는지 생각해 보고, 잘 피해 다녔다면(피해 다니지 못했다면) 그 이유가 무엇인지 써 보세요.</td><td></td></tr>
<tr><td>게임할 때 어려웠던 점이나 반성해야 할 점을 적어보세요.</td><td></td></tr>
</table>
</td></tr>
</table>

제8장

목표를 향해 함께 나아가기

목표를 정하고 친구와 함께 도전하는 활동은 매우 의미있다. 도전활동은 개인의 신체적 수월성과 타인의 신체적 기량에 도전하면서 자신의 잠재력을 발견하고, 자신의 한계를 능동적으로 도전할 수 있는 능력 계발에 초점을 둔다.

학생들에게 도전정신을 키워주기 위해서는 자신이 수행할 수 있는 신체활동으로부터 점차적으로 난이도를 높여 끈기를 갖고 도전할 수 있는 기회를 제공해 주어야 한다. 이를 위해서는 학생들의 발달특성에 적절한 다양한 신체활동은 물론 흥미를 제공할 수 있는 창의적인 학습 환경과 장비를 마련해야 한다.

1 진실 혹은 거짓

<table>
<tr><td rowspan="2">학습
목표</td><td>교과
목표</td><td colspan="3">재빨리 움직여 나의 짝을 찾고, 친구에 대한 정보를 확인할 수 있다.</td></tr>
<tr><td>인성
목표</td><td colspan="3">모둠원들과 협동할 수 있는 능력을 기를 수 있다.</td></tr>
<tr><td>학습
자료</td><td colspan="2">없음</td><td>학년군</td><td>3~4학년</td></tr>
<tr><td>안전</td><td colspan="4">학생들은 자신의 짝을 찾기 위해 순간적으로 몸을 빠르게 움직일 때, 주변에 걸려 넘어지거나 부딪힐 수 있는 모서리 등을 조심하도록 한다.</td></tr>
<tr><td>준비
운동</td><td colspan="4">1</td></tr>
<tr><td>활동
장면</td><td colspan="4">
</td></tr>
</table>

팁과 재구성

① 학생들에게 사전에 '자신 알아보기' 학습지를 제공하여 자신에 관하여 적어보도록 한다.

② 모든 학생이 성취감을 느낄 수 있도록 과제를 스스로 해결하도록 한다.

수업 구조	활동
이해	▶ 친구와 배려에 대해 이해하기 ▶ 게임활동 이해하기
체험	▶ 준비운동 ▶ 본 활동 ① 시작하기 전 먼저 2명씩 짝을 정한다. ② 교사가 "Find"라고 외치면, 학생들은 재빨리 자신의 짝을 찾아간다. ③ 짝을 만나면 서로 상대방에게 자신의 정보를 알려준다. 예를 들어, '나는 자전거 타는 것을 좋아해.', '나는 강아지를 좋아해.' 등 ④ 이와 같은 활동을 3번 하는데 3번 만나서 알려주는 정보 중 1번은 거짓 정보를 알려준다. ⑤ 3번의 활동이 끝나면 서로의 짝을 만나서 상대방이 알려준 정보 중에 거짓 정보를 유추해서 알려준다. ⑥ 짝을 바꿔가며 활동한다. ▶ 정리운동
소통	(아래 표)

문 항	점 수
최선을 다해 오늘 나와 짝을 했던 친구에 대해 많은 것을 알려고 노력했다.	3
오늘 나와 짝을 했던 친구에 대해 많은 것을 알려고 노력했다.	2
오늘 나와 짝을 했던 친구에 대해 많은 것을 알려고 노력하지 않았다.	1
전혀 참여하지 않았다.	0

질 문	작성해 보세요.
짝을 더 빨리 찾기 위해 어떻게 하면 좋을지 적어보세요.	

2 후프 고리

<table>
<tr><td rowspan="2">학습
목표</td><td>교과
목표</td><td colspan="3">몸의 유연성을 이용하여 후프를 빠르게 이동시킬 수 있다.</td></tr>
<tr><td>인성
목표</td><td colspan="3">친구와의 긍정적인 신체 의사소통을 통해 상대방을 배려하는 마음을 가질 수 있다.</td></tr>
<tr><td>학습
자료</td><td colspan="2">모둠 당 후프 1개</td><td>학년군</td><td>3~4학년</td></tr>
<tr><td>안전</td><td colspan="4">게임을 하는 동안 모둠원들이 서로에게 긍정적인 의사소통을 하도록 하여 넘어지거나 다치지 않도록 주의한다.</td></tr>
<tr><td>준비
운동</td><td colspan="4">5 6</td></tr>
<tr><td>활동
장면</td><td colspan="4"></td></tr>
</table>

팁과 재구성

① 일렬로 서서 여러 개의 후프를 정해진 시간동안 많이 이동하도록 할 수 있다.

② 후프를 시계방향이나 반시계방향으로 바꿔가며 움직이도록 난이도를 높일 수 있다.

수업 구조	활동
이해	▶ 친구와의 긍정적인 의사소통 방법 이해하기 ▶ 게임활동 이해하기
체험	▶ 준비운동 ▶ 본 활동 ① 학생들을 6명씩 4모둠으로 나눈다. ② 먼저 한 모둠이 나와서 손을 잡고 원형으로 선다. ③ 후프 하나를 손잡은 사이에 걸어놓는다. ④ 모둠원들 모두가 후프를 통과하여 후프가 원형으로 서 있는 모둠원들을 따라 한 바퀴 돌도록 한다. ▶정리운동
소통	(아래 표 참조)

문 항	점 수
친구들과 협력하여 최선을 다해 참여하였다.	3
친구들과 협력하여 최선을 다하려고 하였다.	2
친구들과 협력하여 최선을 다하려고 하지 않았다.	1
전혀 참여하지 않았다.	0

질 문	작성해 보세요.
후프 고리 게임을 하면서 친구들과 어떻게 의사소통 했는지 적어보세요.	

3 뒤집고 뒤집기

학습 목표	교과 목표	제한된 시간동안 빠르게 몸을 움직여 판을 뒤집고, 상대편과 경쟁할 수 있다.		
	인성 목표	규칙에 어긋나지 않는 범위에서 경쟁하는 방법을 습득할 수 있다.		
학습 자료	호루라기, 색깔 판		학년군	5~6학년
안전	학생들이 돌아다니다가 다른 친구의 손을 밟을 수도 있기 때문에 양말을 신고 색깔 판 위에서 움직이도록 한다.			
준비 운동	색깔 탑 쌓기 • 두 가지 색깔이 번갈아 가며 보이도록 쌓는 게임이다. 5명씩 모둠을 이루어, 정해진 개수를 먼저 쌓으면 이긴다. 1, 2모둠이 먼저 하고 3, 4모둠이 나중에 한다. 색깔을 번갈아가며 쌓아야 하므로 게임에 더 집중할 수 있다.			
활동 장면				

팁과 재구성

① 4개의 색깔이 있는 정육면체를 준비하고, 모둠을 4개로 만든다. 이것도 정육면체를 자신의 모둠 색깔로 뒤집는 활동인데, 자기 모둠의 바로 옆에 있는 색깔로만 이동할 수 있다는 규칙을 만들어 진행한다.

② 퍼즐처럼 되어 있는 색깔 판을 준비하여 제한 시간 동안 만들 수 있는 도형을 다양하게 많이 만든 모둠이 이긴다.

<table>
<tr><th>수업 구조</th><th>활동</th></tr>
<tr><td>이해</td><td>▶ 색깔 판과 친해지고 집중력과 민첩성을 기르기 위한 탑 쌓기 놀이 이해하기
▶ 게임활동 이해하기</td></tr>
<tr><td>체험</td><td>▶준비운동
▶본 활동
* 여기서는 한 반의 학생 수가 20명이라고 가정한다.
* 교사는 앞뒤의 색깔이 다른 스펀지(두꺼운 종이 등) 판을 준비한 후, 교실 가운데에 차례대로 둔다.

① 학생들은 10명씩 두 모둠을 만든다.
② 교사는 학생들을 교실 모서리에 서도록 지도한다. 이때 양 모둠 모두 색깔 판과의 거리가 같아야 한다.
③ 한 모둠은 노란색, 한 모둠은 초록색으로 모둠의 색깔을 지정해 준다. 그리고 판을 뒤집을 수 있는 시간은 1분임을 알려준다.
④ 교사가 출발신호를 주면 학생들은 판으로 뛰어와 자기 모둠의 판이 더 많이 보이게끔 뒤집는다.
⑤ 교사가 호루라기를 불어 활동을 멈추고 어느 모둠의 색깔이 더 많이 보이는지 확인한다. 더 많은 색깔이 있는 모둠이 승리한다.
▶ 정리운동</td></tr>
<tr><td>소통</td><td>▶ 오늘 함께 활동한 우리 모둠의 장점 3가지를 적어보세요.
<table><tr><th>내가 속한 모둠 이름</th><th></th></tr><tr><td colspan="2">1)
2)
3)</td></tr></table></td></tr>
</table>

4 교실 체조

<table>
<tr><td rowspan="2">학습 목표</td><td>교과 목표</td><td colspan="3">다양한 구르기 동작과 아름다운 신체 동작을 표현해서 체조 올림픽을 할 수 있다.</td></tr>
<tr><td>인성 목표</td><td colspan="3">아름다운 신체의 의미를 알고 자신을 소중히 여기는 마음을 간직할 수 있다.</td></tr>
<tr><td>학습 자료</td><td colspan="2">매트 4개</td><td>학년군</td><td>5~6학년</td></tr>
<tr><td>안전</td><td colspan="4">수업 전에 매트를 깔아 놓고, 학생들이 구르기 동작을 할 때 밖으로 나가지 않도록 그 주위에 학생들을 앉도록 한다.</td></tr>
<tr><td>준비 운동</td><td colspan="4">1</td></tr>
<tr><td>활동 장면</td><td colspan="4">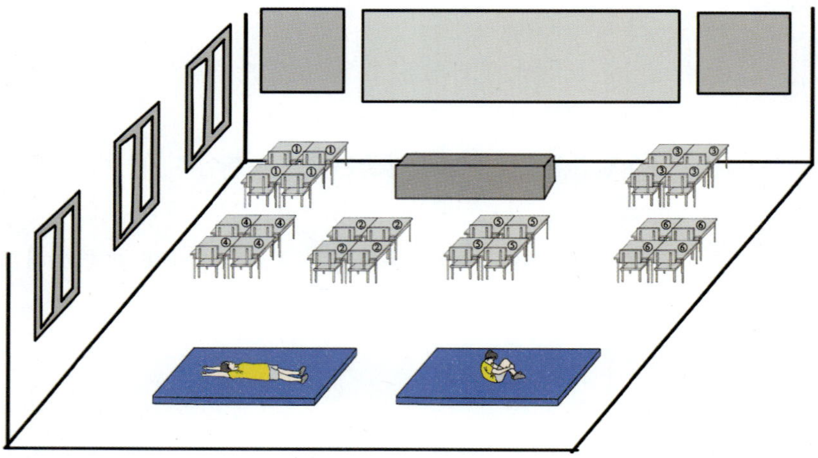</td></tr>
</table>

팁과 재구성

① 학생들에게 사전에 '체조 공연' 학습지를 만들어 체조 공연을 꾸밀 수 있도록 한다.

② 모둠별로 토의를 통해 서로에 대해 이해하고 창의적인 공연을 꾸밀 수 있도록 한다.

수업 구조	활동

이해

▶ 아름다운 신체의 의미 이해하기
▶ 자신을 소중히 여기는 마음 갖기
▶ 게임활동 이해하기

체험

▶ 준비운동
▶ 본 활동
① 수업을 시작하기 전 가운데에 매트를 깔아 놓는다. 한 모둠은 4~5명으로 구성한다.
② 시청각 자료를 이용해 다양한 구르기 동작을 위한 사진이나 동영상을 준비한다.
③ 다양한 구르기 동작은 다음과 같다.
- 앞구르기
- 뒤구르기
- 계란 구르기: 등을 대고 누워서 무릎을 가슴까지 붙이고 양손으로 다리를 잡고 깍지를 낀다. 손이 풀어지지 않도록 양손을 꽉 쥐고 몸을 최대한 말아서 구른다.
- 로그 롤(log roll): 두 팔을 머리 위로 쭉 펴고 다리도 쭉 펴서 좌에서 우로 또는 우에서 좌로 구른다.

④ 모둠별로 체조 올림픽의 마루운동을 꾸며본다. 각자 종이에 동작을 순서대로 그려보거나 글로 작성하도록 한다. 시간은 30초로 한다.
⑤ 30초 동안 이루어질 동작을 모둠별로 서로 이야기하며 머릿속으로 이미지트레이닝을 한다.
⑥ 모둠별로 연습할 시간을 주고 난 다음, 공연을 해 본다.
▶ 정리운동

소통

▶ 다음 물음에 답해 보세요.
① 자기평가

문 항	점 수
친구들과 협력하여 공연을 계획하고 최선을 다해 함께 연습하였다.	3
친구들과 협력하여 공연을 계획하고 함께 연습하였다.	2
친구들과 협력하여 공연을 계획하였으나 제대로 연습을 하지 않았다.	1
전혀 참여하지 않았다.	0

② 모둠별로 조금 더 보완해서 다음 시간에는 체육관에 가서 더 연습하고 공연을 해 보도록 한다.

질 문	작성해 보세요.
친구들의 체조 공연을 보면서 느낀 점을 적어보세요.	

5 바이러스 피하기

<table>
<tr><td rowspan="2">학습 목표</td><td>교과 목표</td><td colspan="3">청각을 이용해 대상의 위치를 파악하고, 방향 감각을 기를 수 있으며 안전한 방향으로 이동하여 술래를 효과적으로 피할 수 있다.</td></tr>
<tr><td>인성 목표</td><td colspan="3">경쟁과 협력 관계가 계속해서 바뀜으로써 친구를 소중히 여기는 마음을 지닐 수 있다.</td></tr>
<tr><td>학습 자료</td><td colspan="2">안대 또는 보자기</td><td>학년군</td><td>3~4학년</td></tr>
<tr><td>안전</td><td colspan="4">학생이 다칠 수 있는 모서리가 있는 물건들을 치우거나 모서리에 스펀지와 같은 충격 방지제를 붙여 놓는다.</td></tr>
<tr><td>준비 운동</td><td colspan="4">토끼 굴의 호랑이
• 한 명의 학생이 '호랑이'가 되고, 다른 학생들은 '토끼'가 된다. 호랑이는 안대나 보자기로 눈을 가리고, 그 사이 토끼들은 토끼 굴인 교실의 네 모서리 중 원하는 곳에 선다. 교사가 시작을 알리면 토끼들은 박수를 쳐야 하는데, 호랑이는 이 소리를 듣고 어느 굴에 가장 많은 토끼가 있는지 추측하여 소리를 듣고 찾아가야 한다.</td></tr>
<tr><td>활동 장면</td><td colspan="4"></td></tr>
</table>

팁과 재구성

① 슈퍼맨에게 방울을 달게 한다.

② 슈퍼맨이 움직이지 못하는 시간을 설정한다. 5분경과 시, 교사가 호루라기로 정지 시간을 알리고 이로부터 30초간 슈퍼맨은 움직이지 못한다. 이때 슈퍼맨은 최대한 소리를 내지 않도록 한다. 바이러스는 정지 시간이 시작되기 전 들었던 소리로 추측해 슈퍼맨이 어디에 있을지 찾아내야 한다.

수업 구조	활동
이해	▶ 청각 또는 시각만 이용할 때의 불편한 점 생각해보기 - 특수교육과 연계하여 이해하는 활동으로 활용해도 좋다. ▶ 게임활동 이해하기
체험	▶ 준비운동 ▶ 본 활동 ① 학생 중 한 명의 학생은 '바이러스', 다른 학생들은 '슈퍼맨'이 된다. ② 바이러스는 눈을 안대 또는 보자기로 가리고 그 사이 슈퍼맨은 도망친다. ③ 바이러스는 슈퍼맨의 위치를 추측하면서 이동하고, 슈퍼맨들은 바이러스에게 닿지 않도록 도망친다. ④ 바이러스에게 닿은 슈퍼맨은 바이러스로 바뀌어 눈을 가리고 다른 슈퍼맨들을 잡아야 한다. ⑤ 슈퍼맨을 3명 이상 잡은 바이러스는 눈을 가린 것을 풀고 슈퍼맨이 될 수 있다. ⑥ 게임 시작 후 10분이 경과하면 교사는 게임이 끝났음을 알리고, 바이러스와 슈퍼맨 중 모둠원이 더 많은 모둠이 승리한다. ⑦ 10분경과 전에 이미 바이러스가 과반수를 넘었을 때도 게임을 종료한다. ▶ 정리운동
소통	▶ 슈퍼맨과 바이러스 게임을 한 후 나만의 바이러스 속이기 전략을 그림으로 그려 설명해봅시다.

▶ 슈퍼맨과 바이러스 게임을 한 후 나의 활동을 평가해봅시다.

자기 평가 기준	우수	보통	미흡
1. 순간적으로 움직임의 속도를 조절하면서 뛸 수 있는가?			
2. 지그재그로 달리면서 바이러스를 피할 수 있는가?			
3. 다른 동료와 협력하면서 바이러스를 유인할 수 있는가?			
4. 술래의 시선과 몸의 방향을 살피면서 바이러스를 피할 수 있는가?			
5. 눈을 가리고도 슈퍼맨을 잡을 수 있는가?			
5-1. 눈을 가리고도 슈퍼맨을 잡을 수 있었다면 몇 명의 슈퍼맨을 잡았는가? (　　) 명			

6 친구와 하나 되어 달리기 I

<table>
<tr><td rowspan="2">학습
목표</td><td>교과
목표</td><td colspan="3">모든 모둠원이 공을 접촉한 상태로 떨어뜨리지 않고 빠르게 목표지점을 찍고 돌아올 수 있다.</td></tr>
<tr><td>인성
목표</td><td colspan="3">친구들과의 협동을 통해 팀워크의 중요성과 자기 역할의 중요성을 깨달을 수 있다.</td></tr>
<tr><td>학습
자료</td><td colspan="2">탱탱 볼이나 풍선 5개, 호루라기</td><td>학년군</td><td>5~6학년</td></tr>
<tr><td>안전</td><td colspan="4">경쟁이 과열되면 몸싸움을 통해서 상대 모둠의 경기를 방해하려고 할 수 있으므로 고의적인 신체적 접촉이나 몸싸움이 일어나지 않도록 유의한다.</td></tr>
<tr><td>준비
운동</td><td colspan="4">여기에 붙어!
• 학생들이 하나의 큰 원과 그 안의 작은 원을 만들고 서로 마주보고 사전에 배운 포크댄스를 춘다. 포크댄스를 추다가 교사가 노래를 갑자기 멈추고 3명씩 짝을 지으라고 지시를 하면 재빨리 3명의 모둠을 만든다. 여기서 3명의 모둠을 만들지 못한 학생은 그 다음 게임을 하지 않고 한 번 대기하는 벌칙을 받는다. 교사는 4명, 5명, 6명 등으로 그룹의 숫자를 늘려나간다. 학생들의 몸이 풀린 후에 모두가 다 함께 들어가 5명씩 짝을 지으라고 지시하고, 그 때 만들어진 모둠이 다음 활동에서 같은 모둠으로 활동하게 된다.</td></tr>
<tr><td>활동
장면</td><td colspan="4"></td></tr>
</table>

팁과 재구성

① 공에 접촉해야 하는 신체부위를 두 개로 늘린다.

② 일직선의 경로에서 벗어나 방향을 바꿀 수 있도록 교실 한 바퀴를 돌아오는 경로를 사용한다.

<table>
<tr><th>수업 구조</th><th>활동</th></tr>
<tr><td>이해</td><td>▶ 팀워크의 중요성 이해하기
▶ 게임활동 이해하기</td></tr>
<tr><td>체험</td><td>▶ 준비운동
▶ 본 활동
① 교사는 각 모둠에게 공을 한 개씩 준다.
② 교사는 경기 전에 학생들에게 모든 모둠원이 공을 이동시키는 동안 공과 접촉하고 있어야 하는 규칙을 알려준다. 또한 공을 이동시킬 때 모둠원은 같은 신체 부위를 공에 접촉해야 한다.
③ 교사는 경기 전에 공에 접촉할 신체부위를 발표한다. (예를 들어 발, 팔꿈치, 주먹, 머리 등)
④ 약 2분간 시간을 주어 효과적으로 공을 이동시키기 위한 방법에 대해 모둠별로 토의하도록 한다.
⑤ 출발선에 나란히 선 후 호루라기 소리에 맞춰 출발을 한다. 반환점을 돌아 다시 출발점으로 먼저 들어오는 모둠이 승리한다.
⑥ 교사는 신체부위의 난이도를 점점 올리며 경기를 진행한다.
▶ 정리운동</td></tr>
<tr><td>소통</td><td>▶ 모둠 게임을 하고 나서 이야기를 해보세요.
① 모둠과 상의를 했을 때 의견 갈등이나 불화가 있었나요?(있다 ⇨ 2번, 없다 ⇨ 3번)
____
② 어떤 의견 갈등이었고, 원인은 무엇일까요?
____
③ 모둠원 간의 협동을 위해 필요한 것은 무엇이라 생각하나요?
____

▶ 자기평가를 해보세요. (잘함 : 3, 보통 : 2, 미흡 : 1)
<table>
<tr><th>평가 항목</th><th>잘함</th><th>보통</th><th>미흡</th></tr>
<tr><td>1. 나는 모둠원의 이야기를 경청하고 의견을 존중하였다.</td><td></td><td></td><td></td></tr>
<tr><td>2. 나는 나의 의견을 기분이 나쁘지 않게 표현하였다.</td><td></td><td></td><td></td></tr>
<tr><td>3. 나는 규칙을 잘 이해하였고 게임을 할 때 공을 떨어뜨리거나 공에 신체를 떼지 않았다.</td><td></td><td></td><td></td></tr>
<tr><td>4. 나는 창의적인 아이디어를 통해 모둠의 승리를 도왔다.</td><td></td><td></td><td></td></tr>
</table>
</td></tr>
</table>

7 친구와 하나 되어 달리기 II

<table>
<tr><td rowspan="2">학습 목표</td><td>교과 목표</td><td colspan="3">친구와 함께 공을 들고 빠르게 반환점을 돌아올 수 있다.</td></tr>
<tr><td>인성 목표</td><td colspan="3">짝과 함께 협동하여 공을 빠르게 운반할 수 있는 전략을 세움으로써 문제해결력을 기를 수 있다.</td></tr>
<tr><td>학습 자료</td><td colspan="2">노끈, 농구공</td><td>학년군</td><td>유~4학년</td></tr>
<tr><td>안전</td><td colspan="4">무리해서 달려가다 넘어지지 않도록 주의한다.</td></tr>
<tr><td>준비 운동</td><td colspan="4">5 6</td></tr>
<tr><td>활동 장면</td><td colspan="4"></td></tr>
</table>

팁과 재구성

공을 더 무겁고 큰 공으로 하여 경기의 난이도를 높인다.

수업 구조	활동
이해	▶ 다리를 묶고 움직일 때의 불편한 점과 상대방을 배려해야 하는 상황 이해하기 ▶ 게임활동 이해하기
체험	▶ 준비운동 ▶ 본 활동 ① 모둠을 구성한다. ② 모둠 당 두 명씩 짝을 지어 다리를 묶는다. ③ 농구공을 두 학생이 각각 한 손씩을 사용하여 든다(두 손을 대거나 공을 떨어뜨리는 모둠은 다시 출발점으로 돌아온다). ④ 한 모둠이 출발점에서 시작하여 반환점을 돌아와 다른 모둠에게 공을 전달한다. ⑤ 마지막 모둠원이 먼저 돌아온 모둠이 우승한다. ▶ 정리운동
소통	▶ 모둠 게임을 하고 나서 이야기를 해봅시다. ① 모둠과 상의를 했을 때 의견 갈등이 있었나요? (있다 ⇨ 2번, 없다 ⇨ 3번) ____________________ ② 어떤 의견 갈등이었고, 원인은 무엇일까요? ____________________ ③ 모둠원 간의 협동을 위해 필요한 것은 무엇이라 생각하나요? ____________________ ▶ 자기평가를 해봅시다. (잘함 : 3, 보통 : 2, 미흡 : 1)

평가 항목	잘함	보통	미흡
1. 나는 모둠원의 이야기를 경청하고 의견을 존중하였다.			
2. 나는 나의 의견을 기분이 나쁘지 않게 표현하였다.			
3. 나는 규칙을 잘 이해하였고 게임을 할 때 공을 떨어뜨리거나 공에 신체를 떼지 않았다.			
4. 나는 창의적인 아이디어를 통해 모둠의 승리를 도왔다.			

8 우유곽 투호놀이

<table>
<tr><td rowspan="2">학습 목표</td><td>교과 목표</td><td colspan="3">목표물과의 거리를 인지하여 정확히 우유곽을 던져 넣을 수 있다.</td></tr>
<tr><td>인성 목표</td><td colspan="3">균형감이 떨어지는 상황에서 우유곽을 던지며 집중력을 기를 수 있다.</td></tr>
<tr><td>학습 자료</td><td colspan="2">우유 박스, 다 마신 우유곽, 거리 표시를 위한 테이프</td><td>학년군</td><td>3~4학년</td></tr>
<tr><td>안전</td><td colspan="4">친구를 향해 우유곽을 던지지 않도록 게임 전에 주의시킨다.</td></tr>
<tr><td>준비 운동</td><td colspan="4">5 6</td></tr>
<tr><td>활동 장면</td><td colspan="4">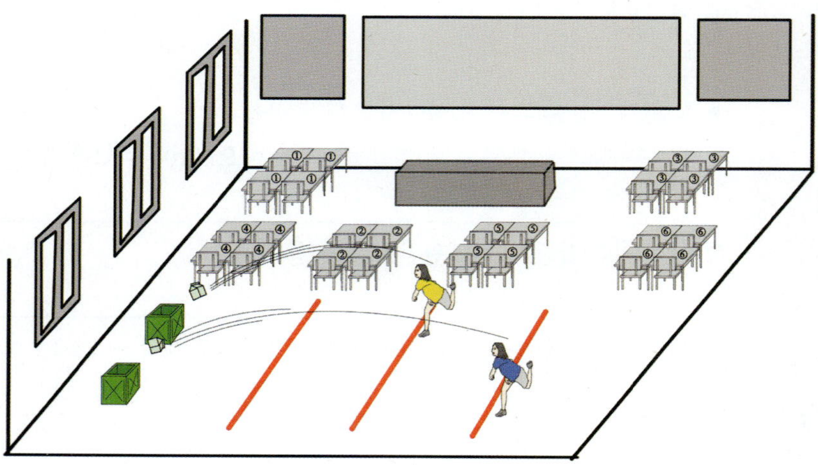</td></tr>
</table>

팁과 재구성

① 코끼리 코로 5바퀴 빨리 돌고 던진다. (단, 거리는 1점 거리로 동일하게 한다.)

② 뒤로 던져서 넣는다. (이때는 던지는 거리를 한 곳으로 통일시킨다.)

<table>
<tr><th>수업 구조</th><th>활동</th></tr>
<tr><td>이해</td><td>▶ 전통놀이 투호의 경기방법과 전략 이해하기
▶ 게임활동 이해하기</td></tr>
<tr><td>체험</td><td>▶ 준비운동
▶ 본 활동
① 교실의 한쪽 벽에 우유 박스를 놓는다.
② 박스와 일정 거리마다 테이프를 붙여 둔다. 박스와 제일 가까운 테이프 쪽의 점수는 1점이고 가장 먼 곳의 점수는 3점이다.
③ 모둠별로 본인이 할 수 있는 거리에서 우유 곽을 던져서 우유 박스에 던져 넣는 게임이다.
④ 한 명당 총 3번을 던질 수 있고, 이전에 도전한 거리보다 먼 곳에서 성공하면 가산점을 준다.
⑤ 본인이 도전한 거리에서 우유 곽을 던지는 데 실패한다면 -1점을 받는다.
▶ 정리운동</td></tr>
<tr><td>소통</td><td>▶ 모둠 게임을 하고 나서 이야기를 해봅시다.
① 모둠과 상의를 했을 때 의견 갈등이 있었나요? (있다 ⇨ 2번, 없다 ⇨ 3번)
____
② 어떤 의견 갈등이었고, 원인은 무엇일까요?
____
③ 모둠원 간의 협동을 위해 필요한 것은 무엇이라 생각하나요?
____

▶ 자기평가를 해봅시다. (잘함 : 3, 보통 : 2, 미흡 : 1)
<table>
<tr><th>평가 항목</th><th>잘함</th><th>보통</th><th>미흡</th></tr>
<tr><td>1. 나는 모둠원의 이야기를 경청하고 의견을 존중하였다.</td><td></td><td></td><td></td></tr>
<tr><td>2. 나는 나의 의견을 기분이 나쁘지 않게 표현하였다.</td><td></td><td></td><td></td></tr>
<tr><td>3. 나는 규칙을 잘 이해하였고 게임을 할 때 공을 떨어뜨리거나 공에 신체를 떼지 않았다.</td><td></td><td></td><td></td></tr>
<tr><td>4. 나는 창의적인 아이디어를 통해 모둠의 승리를 도왔다.</td><td></td><td></td><td></td></tr>
</table>
</td></tr>
</table>

9 톰과 제리

<table>
<tr><td rowspan="2">학습 목표</td><td>교과 목표</td><td colspan="3">술래의 움직임을 보고 재빠르게 자리를 이동할 수 있다.</td></tr>
<tr><td>인성 목표</td><td colspan="3">자신의 역할을 정확히 인지하고 상황에 맞게 행동할 수 있다.</td></tr>
<tr><td>학습 자료</td><td colspan="2">없음</td><td>학년군</td><td>5~6학년</td></tr>
<tr><td>안전</td><td colspan="4">움직이면서 누워 있는 친구를 밟지 않도록 주의한다.</td></tr>
<tr><td>준비 운동</td><td colspan="4">포크댄스 짝 바꾸기
• 번호별로 서서 크게 원을 만든 뒤 두 명씩 짝을 지어 팔짱을 끼고, 노래에 맞춰 오른쪽으로 두 바퀴, 왼쪽으로 두 바퀴씩 돈 후, 짝수 번 학생이 오른쪽으로 이동하여 짝을 바꿔가면서 반복한다.</td></tr>
<tr><td>활동 장면</td><td colspan="4"></td></tr>
</table>

팁과 재구성

제리가 붙을 때 "찰칵"해야 되는 것같이 톰도 제리를 잡기 전에 "야옹"이라고 하도록 한다. "야옹"하지 않고 잡을 경우 무효로 한다.

수업 구조	활동
이해	▶ 유명한 만화인 '톰과 제리' 를 보고 제리를 잡으려는 톰과 번번이 톰을 골탕 먹이는 제리를 떠올리게 하여 학생들의 흥미를 유발하기 ▶ 게임활동 이해하기
체험	▶ 준비운동 ▶ 본 활동 * 한 반의 학생 수는 23명이다. ① 2명의 학생을 뽑아 한 명은 톰, 한명은 제리가 된다. ② 나머지 학생들은 원의 중심을 바라보고 원을 이루며 모둠별로 엎드려 눕는다.(7개 모둠) ③ 톰은 제리를 잡아야 한다. ④ 톰이 "술래 간다!" 하면 제리는 도망을 가야 하는데 7개 모둠 어디든 첫 번째 학생 또는 세 번째 학생 옆에 붙으면 된다. ⑤ 제리는 붙을 때 "찰칵" 소리를 내며 붙어야 하며, 제리가 붙은 모둠에서 제리 반대편 가장자리 학생은 제리가 되어 떨어져 나가야 한다. ⑥ 톰은 계속 바뀌는 제리를 잡아야하며 제리를 잡으면 게임이 끝난다. ▶ 정리운동
소통	▶ 문항 1 오늘 활동 중 재미있었던 점은 무엇이었나요. 이 외에 점심시간에 할 수 있는 놀이에는 어떤 것들이 있을까요? ____________________ ____________________ ▶ 문항 2 오늘 활동의 어려웠던 점은 무엇이었나요. 활동을 잘 하기 위해 필요한 능력은 무엇이며, 평소 이를 어떻게 기를 수 있을지 적어봅시다. ____________________ ____________________

10 엉덩이 달리기

<table>
<tr><td rowspan="2">학습 목표</td><td>교과 목표</td><td colspan="3">빠르게 엉덩이 달리기를 할 수 있다.</td></tr>
<tr><td>인성 목표</td><td colspan="3">모둠별로 이어달리기를 함으로써 협동심을 기를 수 있다.</td></tr>
<tr><td>학습 자료</td><td colspan="2">스트레칭 영상 자료, 비닐</td><td>학년군</td><td>3~4학년</td></tr>
<tr><td>안전</td><td colspan="4">바닥에서 진행되는 활동이므로 바닥을 깨끗이 정리하여 위험요소를 미리 제거한다. 특히, 바닥이 약간 미끄러운 곳을 선정해야 엉덩이를 보호할 수 있다.</td></tr>
<tr><td>준비 운동</td><td colspan="4">모두 똑같이!
• 모둠별로 한명씩 돌아가면서 나온 후, 교사가 보여주는 스트레칭 동작을 보고 각자의 모둠으로 돌아가 모둠원들에게 동작을 보여준다. 모둠원들은 동작을 익히고 모든 모둠원들이 똑같은 동작을 완벽하게 수행하도록 한다. 이때 가장 빨리 수행한 모둠이 승리하게 된다.</td></tr>
<tr><td>활동 장면</td><td colspan="4">
* 엉덩이를 바닥에 깔고 앉아 손을 허벅지 아래로 넣어 깍지를 끼고 나서 발, 엉덩이만을 이용해 달린다.</td></tr>
</table>

팁과 재구성

① 되돌아 올 때 터치가 아닌 다른 미션을 만들어 게임에 재미요소를 추가한다.

② 터치 할 때 노래 한 구절을 부르면 다음 주자가 이어 불러야 출발할 수 있도록 한다.
ex) 나비야 나비야 이리 날아오너라.

수업 구조	활동
이해	▶다리가 없다면 불편한 점이 무엇인지 생각해보기 ▶게임활동 이해하기
체험	▶준비운동 ▶본 활동 ① 두 모둠으로 나누어 첫 번째 주자를 제외한 학생들은 옆에 앉아 순서를 기다린다. ② 비닐을 바닥에 깔고 앉아 손을 허벅지 아래로 넣어 깍지 낀 뒤 발, 엉덩이만을 이용해 달린다. - 앞 주자가 출발하면 다음 주자는 출발 준비를 한다. ③ 교실 반대편까지 달려 바닥에 놓아둔 물건을 발바닥으로 터치한다. ④ 돌아와 다음 주자와 발과 발로 터치를 해주면 다음 주자가 출발한다. ⑤ 계속 이어가 마지막 주자가 더 빨리 돌아온 모둠이 승리한다. ▶정리운동
소통	▶다음 〈보기〉를 읽고 글 속의 현주에게 해줄 말을 적어봅시다. 〈보기〉 오늘은 비가 와서 체육시간에 교실에서 '애벌레 이어달리기' 놀이를 했다. 두 모둠으로 나누어져 이어달리기를 했는데 우리 모둠이 계속하여 앞서고 있었다. 다들 기뻐했다. 드디어 내 차례가 왔고 나는 게임에서 이기기 위해 열심히 했지만 역전을 당했다. 결국 우리 모둠이 게임에서 졌다. 게임에서 진 우리 모둠의 친구들은 화가 난 것 같았고 내 잘못인 것 같아서 미안했다. 이제 친구들이 나와 함께 게임을 하기 싫어하면 어쩌나 걱정이 된다. ______________________________ ______________________________ ______________________________ ______________________________ ______________________________ ______________________________

11 함정을 뛰어 넘어라

<table>
<tr><td rowspan="2">학습 목표</td><td>교과 목표</td><td colspan="3">땅에 놓인 후프를 건너면서 제자리 뛰기, 멀리뛰기를 할 수 있다.</td></tr>
<tr><td>인성 목표</td><td colspan="3">이어달리기 형식으로 이루어진 게임이므로 모둠원이 협동하여 끝까지 성공할 수 있다.</td></tr>
<tr><td>학습 자료</td><td colspan="2">후프 10개</td><td>학년군</td><td>5~6학년</td></tr>
<tr><td>안전</td><td colspan="4">동작을 하면서 후프를 건너는 활동이므로 동작을 하며 다른 학생을 방해하지 않으면서 안전하게 활동하도록 지도한다.</td></tr>
<tr><td>준비 운동</td><td colspan="4">문아 열려라
• 후프를 이용해서 할 수 있는 간단한 게임이다. 두 명의 학생이 양 옆으로 후프를 문처럼 잡는다. 동동동대문아 열려라~ 남남남대문아 열려라~ 라는 노래를 부르면서 건너는 게임이다. (반 학생들이 좋아하는 노래가 있다면 다른 노래를 불러도 좋다.) 노래가 끝나면 문이 닫힌다. 후프로 들어올 수 없도록 두 학생은 원을 위로 향하게 높이 든다. 건너가다가 걸린 학생이 술래가 된다. 술래는 게임활동이 끝난 후 정리를 같이 돕도록 한다.</td></tr>
<tr><td>활동 장면</td><td colspan="4"></td></tr>
</table>

팁과 재구성

① '만약 교실이 아니라 바다였다면?'이라고 상상해보도록 하여 다른 교과와 연계할 수 있다.

② 한 발만 이용하여 후프를 건넌다. 동작을 할 때 자유주제로 한다.

수업 구조	활동
이해	▶ 힘들어도 협동하기 위해 인내하고 참아야하는 이유에 대해 토의하기 ▶ 게임활동 이해하기
체험	▶ 준비운동 ▶ 본 활동 ① 학생들은 다양한 방법을 이용해 교실을 건너야 한다. ② 학생들은 한 가지 동작을 하며 교실을 건너가고 돌아올 때는 다른 동작을 해야 한다. ③ 학생들이 교실 다른 쪽에 도달했을 때, 즉시 다른 동작을 생각해 내어 다시 돌아온다. ④ 빨리 들어오는 것만 중요한 것이 아니라 동작의 창의성도 중요하다. ▶ 정리운동

소통

1. 오늘 후프를 건너면서 표현을 가장 잘 했다고 생각한 친구는 누구인가요? 친구를 칭찬해주세요.

이름	이유

2. 활동을 하면서 느낀 점과 어떻게 하면 더 재미있게 바꿀 수 있을지 규칙을 정해보거나 생각을 써보세요.

___

___

3. 게임활동이 끝난 후 스스로의 활동을 평가해보세요.

자기 평가 기준	우수	보통	미흡
1. 나는 후프를 건널 때 걷지 않고 뛰었다.			
2. 나는 모둠원들과 같이 도와 동작 표현을 열심히 하였다.			
3. 다른 친구들의 동작을 방해하지 않도록 조심하였다.			

12 탁구공과 하나 되어 달리기

<table>
<tr><td rowspan="2">학습
목표</td><td>교과
목표</td><td colspan="3">작은 숟가락 위에 공을 올려놓고 뛸 수 있다.</td></tr>
<tr><td>인성
목표</td><td colspan="3">모둠별로 이어달리기 형식을 취함으로써, 협동심과 목표에 대한 성취 욕구를 충족시킬 수 있다.</td></tr>
<tr><td>학습
자료</td><td colspan="2">탁구공, 숟가락, 반환점, 그 밖의 추가 미션 및 장애물</td><td>학년군</td><td>5~6학년</td></tr>
<tr><td>안전</td><td colspan="4">좁은 공간에서 학생들이 서로 부딪혀서 다치는 일이 없도록 모둠별로 일정 거리를 유지한 채 달리도록 한다. 또한 변형게임에서 입으로 숟가락을 물고 게임을 할 경우 치아가 상하지 않도록 주의한다.</td></tr>
<tr><td>준비
운동</td><td colspan="4">젓가락으로 콩 옮기기
• 두 모둠으로 나누고 절반씩 교실 양 끝에 서게 한 후 개인별로 젓가락을 하나씩 받는다. 교사가 '출발' 을 외치면 맨 앞의 학생이 출발점에 있는 콩을 집어서 교실 반대편에 있는 자신의 모둠원에게 젓가락을 쥔 채로 콩을 전달한다. 같은 방식으로 반대편의 다음 학생에게 같은 콩을 넘겨준다. 그렇게 릴레이 형식을 취해서 맨 마지막 학생이 콩을 받으면 게임을 마친다. 모둠별로 시간을 측정하여 최단시간에 성공한 모둠이 승리한다.</td></tr>
<tr><td>활동
장면</td><td colspan="4"></td></tr>
</table>

팁과 재구성

① 숟가락을 손이 아닌 입으로 이동시킨다.

② 공을 떨어뜨릴 시 출발선으로 돌아가 다시 출발한다.

수업 구조	활동
이해	▶ 침착함을 갖고 도전활동에 임하는 자세 이해하기 - 급할수록 더 집중하는 것이 중요하다는 것을 안다. ▶ 게임활동 이해하기
체험	▶ 준비운동 ▶ 본 활동 ① 경기를 하는 모둠의 학생들은 출발점에 5명씩 두 줄로 선다. ② 각 모둠의 1번 학생은 숟가락을 들고 그 위에 탁구공을 놓는다. ③ 교사가 호루라기를 불어 출발 신호를 주면 모둠의 학생들은 동시에 탁구공을 숟가락 위에 올린 채 출발한다. ④ 교사는 달릴 차례를 기다리며 줄 서 있는 학생들이 뛰고 있는 친구들을 응원하도록 유도한다. ⑤ 반환점(10m정도)을 돌아와서 정해진 구간 달리기를 마친 학생은 같은 모둠의 다음 학생에게 탁구공을 전달한다. ⑥ 학생들이 모든 단계를 한번 씩 뛰어볼 때까지 진행한다. ⑦ 이후 숟가락으로 탁구공을 옮길 때 자신에게 편한 손동작과 보폭을 이야기해보며 빠르게 달릴 수 있는 방법에 대해 논의한다. ▶ 정리운동
소통	▶ 공을 숟가락에서 놓치지 않고 빠르게 달릴 수 있는 방법에 대해 논의해보고, 논의에서 나온 친구들의 방안을 서로 평가해 봅시다.

자기평가(매우 잘함 ◎, 잘함 ○, 보통 △)		상호평가 (모둠원끼리 평가)			
평가기준	자기 평가 내용	친구이름			
모둠 활동에 운동능력이 부족한 친구를 배려하여 적절한 순서를 정하여 달리기 활동을 계획하였는가?					
모둠원들과 함께 협동하여 효율적으로 탁구공을 옮길 수 있도록 움직임 활동을 하였는가?					
어떻게 달려야 공을 숟가락에서 놓치지 않고 빠르게 달릴 수 있을지 모둠원들과 충분한 전략을 상의 후에 이를 실행하였는가?					

13 친구들과 함께 달려보자

<table>
<tr><td rowspan="2">학습 목표</td><td>교과 목표</td><td colspan="3">정해진 신체 부위로 풍선을 잡고 달리며 상대편과 경쟁할 수 있다.</td></tr>
<tr><td>인성 목표</td><td colspan="3">협동과 경쟁의 과정에서 규칙에 어긋나지 않도록 행동할 수 있다.</td></tr>
<tr><td>학습 자료</td><td colspan="2">호루라기, 모둠별로 풍선 1개, 신체부위가 쓰인 카드</td><td>학년군</td><td>5~6학년</td></tr>
<tr><td>안전</td><td colspan="4">남녀가 짝이 되어 달리게 되면 부끄러움을 느낄 수 있으므로 남녀 짝이 이상한 것이 아님을 미리 교육한다.</td></tr>
<tr><td>준비 운동</td><td colspan="4">11 12</td></tr>
<tr><td>활동 장면</td><td colspan="4"></td></tr>
</table>

팁과 재구성

① 4명(모둠 전체)이 동시에 달린다.

② 4명 모두 풍선에 동일한 신체 부위가 닿아 있어야 한다.

- 풍선이 떨어지거나 터지면 안 된다.

③ 가장 먼저 도착한 모둠이 승리한다.

수업 구조	활동
이해	▶ 남녀가 짝이 되어 게임을 하면 좋은 점 이야기하기 ▶ 게임활동 이해하기
체험	▶ 준비운동 ▶ 본 활동 * 본 활동에서는 자신들이 선택한 부위에 풍선을 끼고 달려야 한다. 풍선을 터뜨리거나 떨어뜨리지 않도록 조심하기 때문에 빠른 속력으로 달릴 수 없다. 교사는 이때 게임에 최대한 관여하지 않으며 학생들끼리 협의 하에 게임을 진행하도록 한다. ① 학생들은 각자의 모둠 내에서 둘씩 짝을 짓는다. ② 교사는 각 모둠마다 카드를 하나씩 뽑도록 한다. 이때 카드에 무엇이 쓰여 있는지 볼 수 없다. - 카드에는 머리, 어깨, 가슴, 등, 엉덩이 등의 부위가 적혀 있다. ③ 교사가 호루라기를 불면 해당 카드에 적힌 부위에 풍선을 끼고 달린다. - 풍선이 떨어지거나 터지면 안 된다. ④ 모둠원이 모두 다 달려야 하며, 마지막 짝이 가장 먼저 돌아온 모둠이 승리한다. ▶ 정리운동
소통	▶ 오늘 자신의 모둠이 뽑았던 신체 부위를 적고, 어떤 어려움이 있었는지 그것을 어떻게 극복했는지 말해봅시다. __________ __________ ▶ 오늘 함께 활동한 우리 모둠을 분석해봅시다. 1) 우리 모둠은 무엇을 잘했나요? __________ __________ 2) 우리 모둠은 어떤 점이 아쉬웠나요? __________ __________ 3) 우리 모둠이 다음에 또 게임을 한다면 어떤 작전을 짜고 싶나요? __________ __________

14 귀족 걸음 달리기

<table>
<tr><td rowspan="2">학습 목표</td><td>교과 목표</td><td colspan="3">몸에 물건을 올려 떨어뜨리지 않고 균형을 잡으며 움직일 수 있다.</td></tr>
<tr><td>인성 목표</td><td colspan="3">물건을 떨어뜨리지 않으려 집중하여 노력할 수 있다.</td></tr>
<tr><td>학습 자료</td><td colspan="2">콩주머니(칠판지우개, 공책 등등), 마스킹테이프, 반환점</td><td>학년군</td><td>3~4학년</td></tr>
<tr><td>안전</td><td colspan="4">물건을 올려놓고 걷다가 떨어뜨리면 부딪힐 수 있으므로 딱딱하거나 위험하지 않은 물건으로 선택한다.</td></tr>
<tr><td>준비 운동</td><td colspan="4">7 9</td></tr>
<tr><td>활동 장면</td><td colspan="4"></td></tr>
</table>

팁과 재구성

① 라인을 직선으로만 그리지 않고 지그재그, '?' 자 등 다양한 라인을 그려 물건을 떨어뜨리지 않고 방향을 바꾸는 연습을 할 수 있도록 한다.

② 물건을 몸에 올려놓고 라인을 따라 한발 뛰기나 뒤로 걷기 등 다양한 자세로 갔다 오는 활동을 한다.

<table>
<tr><th>수업
구조</th><th>활동</th></tr>
<tr><td>이해</td><td>▶ 게임 전략을 세우기 위해 서로 토의할 때 주의할 점 이해하기
▶ 게임활동 이해하기</td></tr>
<tr><td>체험</td><td>▶ 준비운동
▶ 본 활동
* 한 반의 총 인원은 25명으로 가정한다.
① 총 25명을 5모둠으로 구성하여 교실 뒤쪽에 줄을 선다.
② 교사는 교실 뒤쪽부터 앞쪽까지 마스킹테이프를 이용해 직선 라인을 표시하고 라인의 끝에는 반환점을 세운다.
③ 첫 번째 학생이 콩 주머니를 머리에 올려놓고 균형을 잡고 선다.
④ 교사가 신호를 주면 맨 처음 학생이 직선 라인을 따라 교실 앞쪽에 있는 반환점을 돌아온다.
- 떨어질 때를 제외하고 콩 주머니를 만지면 안 된다.
- 콩 주머니가 떨어지면 그 자리에서 3초간 멈추고 주머니를 다시 올려놓은 후 이동을 계속한다.
⑤ 첫 번째 학생이 돌아오면 두 번째 학생이 콩 주머니를 받아 머리 위에 올려놓고 출발한다.
⑥ 맨 마지막 모둠원이 먼저 들어온 모둠이 이긴다.
⑦ 몸에 올릴 위치나 물건을 바꿔가며 활동을 진행한다.
⑧ 활동이 끝나면 어떻게 자세를 잡아야 콩 주머니를 떨어뜨리지 않고 빠르게 움직일 수 있는지 이야기해본다.
▶ 정리운동</td></tr>
<tr><td>소통</td><td>▶ 오늘 했던 활동을 생각하며 글, 그림 등으로 다양하게 표현해 봅시다.
<table>
<tr><td>• 어떤 물건으로 했을 때, 잘 걸을 수 있었나요?</td><td></td></tr>
<tr><td>• 어떤 자세로 했을 때, 잘 걸을 수 있었나요?</td><td></td></tr>
<tr><td>• 어떤 속도로 달렸을 때, 잘 걸을 수 있었나요?</td><td></td></tr>
</table></td></tr>
</table>

15 모두모두 다리 벌려

<table>
<tr><td rowspan="2">학습 목표</td><td>교과 목표</td><td colspan="3">정해진 거리를 모둠원들이 다리를 벌리면서 도전할 수 있다.</td></tr>
<tr><td>인성 목표</td><td colspan="3">발을 붙인 채로 움직이며 서로를 밀어주면서 협동심과 기다려주는 인내심을 기를 수 있다.</td></tr>
<tr><td>학습 자료</td><td colspan="2">마스킹테이프</td><td>학년군</td><td>3~4학년</td></tr>
<tr><td>안전</td><td colspan="4">유연성을 필요로 하는 활동이므로 준비운동을 하도록 한다.</td></tr>
<tr><td>준비 운동</td><td colspan="4">8 9</td></tr>
<tr><td>활동 장면</td><td colspan="4"></td></tr>
</table>

팁과 재구성

라인을 직선으로만 그리지 않고 지그재그, '?' 자 등 다양하게 라인을 그릴 수 있다.

수업 구조	활동
이해	▶ 협동게임을 잘하기 위한 방법에 대해 토의하기 ▶ 게임활동 이해하기
체험	▶ 준비운동 ▶ 본 활동 * 한 반의 총 인원은 25명으로 가정한다. ① 총 25명을 5모둠으로 구성한다. ② 교사는 교실 앞쪽부터 뒤까지 마스킹테이프를 이용해 직선 라인을 표시한다. ③ 모둠원끼리 손을 잡고 라인 위에 한 줄로 선다. ④ 교사가 신호를 주면 맨 처음 학생이 직선 라인을 따라 한 쪽 다리를 벌린다. ⑤ 첫 번째 학생과 두 번째 학생이 한 발씩을 붙인 상태에서 첫 번째 학생이 붙인 발을 다시 모으면 두 번째 학생은 한쪽 다리를 벌리게 된다. • 서로의 발이 떨어져서는 안 된다. • 바닥을 손으로 짚어서는 안 된다. ⑥ 위의 규칙을 어길 경우 3초간 모든 모둠원이 움직이지 못하고 기다린다. ⑦ 모둠원들끼리 붙은 발이 떨어지지 않은 채 제일 먼저 모든 모둠원이 라인의 끝에 닿으면 이기게 된다. ▶ 정리운동
소통	▶ 다음 문항을 읽고 자신의 생각을 작성해 봅시다.  1. 위의 대화를 읽고, 단체 활동을 할 때 주의해야 할 점을 써 봅시다. __________ __________ 2. 1번 문항에서 주의해야 할 점을 유의하며 대화를 다시 완성해 봅시다.  __________ __________

16 럭비공아 어디 가니?

<table>
<tr><td rowspan="2">학습 목표</td><td>교과 목표</td><td colspan="3">막대기로 럭비공을 굴리며 반환점(콘)을 돌아올 수 있다.</td></tr>
<tr><td>인성 목표</td><td colspan="3">어디로 굴러갈지 모르는 럭비공을 집중하여 반환점을 돌아옴으로써 도전의식을 기를 수 있다.</td></tr>
<tr><td>학습 자료</td><td colspan="2">모둠 당 럭비공 한개, 모둠별 막대기 한 개 , 콘</td><td>학년군</td><td>유~4학년</td></tr>
<tr><td>안전</td><td colspan="4">유연성을 필요로 하는 활동이므로 준비운동을 하도록 한다.</td></tr>
<tr><td>준비 운동</td><td colspan="4">8 9</td></tr>
<tr><td>활동 장면</td><td colspan="4"></td></tr>
</table>

팁과 재구성

럭비공 대신 핸드볼 공이나 농구공을 사용해도 좋다.

수업 구조	활동
이해	▶ 지나친 경쟁을 피하기 위한 방법에 대해 토의하기 ▶ 게임활동 이해하기
체험	▶ 준비운동 ▶ 본 활동 ① 출발선을 그리고 5m 정도 거리에 반환점(콘)을 둔다. ② 출발신호와 함께 첫 번째 모둠원이 럭비공을 막대기로 몰면서 반환점을 돌아온다. ③ 다음 차례 학생은 막대기와 럭비공을 전달받아 같은 방법으로 돌아온다. ④ 마지막 모둠원이 반환점을 먼저 돌아오면 승리하는 게임이다. ▶ 정리운동
소통	▶ 다음 문항을 읽고 자신의 생각을 작성해 봅시다. 1. 럭비공을 몰 때 어려웠던 부분과 그 이유는 무엇인가? 2. 게임을 하고 난 후, 지나친 경쟁심을 피하는 방법이 무엇이라고 생각하는가?

17 튕겨

<table>
<tr><td rowspan="2">학습 목표</td><td>교과 목표</td><td colspan="3">신체를 이용하여 풍선이 떨어지지 않도록 도전할 수 있다.</td></tr>
<tr><td>인성 목표</td><td colspan="3">모둠원들이 서로 협력하여 풍선을 떨어지지 않도록 게임을 즐길 수 있다.</td></tr>
<tr><td>학습 자료</td><td colspan="2">모둠 당 풍선 한 개</td><td>학년군</td><td>유~4학년</td></tr>
<tr><td>안전</td><td colspan="4">손을 잡고 풍선을 칠 때 옆에 있는 학생의 얼굴을 가격하지 않도록 한다.</td></tr>
<tr><td>준비 운동</td><td colspan="4">1 7</td></tr>
<tr><td>활동 장면</td><td colspan="4"></td></tr>
</table>

팁과 재구성

① 신체 일부(머리, 손 등)만 이용한다.

② 두 모둠이나 반 전체가 손을 잡고 게임을 할 수도 있다.

<table>
<tr><th>수업 구조</th><th>활동</th></tr>
<tr><td>이해</td><td>▶ 손을 잡고 하는 게임이므로 내가 옆 친구들을 위해 지켜야 할 예절에는 무엇이 있을지 이야기해보기
▶ 게임 이해하기</td></tr>
<tr><td>체험</td><td>▶ 준비운동
▶ 본 활동
① 모둠끼리 둥근 원을 만들어 손을 잡는다.
② 교사의 ‘시작’ 구호와 함께 풍선을 높게 던진다.
③ 모둠끼리 손을 잡은 채로 풍선이 떨어지지 않도록 풍선을 계속 위로 쳐준다.
④ 손이 풀리거나 풍선이 바닥에 떨어지면 진다.
⑤ 오래 버틴 모둠이 승리한다.
⑥ “손으로만 치기”, “머리로만 치기” 등 다른 규칙을 정할 수도 있다.
▶ 정리운동</td></tr>
<tr><td>소통</td><td>▶ 지시문을 읽고 적어보세요<table><tr><td>서로 협력하고 배려하면 게임을 잘 수행하였는가?</td><td></td></tr><tr><td>게임할 때 어려웠던 점이나 반성해야 할 점을 적어보세요.</td><td></td></tr></table></td></tr>
</table>

18 스포츠스태킹[3)]

학습 목표	교과 목표	즐겁게 스포츠스태킹 활동을 할 수 있다.
	인성 목표	눈 손 협응력, 순발력 그리고 집중력과 같은 중요한 신체적 능력을 향상시켜 줄 뿐 아니라, 자신감, 팀워크 그리고 스포츠맨십을 함양할 수 있다.
학습 자료	스포츠스태킹	학년군: 모두

1. 스포츠 스태킹이란

1980년대 초 미국 서해안의 어린이들이 종이컵으로 놀이를 하던 것에서 유래하였다. 1990년대 중반에 스포츠로서의 체계를 구축하면서 교육현장에 보급되었다. 스포츠스태킹은 12개의 컵을 다양한 방법으로 쌓고 또 허물어가는 기술과 스피드를 가리고 집중력과 순발력을 요구하는 경기이다. 경기방법도 매우 간단하여 손과 눈 그리고 두뇌의 긴장을 통하여 흥미로움을 더해준다. 양손을 함께 사용하는 스태킹은 좌뇌와 우뇌의 균형적인 발달에도 도움을 주며 협응력과 인지발달 능력, 손의 감각, 신체훈련 등 많은 부분에서 교육적인 효과를 보여주고 있다.

2. 스포츠스태킹 용어 정의

가. 컵(Cup)

• 12개의 스포츠스태킹 겁을 활용한다.

3) (사)한국뉴스포츠 협회에서 발간한 [뉴스포츠 실기 교재-스포츠스태킹]의 내용을 재구성하여 작성하였음.

나. 스태킹 매트

• 스태킹의 동작들을 미끄러짐 없이 할 수 있도록 특수하게 만들어진 매트이다.

3. 스포츠스태킹 기본 기술

기술 설명은 오른손잡이를 중심으로 하므로, 왼손잡이는 그 반대방향으로 실시하면 된다.

가. 3스택(3개의 컵을 이용한 스택)

업스택 (up stack)	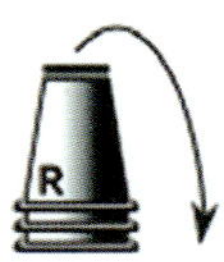	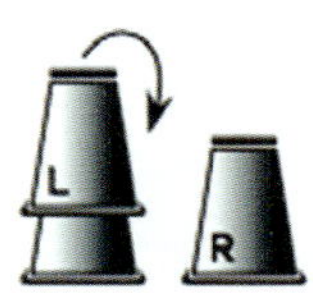	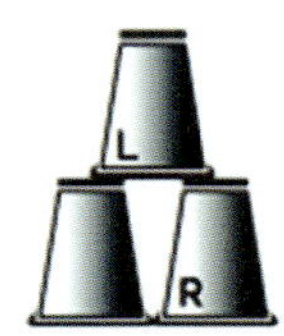
	• 오른손으로 맨 위의 컵을 잡아 나머지 2개의 컵 오른쪽에 둔다. • 왼손으로 2번째의 컵을 나란히 놓인 컵 위에 피라미드형으로 쌓아올린다.		

다운스택 (down stack)	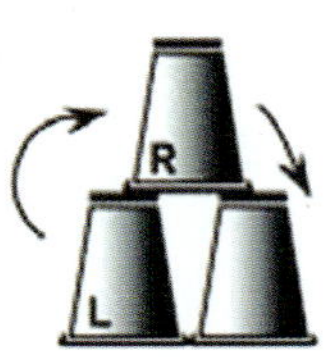	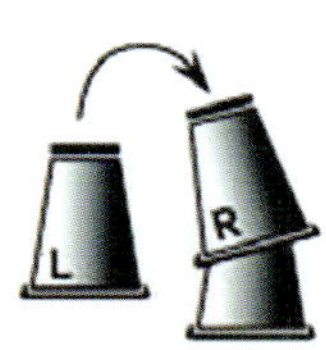	
	• 오른손으로 맨 위의 컵을 쥐고 아래 단의 오른쪽으로 밀어내듯이 하여 아래로 밀어낸다. · 왼손으로 아래 단의 왼쪽 컵을 쥐어 2개로 쌓아진 컵 위에 쌓는다.		

<table>
<tr><td rowspan="2">3-3 스택</td><td>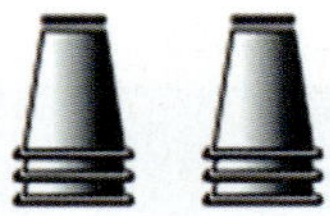</td><td>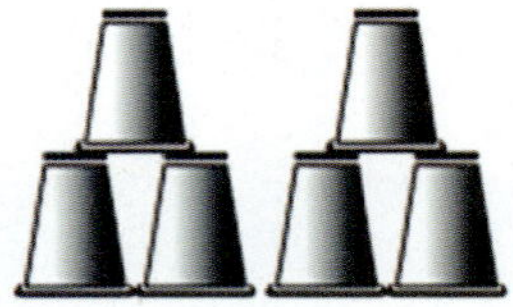</td><td></td></tr>
<tr><td colspan="3">왼쪽에서부터 업스택을 진행한다.</td></tr>
</table>

<table>
<tr><td rowspan="2">3-3-3 스택</td><td>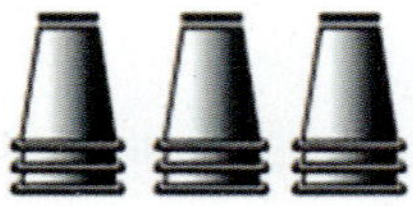</td><td>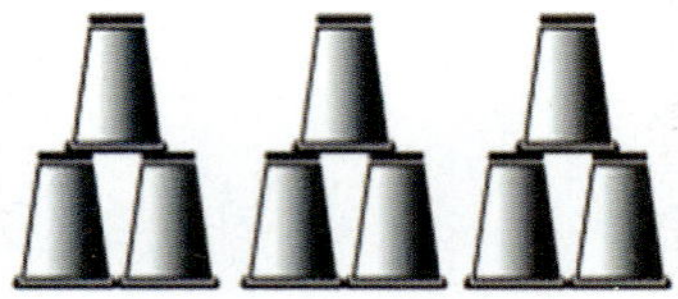</td><td>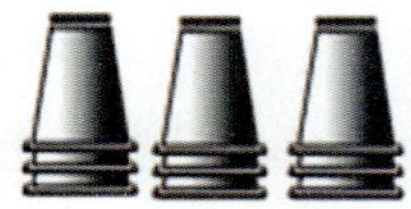</td></tr>
<tr><td colspan="3">• 왼쪽의 스택부터 업스택 한다. 반드시 처음으로 돌아가 왼쪽부터 다운스택 한다.
• 초급자는 10초대, 중급자는 6초대 그리고 선수 급은 3초 내로 끝낸다.</td></tr>
</table>

나. 6스택(6개의 컵을 이용한 스택)

<table>
<tr><td rowspan="2">6 업스택</td><td></td><td>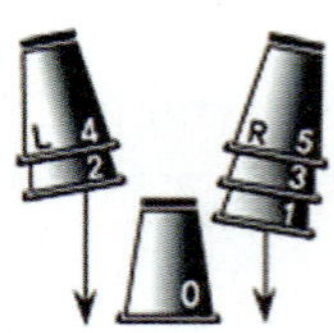
</td><td>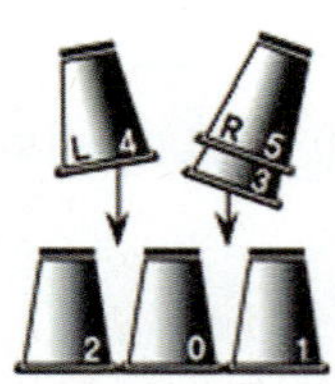
</td><td>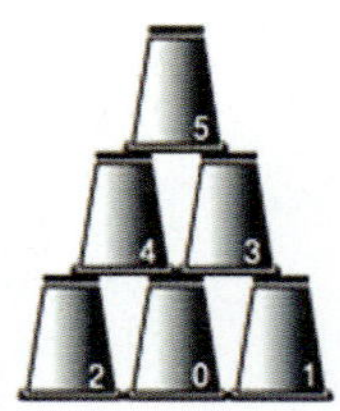
</td></tr>
<tr><td colspan="4">• 오른손으로 위에서부터 3개의 컵을 집어 올리고, 왼손으로 다음 2개의 컵을 잡아 올린다.
• 오른손의 컵을 하나 밑에 있는 컵의 오른쪽 옆에 둔다. 그리고 왼손에 있는 컵을 하나 밑에 남아 있는 컵의 왼편에 둔다.
• 오른손에 있는 컵을 하나 1단 째의 가장 가운데와 오른쪽 컵 사이에 두고, 왼손의 컵을 한가운데로, 왼손 컵의 사이에 둔다.
• 오른손에 남아 있는 컵을 3단 째의 가운데에 두게 되면 3－2－1의 피라미드가 만들어진다.</td></tr>
</table>

<table>
<tr><td rowspan="2">6 다운스택</td><td>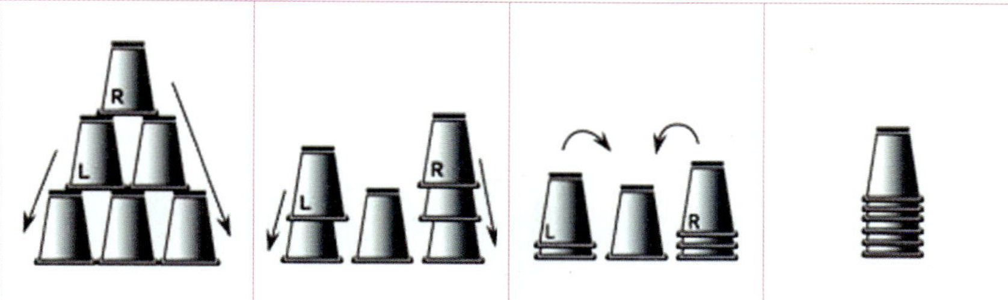</td></tr>
<tr><td>• 오른손으로 가장 위의 컵을 쥐고, 왼손은 2단 째의 컵을 쥔다.
• 오른쪽의 3개의 컵을 오른손으로 경사지게 미끄러지도록 하여 내려놓고, 왼쪽의 2개의 컵을 왼손으로 미끄러지게 하여, 중앙의 컵에 쌓아서 6개의 컵이 원래의 상태로 돌아오게 한다.</td></tr>
</table>

<table>
<tr><td rowspan="2">6-6 스택</td><td>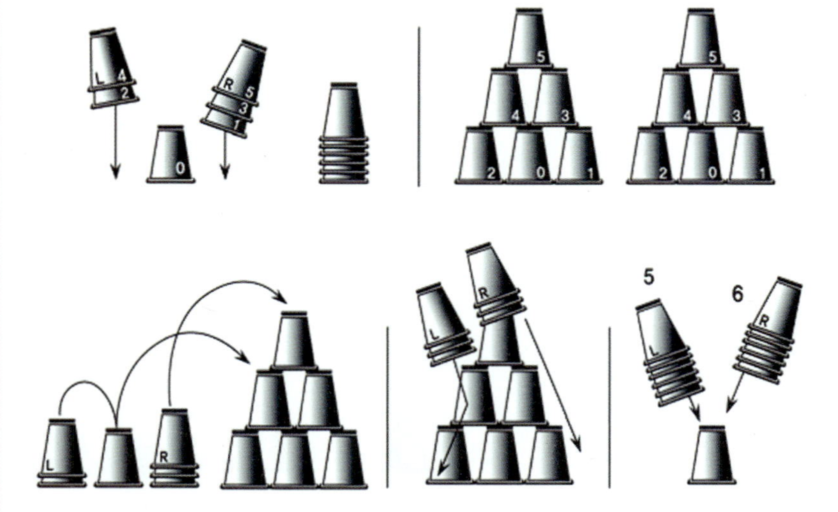</td></tr>
<tr><td>• 6개의 컵을 양쪽으로 2세트를 놓고 왼쪽부터 6 스택을 업스택하고 다운스택을 한다.
• 6-6 스택을 할 때는 6 스택을 할 때와는 다르게 6 스택 후 바로 6 스택을 다운스택 하는 것이 아니라 왼쪽에 있는 6 스택을 마무리하지 않고 3개씩의 컵을 남긴 후 다음 오른쪽에 있는 6 스택을 다운스택 한다.</td></tr>
</table>

다. 3-6-3 스택

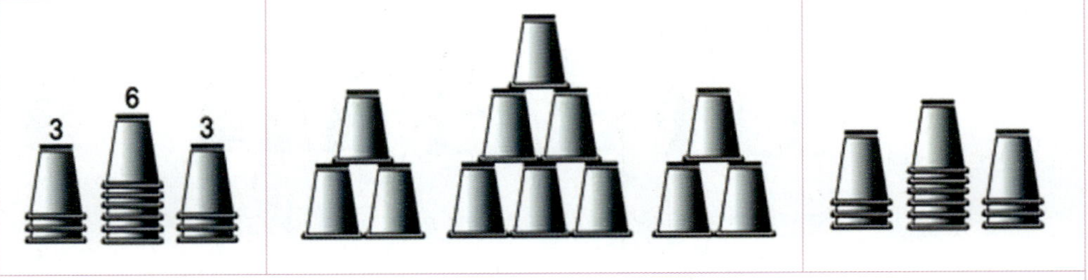

- 3 스택과 6 스택의 콤비네이션으로 이루어진다.
- 왼쪽에서부터 순서대로 3 컵, 6 컵, 3 컵으로 업스택하고, 이어서 본래대로 3 컵, 6 컵, 3 컵의 순서로 다운스택 한다.
- 3-2-1의 형태로 부드럽게 혼자서 혹은 상대방과 기록경쟁을 하면서 자신의 기록을 경신하는 재미가 연습의 효과를 높일 수 있다.
- 초심자는 15초대, 중급자는 7초대, 상급자는 5초 이내가 일반적인 기록이다.

라. 1-10-1 업스택

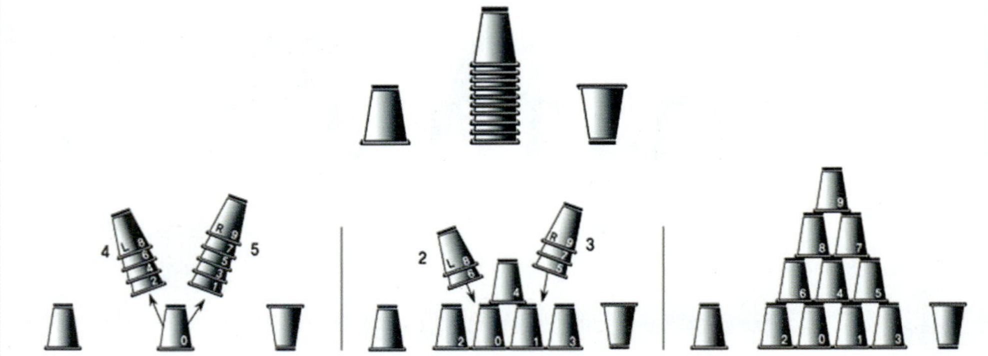

- 12개의 컵을 쌓고 제일 위의 컵을 각 1개씩 양 손으로 잡아 양쪽으로 놓는다. 이때 오른쪽 컵은 뒤집어 놓는다.
- 제일 위에 컵은 오른손으로 그 다음 컵은 왼손으로 잡고 오른손의 컵은 엄지손가락을 몸의 안쪽으로 넣어서 컵을 뒤집는다.
- 그 후 오른손에 5개의 컵을 왼손에 4개의 컵을 잡는다. 5-4-1의 형태의 모양이 만들어진다.
- 컵을 쥐고 난 후에는 오른손부터 업스택 한다. 제일 밑줄은 4개의 컵이 되어야 한다.
- 두 번째 줄은 왼손부터 시작하는데, 왼손이 제일 가운데에 놓아져야 한다.
- 그 후부터는 6스택과 동일한 방법으로 업스택을 한다.

마. 1-10-1 다운스택

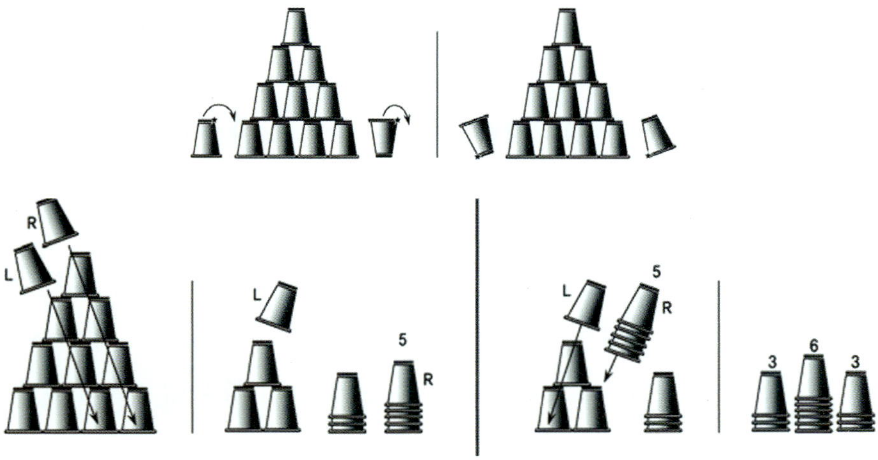

• 다운스택을 할 때에는 1-10-1 업스택을 할 때 처음 놓았던 방법으로 동일한 손 모양으로 컵을 쥔다. 그리고 컵을 반대로 돌려 컵의 엣지(edge)부분을 바닥에 찍고 난 후 다운스택을 시작한다.

• 양손에 컵을 들고 있는 상태로 오른손은 제일 꼭대기의 컵을 왼손은 두 번째 줄 왼손에 있는 컵을 겨냥해서 오른쪽으로 슬라이딩 하듯이 쓸어내린다.

• 쓸어내린 후 오른손은 컵의 전부를 들고 왼손은 제일 위에 있는 컵 한 개만 들고 왼쪽으로 슬라이딩을 한다.

바. 싸이클 스택(3-6-3 ⇒ 6-6 ⇒ 1-10-1 ⇒ 3-6-3 사이클 스택)

첫째, 경기방법은 3-6-3의 다운스택까지는 기본적으로 같은데, 오른쪽의 3컵은 오른손만으로 다운스택 하여(이때 왼손은 왼쪽의 3컵을 기다려서 준비하면 다음의 스택이 어려워진다), 왼쪽으로 가지고 간다.

둘째, 양손에 3개씩 쥐고 있는 상태에서 6개를 업스택하고, 오른쪽의 6컵도 업스택하면 6−6의 피라미드가 된다.

셋째, 처음으로 돌아가서 왼쪽에서부터 다운스택 한다. 왼손은 가장 위에 있는 컵을 쥐고, 왼손은 2단 째의 컵을 쥐어, 바깥쪽으로 다운스택 한다.

넷째, 왼손으로 한가운데의 1컵을 쌓으면, 양손에 3개씩 컵을 쥔 상태로, 오른쪽의 가장 위에 있는 컵은 오른손으로 쌓고 2단 째의 왼쪽 컵은 왼손으로 바깥쪽으로 다운스택 하여, 한가운데의 컵에 겹쳐 쌓아 12개의 컵이 된다. 바로 양손에 하나씩 컵을 쥐고 한손은 안쪽으로 트위스트 하듯이 컵을 위로 보게 하여 놓고, 또 한쪽 손은 그대로 덮어둔다.

다섯째, 다음으로 오른손에 5개, 왼손에 4개의 컵을 쥐게 되면, 테이블에 하나의 컵이 남게 된다. 남은 컵의 오른쪽에서부터 우, 좌, 우로 놓고 4개의 한 가운데에 왼쪽의 컵을 쌓아올려, 다시 한 번 오른쪽, 왼쪽 3단 째도 오른쪽, 왼쪽, 마지막에 오른쪽의 컵을 정상에 올려놓으면 10개의 피라미드가 만들어지게 된다.

여섯째, 이제 마지막의 컵을 올려놓았을 때와 마찬가지의 형태로 손으로 쥐어 반회전하여 반드시 터치하고 난 후에, 피라미드의 정상은 오른손의 컵을 쌓아, 2단 째의 왼쪽 컵은 왼손의 컵에 쌓으면서 이와 동시에 오른쪽으로 경사지게 다운스택 한다.

일곱째, 오른손은 5컵을 전부 쥐고, 왼손은 1컵만 쥐고, 나머지 3개의 피라미드의 가장 높이 있는 하나는 왼손으로 겹치고 오른손은 남은 1컵의 위에 겹치게 되면 처음의 형태인 3－6－3이 된다. 초급자는 대략 60초정도 걸린다.

팁과 재구성

① 피라미드로 탑 쌓기: 스태킹 탑 쌓기는 학생들에게 시간적 제한을 두고 시간 안에 어느 모둠이 높게 올리는지 경쟁하는 프로그램이다.

② 그림이나 글자 만들기: 색깔이 각기 다른 컵을 이용하여 탑을 쌓아가면서 그림이나 글자를 만들어 본다.

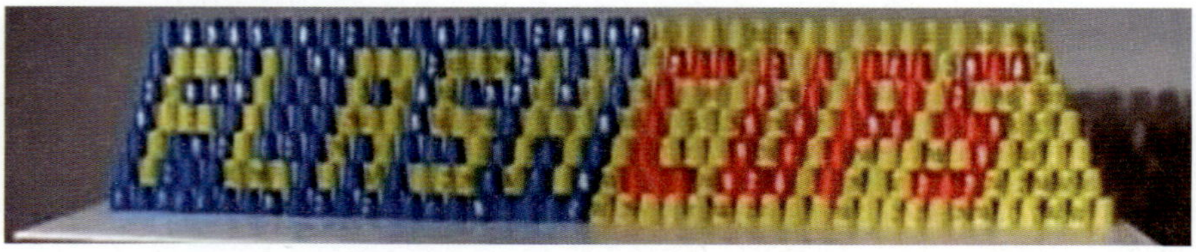

제9장

교실 올림픽

스포츠는 경쟁의 요소가 많다. 그렇다고 너무 경쟁을 강요해서도 안된다. 경쟁활동은 다양한 신체활동에 존재하는 경쟁과 협동의 원리를 인식하고, 선의의 경쟁과 상호 이해를 바탕으로 경기의 특성에 따른 기본적진 경기 수행능력과 다양한 인지 전략을 습득하는데 초점을 두고 있다. 이를 통해 개인이나 모둠 간 서로의 능력을 겨루는 상황에서 자기편과 협동하며 책임감을 갖고 최선을 다하되, 상대를 배려하며 정정당당하게 경기에 임할 수 있는 능력을 경쟁의 가치로 추구하고자 한다.

초등학교의 경쟁활동은 신체활동의 경쟁의 유형을 이해하고 경쟁활동에 필요한 기본 수행 방법을 습득하며 실천하는 태도와 능력을 기르는 것을 목표로 '규칙 준수', '협동심', '자기 책임감', '운동 예절'의 덕목을 습득하고자 한다.

1 교실축구(원형 축구)

구분		내용		
학습 목표	교과 목표	공을 차서 상대방의 다리 사이로 공을 넣을 수 있다.		
	인성 목표	친구와의 긍정적인 의사소통을 할 수 있다.		
학습 자료	소프트 볼 또는 종이로 뭉친 공 2개		학년군	3~4학년
안전	공을 다리 사이로 들어오지 못하도록 무의식적으로 발을 들어 올릴 수 있으므로 이에 대해 주의를 주도록 한다. 발을 들어 올리다 보면 옆 친구를 다치게 할 수 있기 때문이다.			
준비 운동	1			
활동 장면				

팁과 재구성

① 두 모둠을 마주보고 일렬로 서서 다리를 벌리고 서도록 한다. 그리고 상대방 모둠으로 공을 차서 다리 사이로 넣는 방식으로 변형해도 좋다.

② 모든 학생이 성취감을 느낄 수 있도록 한 학생만 하지 않고 골고루 기회를 갖도록 한다.

<table>
<tr><th>수업
구조</th><th>활동</th></tr>
<tr><td>이해</td><td>▶ 정확한 패스 전략 이해하기
▶ 게임활동 이해하기</td></tr>
<tr><td>체험</td><td>▶ 준비운동
▶ 본 활동
① 4~6명씩 모둠을 만들어 둥글게 선다.
② 다리는 어깨 넓이로 벌리고 옆에 있는 학생의 발과 붙인다.
③ 한 학생이 먼저 공을 발로 차서 다른 학생의 발 사이로 공을 넣는다.
④ 공이 다른 학생의 다리 사이로 들어가면 점수를 얻는다.
⑤ 이때 다른 학생은 다리를 움직여서는 안 된다.
▶ 정리운동</td></tr>
<tr><td>소통</td><td><table>
<tr><th>질 문</th><th>작성해 보세요.</th></tr>
<tr><td>우리 모둠이 얻은 점수는?</td><td></td></tr>
<tr><td>더 많은 점수를 얻기 위해 내가 노력할 점은 무엇인지 적어보세요.</td><td></td></tr>
</table>
▶ 여가 시간을 활용하여 적은 인원으로도 재미있게 게임할 수 있으므로 가정에서 부모님과 함께 해 보는 기회를 갖도록 한다.</td></tr>
</table>

2 던지고 받기

<table>
<tr><td rowspan="2">학습
목표</td><td>교과
목표</td><td colspan="3">친구와 함께 종이 공을 던지고 받을 수 있다.</td></tr>
<tr><td>인성
목표</td><td colspan="3">공을 던질 때 상대방을 존중하며 배려하는 마음을 지닐 수 있다.</td></tr>
<tr><td>학습
자료</td><td colspan="2">2명당 종이로 만든 공 1개</td><td>학년군</td><td>3~4학년</td></tr>
<tr><td>안전</td><td colspan="4">공을 너무 세게 던져서 얼굴에 맞지 않도록 주의한다.</td></tr>
<tr><td>준비
운동</td><td colspan="4">5 12</td></tr>
<tr><td>활동
장면</td><td colspan="4"></td></tr>
</table>

팁과 재구성

① 의자에 앉은 채로 공을 던지게 한다.

② 손으로 던지고 받는 것 외에 다른 신체부위를 이용하여 활동한다.

<table>
<tr><th>수업
구조</th><th>활동</th></tr>
<tr><td>이해</td><td>▶ 야구 경기 동영상을 보며 공을 어떻게 던져야 하는지 이해하기
▶ 게임활동 이해하기</td></tr>
<tr><td>체험</td><td>▶ 준비운동
▶ 본 활동
① 학생들은 2명씩 짝을 지어 1m 정도 거리를 두고 앉는다.
② 학생들은 앉은 자리에서 짝에게 다양한 방법으로 공을 던진다.
③ 앉아서 할 수 있는 방법을 해 본 후 자리에서 일어선다.
④ 공을 성공적으로 받을 때마다 한 발씩 뒤로 움직인다.
▶ 정리운동</td></tr>
<tr><td>소통</td><td>
<table>
<tr><th>문 항</th><th>점 수</th></tr>
<tr><td>우리 모둠을 위해 최선을 다해 참여하였다.</td><td>3</td></tr>
<tr><td>우리 모둠을 위해 최선을 다하려고 하였다.</td><td>2</td></tr>
<tr><td>우리 모둠을 위해 최선을 다하려고 하지 않았다.</td><td>1</td></tr>
<tr><td>전혀 참여하지 않았다.</td><td>0</td></tr>
</table>
<table>
<tr><th>질 문</th><th>작성해 보세요.</th></tr>
<tr><td>우리 모둠이 얻은 점수는?</td><td></td></tr>
<tr><td>자신이 더 많은 점수를 얻기 위해 노력할 점은 무엇인지 적어보세요.</td><td></td></tr>
</table>
▶ 여가 시간을 활용하여 적은 인원으로도 재미있게 게임을 할 수 있으므로 가정에서 부모님과 함께 해 보는 기회를 갖도록 한다.
</td></tr>
</table>

3 접시 스케이트

<table>
<tr><td rowspan="2">학습
목표</td><td>교과
목표</td><td colspan="3">종이접시를 발밑에 대고 스케이트를 타듯이 빨리 달릴 수 있다.</td></tr>
<tr><td>인성
목표</td><td colspan="3">불편함을 감수하면서 특정 신체기능을 제한함으로써 인내심을 기를 수 있다.</td></tr>
<tr><td>학습
자료</td><td colspan="2">학생 당 종이접시 2장</td><td>학년군</td><td>5~6학년</td></tr>
<tr><td>안전</td><td colspan="4">반환점을 돌 때 학생들이 허리를 숙이고 있으므로 서로 머리가 부딪히지 않도록 교사는 반환점에서 학생들을 주시한다.</td></tr>
<tr><td>준비
운동</td><td colspan="4">▶ 미니 하키게임
• 종이로 만든 하키스틱과 종이로 만든 공을 이용해, 5명씩 4모둠을 구성하여 경기를 한다. 경기자는 하키스틱을 이용해 종이 공을 테이프로 그린 미니 골대에 넣어야 한다. 미니 골대는 골키퍼가 없으며, 2분 내에 많은 득점을 한 모둠이 승리한다. 경기자는 발에 접시를 대고 움직여야 한다.</td></tr>
<tr><td>활동
장면</td><td colspan="4"></td></tr>
</table>

팁과 재구성

① 이동에 익숙해지면 잡기놀이를 할 수 있다.

② 경보 달리기를 하듯이 달리는 방법을 다양하게 바꾸어서 하면 달리기 학습에 효과적이다.

수업 구조	활동
이해	▶ 실제 스케이트 장면을 보고 스케이트 경기 이해하기 ▶ 게임활동 이해하기
체험	▶ 준비운동 ▶ 본 활동 ① 학생들은 2개 모둠으로 나누어 줄을 세운다. ② 출발선과 반환점을 정한 후 출발선에서 한 명씩 출발하도록 한다. ③ 학생들은 종이접시를 발에 대고 스케이트를 타는 것처럼 달려서 반환점을 돌아 온다. ④ 릴레이 형식으로 해서 먼저 들어온 모둠이 승리하는 게임이다. ⑤ 릴레이로 하기 어려운 경우 한 명씩 반환점을 돌아온 시간을 측정하여 합산한 후 시간이 적게 걸린 모둠이 승리하도록 할 수 있다. ▶ 정리운동

소통

문 항	점 수
우리 모둠을 위해 최선을 다해 참여하였다.	3
우리 모둠을 위해 최선을 다하려고 하였다.	2
우리 모둠을 위해 최선을 다하려고 하지 않았다.	1
전혀 참여하지 않았다.	0

▶ '접시 스케이트.' 활동을 통해 발을 떼지 않고 움직여 보면서 자신이 잘한 점이나 부족했다고 생각하는 점을 쓰고, 발을 떼는 것이 왜 더 빠르게 움직일 수 있는지, 발을 떼지 않고 움직이는 것은 왜 힘든지 생각해보자.

잘한 점 또는 부족했던 점	발을 떼지 않으면 움직임이 힘든 이유

4 교실 컬링 I

<table>
<tr><td rowspan="2">학습 목표</td><td>교과 목표</td><td colspan="3">달려라 티볼 컬링의 규칙과 방법을 알고, 탱탱 볼 컬링을 수행할 수 있다.</td></tr>
<tr><td>인성 목표</td><td colspan="3">개인 능력을 보완해줄 수 있는 친구의 협력을 통해 함께 하는 친구의 소중함을 느낄 수 있다.</td></tr>
<tr><td>학습 자료</td><td colspan="2">색깔 테이프, 탱탱 볼 8개, 부채 4개</td><td>학년군</td><td>5~6학년</td></tr>
<tr><td>안전</td><td colspan="4">투구 자가 좁은 실내 공간에서 공을 던지는 것은 위험하므로 굴리는 것만 가능하다는 것을 명시한다.</td></tr>
<tr><td>준비 운동</td><td colspan="4">▶ 탱탱 볼 알까기
• 교실에 두 개의 커다란 정사각형을 그리고 각 사각형에서 2개 모둠씩 게임을 진행한다. 학생들은 각자의 이름이 적힌 탱탱 볼을 가지고 있고, 정사각형 안의 원하는 곳에 자신의 탱탱 볼을 내려놓는다. 정사각형 라인은 알까기의 바둑판이 되며, 각 모둠은 돌아가면서 한 명씩 상대편의 탱탱 볼을 라인 밖으로 내보내도록 자신의 탱탱 볼을 굴려 맞춰야 한다.
• 주로 정확성과 힘의 조절을 요구하는 활동으로 이를 향상시켜주는 준비운동을 진행하고, 손목의 근육을 충분히 풀어주는 스트레칭을 한다.</td></tr>
<tr><td>활동 장면</td><td colspan="4"></td></tr>
</table>

팁과 재구성

① 투구 라인과 점수판 사이의 간격을 늘린다. 스위퍼가 공을 조절해야 하는 양을 늘린다.

② 스위퍼의 부채 사용 시간을 3초로 줄인다. 투구자의 보다 섬세한 투구를 요구한다.

수업 구조	활동
이해	▶ 컬링 경기 동영상을 보며 공을 어떻게 던져야 하는지 이해하기 ▶ 게임활동 이해하기
체험	▶ 준비운동 ▶ 본 활동 * 수업 시작 전 교사는 투구 라인과 크기가 다른 사각형 두 개를 색깔 테이프로 미리 만들어 놓는다. 점수판으로부터 투구 라인의 거리는 학생들이 굴리는 힘으로 충분히 닿을 수 있는 거리를 고려해 표시한다. ① 학생들은 5명씩 한 모둠이 되어 색깔이 다른 티볼 공 2개씩을 갖는다. ② 각 모둠의 5명중 두 명은 투구 자(thrower), 두 명은 스위퍼(sweeper), 다른 한 명은 스킵(skip)이 된다. ㉠ 투구 자는 힘과 정확성을 고려해 사각 라인을 향해 공을 굴리고, 스위퍼는 부채를 이용해 공의 방향을 잡거나 공의 속도를 조절한다. 마지막으로 스킵은 모둠의 전략을 총괄하며 투구자의 투구를 지시한다. ㉡ 스위퍼는 투구자의 투구로부터 5초간만 부채를 이용할 수 있다. ③ 각 모둠의 스킵끼리 가위, 바위, 보를 통해 투구 순서를 정한다. ④ 투구 순서에 맞게 각 모둠의 첫 번째 투구 자가 투구를 하고, 같은 순서로 두 번째 투구 자가 투구한다. ⑤ 바깥 사각형 안은 1점, 안쪽 사각형 안은 2점으로, 각 모둠의 공 2개의 위치 점수를 합산한다. - 라인에 걸친 공은 안으로 들어온 것으로 인정한다. ⑥ 공 2개의 합산 점수가 가장 높은 모둠이 승리한다. ▶ 정리운동

소통

▶ 아현이네 학급이 교실 컬링 게임 중이다. 아현이는 모둠의 스킵이고, 모둠의 투구 순서는 가장 마지막이다. 왼쪽의 그림은 다른 모둠의 투구가 모두 끝난 상태이며 아현이네 모둠의 두 번째 투구 자가 마지막으로 투구한다고 할 때, 아현이는 어떤 전략을 세우는 것이 좋을지 써봅시다.

____

____

____

____

____

▶ 교실 컬링 중 각 역할의 중요성에 대하여 써 봅시다.

투구 자(Thrower)	
스위퍼(Sweeper)	
스킵(Skip)	

5 교실 컬링 II

<table>
<tr><td rowspan="2">학습 목표</td><td>교과 목표</td><td colspan="3">정확한 힘으로 말을 쳐서 목표지점까지 보낼 수 있다.</td></tr>
<tr><td>인성 목표</td><td colspan="3">팀워크를 통해 협동심을 기르고 게임규칙을 바르게 준수함으로써 페어플레이 정신을 기를 수 있다.</td></tr>
<tr><td>학습 자료</td><td colspan="2">동전, 지우개 등의 말, 책상</td><td>학년군</td><td>5~6학년</td></tr>
<tr><td>안전</td><td colspan="4">너무 경쟁적이 되지 않도록 서로 배려하는 마음을 갖도록 지도한다.</td></tr>
<tr><td>준비 운동</td><td colspan="4">8 12</td></tr>
<tr><td>활동 장면</td><td colspan="4"></td></tr>
</table>

팁과 재구성

① 다른 친구들의 말을 떨어뜨릴 수 있다.

② 교실 바닥에 금을 그어두고 공이나 다른 큰 말을 사용하여 게임을 할 수 있다.

<table>
<tr><th>수업
구조</th><th>활동</th></tr>
<tr><td>이해</td><td>▶ 컬링 경기를 보며 목표물을 정확히 목표지점까지 보낼 수 있는 방법 이해하기
▶ 게임활동 이해하기</td></tr>
<tr><td>체험</td><td>▶ 준비운동
▶ 본 활동
① 책상 위에 금(선)을 표시한다.(연필 놓기, 줄 묶어놓기)
② 각 학생들의 동전이나 지우개 등의 말을 책상에 놓고 알까기 게임처럼 손가락으로 말을 친다.
③ 세 번 이상의 가격을 한 후 가장 금에 가까이 간 학생이 승리한다.
④ 책상에서 떨어지거나 금을 넘은 말은 제외시킨다.
⑤ 다른 친구의 말을 떨어뜨리면 진다.
⑥ 여섯 명 이하의 학생들끼리 게임하여 지루하지 않도록 한다.
▶ 정리운동</td></tr>
<tr><td>소통</td><td>▶ 지시문을 읽고 적어보세요.
<table>
<tr><td>점수 획득을 위해 친구들과 협동을 하였나요?</td><td></td></tr>
<tr><td>어떤 전략으로 게임에 임했는지 쓰세요.</td><td></td></tr>
</table>
</td></tr>
</table>

쉬어 가기

▶ 컬링의 역사

- 컬링은 16세기 이전 스코틀랜드를 배경으로, 빙판 위에 돌을 가지고 굴려서 노는 것으로 시작
- 벨기에, 네덜란드, 룩셈부르크 등 북해 연안 저지대에서도 행해짐(피터 브뢰헬의 그림을 통해 확인)
- 스코틀랜드는 1838년 에든버러에 "그랜드 캘러도니언 컬링 클럽"을 창설
- 이후, 1842년 국왕의 칙허에 의해 로얄 캘러도니언 컬링 클럽으로 변경
- 1966년에는 에든버러에서 국제 컬링 연맹 창설
- 현재 1972년부터 시작된 캐나다 컬링 선수권대회는 세계에서 가장 규모가 큰 대회로 손꼽히고 있음
- 1959년부터 세계 컬링 선수권대회 개최
- 한국은 1994년 쌍방울그룹에서 대한 컬링경기연맹을 창설하고, 목동아이스링크에서 세계연맹 지도자 초청 강습회 개최
- 우리나라는 1995년 제5회 아시아태평양 컬링대회를 시작으로 세계대회에 출전
- 한국 컬링 인구는 매년 증가하여 2009년 현재 등록 선수 약 1000명, 동호인 2000명이 넘었으며, 2001년 아시아태평양컬링 선수권 대회 여자팀 우승, 2002 아시아태평양 컬링 선수권대회 남자팀 우승 및 여자팀 준우승, 2004 세계주니어 컬링 선수권대회에서 남자팅 4강 진출, 2007 동계 아시안 게임에서 남자팀 금메달, 여자팀 금메달 획득

▶ 컬링 경기의 장점

- 다양한 전략회의를 통해 뇌 발달에 효과적
- 각자의 역할에 충실함으로써 책임감 증진
- 목표달성을 위해 팀원 전체의 단결력이 결속
- 빙상 경기이기 때문에 몸의 밸런스가 좋아짐
- 집중력과 체력 향상에 효과적

6 교실 배구 I

<table>
<tr><td rowspan="2">학습 목표</td><td>교과 목표</td><td colspan="3">협력하여 풍선을 떨어뜨리지 않고 상대 모둠으로 보낼 수 있다.</td></tr>
<tr><td>인성 목표</td><td colspan="3">한 쪽 팔을 책상 위에 놓고 한 팔로만 풍선을 치기 때문에 협동하여 공을 넘겨야 하고, 더 나아가 한 쪽 팔이 불편한 사람의 어려움을 느낄 수 있다.</td></tr>
<tr><td>학습 자료</td><td colspan="2">책상, 풍선, 빨래줄</td><td>학년군</td><td>3~4학년</td></tr>
<tr><td>안전</td><td colspan="4">공을 치기 위하여 점프를 한다거나 많은 활동들이 이루어지는 만큼 다치지 않도록 주의해야 한다.</td></tr>
<tr><td>준비 운동</td><td colspan="4">▶ 떨어 지지마 풍선아
• 제한 시간 3분 동안 풍선을 온몸으로 받아 내면서 바닥에 떨어지지 않게 하는 손쉬운 게임이다. 배구 게임을 시작하기 전에 팔 근육이 풀어질 수 있도록 1분 동안은 팔만을 사용한다.</td></tr>
<tr><td>활동 장면</td><td colspan="4"></td></tr>
</table>

팁과 재구성

① 공을 여러 개 사용한다.

② 익숙한 손 혹은 익숙하지 않은 손을 책상 위에 놓게 한다.

<table>
<tr><th>수업
구조</th><th>활동</th></tr>
<tr><td>이해</td><td>▶ 배구 경기 동영상을 보며 전략을 세우는 방법 이해하기
▶ 게임활동 이해하기</td></tr>
<tr><td>체험</td><td>▶ 준비운동
▶ 본 활동
① 열 명씩 모둠을 구성한다.
② 교실 한 가운데 빨래 줄을 설치하고, 교실 끝에 원을 그린다.
③ 두 모둠 사이에 풍선을 던져서 게임을 시작한다. 학생들은 자유로운 팔로 풍선을 쳐서 넘길 수 있다. 다른 한 손은 책상에서 떼면 안 된다.
④ 상대 모둠의 머리 위로 풍선을 넘겨서 풍선이 상대 모둠의 원으로 떨어지도록 하면 점수를 얻는다.
⑤ 원의 학생들은 공을 막아서 점수를 지켜야 한다.
⑥ 학생들의 위치를 변경해 준다.
▶ 정리운동</td></tr>
<tr><td>소통</td><td>▶ 지시문을 읽고 적어보세요.<table>
<tr><td>점수 획득을 위해 친구들과 협동하였나요?</td><td></td></tr>
<tr><td>한 쪽 팔은 책상에 두고 공을 칠 때 어떤 방법으로 한 쪽 팔만 이용하여 점수를 획득할 수 있었는가?</td><td></td></tr>
</table></td></tr>
</table>

7 교실 배구 II

<table>
<tr><td rowspan="2">학습 목표</td><td>교과 목표</td><td colspan="3">풍선배구의 규칙을 이해하며, 각자의 맡은 역할에 최선을 다해 풍선 배구를 할 수 있다.</td></tr>
<tr><td>인성 목표</td><td colspan="3">각자의 역할을 충실히 실행할 수 있는 책임감을 지닐 수 있다.</td></tr>
<tr><td>학습 자료</td><td colspan="2">풍선</td><td>학년군</td><td>3~4학년</td></tr>
<tr><td>안전</td><td colspan="4">풍선이 칠 수 없는 곳으로 갔을 때, 패스하려다 다칠 수 있기 때문에 주변에 선을 그어 그 선을 넘었을 땐 아웃으로 판정하여 패스하지 않아도 됨을 인지시킨다.</td></tr>
<tr><td>준비 운동</td><td colspan="4">풍선을 하늘 위로
• 첫 번째 활동은 두 명씩 짝을 지어 풍선을 치며 더 높이 풍선을 띄운 학생이 승리하게 된다. 두 번째 활동으로는 모든 학생이 함께 진행하며 풍선을 띄운 횟수가 가장 많은 학생이 승리하게 된다. 이때 손등과 손바닥을 다양하게 이용하며 풍선을 칠 수 있도록 한다.</td></tr>
<tr><td>활동 장면</td><td colspan="4">
</td></tr>
</table>

팁과 재구성

① 터치할 수 있는 횟수를 3번에서 2번으로 줄여 게임의 속도를 빠르게 한다.

② 풍선의 크기를 줄여 패스를 할 때에 더 신중하게 집중할 수 있도록 한다.

<table>
<tr><th>수업
구조</th><th>활동</th></tr>
<tr><td>이해</td><td>▶ 배구 경기를 보며 포지션에 따른 역할 이해하기
▶ 게임활동 이해하기</td></tr>
<tr><td>체험</td><td>▶ 준비운동
▶ 본 활동
* 학생들은 서로의 역할을 나눈다. ex) 넘어온 풍선을 받는 학생, 풍선을 패스하는 학생, 풍선을 상대편 코트에 넘기는 학생 등
① 풍선 하나를 적당한 크기로 불어 묶는다.
② 중앙에 책상을 두고 학생들을 두 모둠으로 나누어 마주보게 한다.
③ 리더는 풍선을 손으로 쳐서 공중에 띄우고 어느 한 모둠이 상대편으로 공을 패스하도록 한다. 공을 받은 모둠은 바닥에 떨어지기 전에 쳐 올리고 상대 모둠으로 보내줘야 한다.
④ 리더는 패스가 이뤄질 때마다 “하나, 둘, 셋” 등 숫자를 세어 준다.
- 20개 이상 떨어뜨리지 않고 패스가 이어지면 목표치를 높여서 다시 놀이하도록 하고 이후에는 모둠이 자리를 바꾸거나 모둠 구성을 바꿔서 다시 놀이하도록 한다.
⑥ 풍선 패스가 모두에게 익숙해지면 풍선 배구로 전환한다.
- 풍선배구 시에는 두 모둠에 점수를 부여하고 상대가 받을 수 없는 영역으로 공을 보내거나 중앙선에 나뉜 영역 중 자신의 모둠 영역에 풍선을 떨어뜨리면 상대 모둠이 1점을 득점하도록 한다. 먼저 3점을 획득하는 모둠이 승리한다. 역시 승패가 결정되면 자리를 바꾸거나 멤버를 교체해서 다시 활동해 보도록 한다.
▶ 정리운동</td></tr>
<tr><td>소통</td><td>▶ 풍선 배구 게임을 한 후 나의 활동을 평가해보세요.
<table>
<tr><th>자기 평가 기준</th><th>우수</th><th>보통</th><th>미흡</th></tr>
<tr><td>1. 게임의 규칙을 이해하였는가?</td><td></td><td></td><td></td></tr>
<tr><td>2. 맡은 역할을 충실히 수행하였는가?</td><td></td><td></td><td></td></tr>
<tr><td>3. 패스를 자연스럽게 할 수 있는가?</td><td></td><td></td><td></td></tr>
<tr><td>4. 원하는 곳으로 공을 보낼 수 있는가?</td><td></td><td></td><td></td></tr>
<tr><td colspan="4">5. 패스를 최대 몇 번까지 하였는가? (　　) 번</td></tr>
</table></td></tr>
</table>

8 교실 골프

<table>
<tr><td rowspan="2">학습 목표</td><td>교과 목표</td><td colspan="3">탁구공을 입으로 불어 홀에 넣을 수 있다.</td></tr>
<tr><td>인성 목표</td><td colspan="3">탁구공을 홀에 넣는 과정에서 집중력을 기르고 문제를 해결하는 능력을 향상시킬 수 있다.</td></tr>
<tr><td>학습 자료</td><td colspan="2">두꺼운 종이 9장, 모둠별 공 1개, 박스 테이프</td><td>학년군</td><td>3~4학년</td></tr>
<tr><td>안전</td><td colspan="4">입으로 바람을 계속 불어서 어지러우면 잠시 쉬도록 한다.</td></tr>
<tr><td>준비 운동</td><td colspan="4">12 13</td></tr>
<tr><td>활동 장면</td><td colspan="4"></td></tr>
</table>

팁과 재구성

① 9개 홀에 익숙해지면 18개의 홀을 만들어 게임을 할 수도 있다.

② 책상을 모두 붙여서 그 위에 홀을 만들면 더 편안하게 할 수 있다.

<table>
<tr><th>수업 구조</th><th>활동</th></tr>
<tr><td>이해</td><td>▶ 골프 경기의 규칙 이해하기
▶ 두꺼운 종이를 그림과 같이 만들어 바닥에 적절하게 붙이기(붙이고 난 후 그 위에 숫자와 다음 홀 위치를 알리는 화살표를 그린다.)</td></tr>
<tr><td>체험</td><td>▶ 준비운동
▶ 본 활동
① 모둠별로 시작할 홀의 번호를 정한다. 예를 들어, 1모둠은 1번 홀, 2모둠은 3번 홀, 3모둠은 5번 홀 또는 1모둠은 6번 홀, 2모둠은 8번 홀, 3모둠은 1번 홀 등으로 정하되 모둠 사이에는 하나의 홀을 비워 두어야 한다.
② 학생들은 다른 신체를 이용하지 않고 오직 입으로 불어서 공을 다음 홀로 이동한다.
③ 한 홀 당 한 명씩 번갈아 가면서 게임을 즐긴다.
④ 9개의 홀을 다 돌면 끝나는 게임이다. 5번 홀에서 시작한 모둠은 5번 → 6번 → 7번 → 8번 → 9번 → 1번 → 2번 → 3번 → 4번에서 끝난다.
▶ 정리운동</td></tr>
<tr><td>소통</td><td>▶ 지시문을 읽고 적어보세요.
<table><tr><td>입으로 불어서 탁구공을 움직일 때, 어떤 느낌이 들었는가?</td><td></td></tr><tr><td>모둠원들과 서로 의논하고 협동하여 게임을 완수하였는가?</td><td></td></tr></table></td></tr>
</table>

9 교실 농구

<table>
<tr><td rowspan="2">학습 목표</td><td>교과 목표</td><td colspan="3">농구 경기를 이해하고 전략을 세울 수 있다.</td></tr>
<tr><td>인성 목표</td><td colspan="3">팀워크를 통해 협동심을 기르고 게임규칙을 바르게 준수함으로써 페어플레이 정신을 함양할 수 있다.</td></tr>
<tr><td>학습 자료</td><td colspan="2">풍선, 풍선 농구 골대(구멍난 스타킹, 옷걸이, 마감테이프)</td><td>학년군</td><td>유~4학년</td></tr>
<tr><td>안전</td><td colspan="4">풍선이 터질 우려가 있으므로 공기가 가득한 풍선을 쓰지 않는다.</td></tr>
<tr><td>준비 운동</td><td colspan="4">▶ 허공 농구
• 공이 없이 실제 게임을 하는 것처럼 몸을 자연스럽게 움직이면서 게임을 한다.</td></tr>
<tr><td>활동 장면</td><td colspan="4"></td></tr>
</table>

팁과 재구성

① 손을 이용하지 않고 풍선 배드민턴 채를 이용하여 농구 게임을 할 수 있다.

② 풍선에 헝겊을 붙이는 등 무게를 더하여 게임에 박진감을 더한다.

<table>
<tr><th>수업 구조</th><th>활동</th></tr>
<tr><td>이해</td><td>▶ 풍선 농구 골대 만들기
- 옷걸이를 구부려 동그랗게 만들고 스펀지로 둘레를 감싼다. 그리고 헝겊이나 천을 이용해 농구골대 그물을 만든다.
▶ 게임활동 이해하기</td></tr>
<tr><td>체험</td><td>▶준비운동
▶본 활동
① 책상을 밀고 최대한 공간을 확보한 후 교실을 두 면으로 나누어 마감테이프로 표시한다. 그리고 양쪽 끝에 풍선 농구 골대를 만들어 놓는다.
② 모둠별로 5-6명씩 구성하여 4모둠으로 나눈다.
③ 두 모둠씩 양쪽으로 나누어 서서 게임을 하고 모든 모둠과 한번 씩 돌아가면서 게임을 한다.
④ 농구 게임을 하듯 풍선을 땅에 떨어뜨리지 않고 쳐서 상대방 골대에 넣는다.
⑥ 풍선을 넣으면 2점을 얻는다.
⑦ 20점을 먼저 얻는 모둠이 승리한다.
▶정리운동</td></tr>
<tr><td>소통</td><td>▶ 지시문을 읽고 적어보세요.
<table><tr><td>점수 획득을 위해 친구들과 협동을 하였나요?</td><td></td></tr><tr><td>어떤 전략으로 게임에 임했는지 적으세요.</td><td></td></tr></table></td></tr>
</table>

10 교실 플라잉 디스크

<table>
<tr><td rowspan="2">학습
목표</td><td>교과
목표</td><td colspan="3">올바른 자세로 원반을 던질 수 있다.</td></tr>
<tr><td>인성
목표</td><td colspan="3">목표물에 집중하여 던짐으로써 집중력을 기를 수 있다.</td></tr>
<tr><td>학습
자료</td><td colspan="2">플라스틱 접시, 플라스틱 통</td><td>학년군</td><td>5~6학년</td></tr>
<tr><td>안전</td><td colspan="4">다른 친구가 원반을 던지고 있을 때는 대기 선에서 자기 차례를 지키도록 지도한다.</td></tr>
<tr><td>준비
운동</td><td colspan="4">▶ 어프로치 게임
• 바닥에 크기가 다른 원 3개를 그린다. 그려진 원마다 각기 다른 점수를 부여하여 학생들이 원의 근처로 2번씩 던진다. 모둠원들이 돌아가면서 원반을 던져 가장 작은 원에 들어가면 3점, 그 다음 원 안에 들어가면 2점, 홀로부터 거리가 가장 먼 바깥쪽 원 안에 넣으면 1점을 획득한다. 개인별로 기록한 점수를 모둠원들의 점수와 합산하여 모둠점수로 기록한다.</td></tr>
<tr><td>활동
장면</td><td colspan="4"></td></tr>
</table>

팁과 재구성

① 목표물(골대)의 크기(개수)를 줄여(늘려) 집중력과 정확성을 높인다.

② 던지는 시간에 제한을 두어 짧은 시간 안에 정확한 집중력을 요구한다.

<table>
<tr><th>수업 구조</th><th>활동</th></tr>
<tr><td>이해</td><td>▶ 플라잉 디스크 게임을 보며 던지는 방법에 대해 토의하기
▶ 게임활동 이해하기</td></tr>
<tr><td>체험</td><td>▶ 준비운동
▶ 본 활동
① 학생들을 두 모둠으로 나누어 세운다.
② 학생들은 목표물(골대)을 향해 디스크를 두 번씩 던져 성공의 횟수를 활동기록지에 작성한다.
③ 성공한 학생은 성공하지 못한 학생에게 올바른 자세를 알려주며 도움을 준다.
④ 모든 모둠이 게임을 마치면 골대와의 거리를 달리하여 다시 한 번 진행한다.
- 시간과 공간의 여유를 생각하여 골대의 거리를 조정한다.
⑤ 성공 횟수가 많은 모둠이 승리하게 된다.
- 각자의 성공 횟수를 합산하여 모둠의 점수로 비교한다.
▶ 정리운동</td></tr>
<tr><td>소통</td><td>▶ 디스크를 던지는 바른 자세를 그림이나 글로 표현해보고 자신의 자세와 비교하여 평가해 봅시다.
<table>
<tr><th>디스크를 던지는 바른 자세</th><th>자신의 자세와 비교해보기</th></tr>
<tr><td></td><td></td></tr>
</table>
</td></tr>
</table>

11 교실 배드민턴

<table>
<tr><td rowspan="2">학습
목표</td><td>교과
목표</td><td colspan="3">배드민턴 경기를 이해하고 전략을 세울 수 있다.</td></tr>
<tr><td>인성
목표</td><td colspan="3">팀워크를 통해 협동심을 기르고 게임규칙을 바르게 준수함으로써 페어플레이 정신을 함양할 수 있다.</td></tr>
<tr><td>학습
자료</td><td colspan="2">풍선, 풍선 채(구멍 난 스타킹, 옷걸이, 마감테이프)</td><td>학년군</td><td>유~4학년</td></tr>
<tr><td>안전</td><td colspan="4">풍선이 터질 우려가 있으므로 공기가 가득한 풍선을 쓰지 않는다.</td></tr>
<tr><td>준비
운동</td><td colspan="4">▶ 허공 배드민턴
• 채와 공이 없이 실제 경기를 하는 것처럼 몸을 자연스럽게 움직여 배드민턴 경기를 한다.</td></tr>
<tr><td>활동
장면</td><td colspan="4"></td></tr>
</table>

팁과 재구성

① 풍선에 채를 댔는데 헛친 학생은 피구에서처럼 상대편 코트 바깥쪽으로 가서 계속 게임을 한다. 단, 이 경우에는 5~10분을 재어 많은 인원이 남아있는 모둠이 이긴다.

② 풍선에 헝겊을 붙이는 등 무게를 더하여 게임에 박진감을 더한다.

<table>
<tr><th>수업
구조</th><th>활동</th></tr>
<tr><td>이해</td><td>▶ 풍선 채 만들기
- 옷걸이를 구부려 동그랗게 만들고 고리 부분을 편다. 동그랗게 만든 부분에 스타킹을 씌워서 묶고 고리부분은 마감테이프로 감아 손잡이부분으로 하여 라켓을 만든다.
▶ 게임활동 이해하기</td></tr>
<tr><td>체험</td><td>▶ 준비운동
▶ 본 활동
① 책상을 밀고 공간을 확보한 후 교실을 4면으로 나누어 마감테이프로 표시한다.
② 모둠별로 5-6명씩 4모둠을 만든다.
③ 네 모둠이 각각 양쪽으로 나누어 서서 두 모둠씩 게임을 하고 모든 모둠과 한번 씩 돌아가면서 게임을 한다.
④ 풍선이 떨어지지 않게 라켓으로 테이프 선 너머의 상대 모둠 코트로 넘긴다.
⑤ 배구처럼 학생별로 한 번씩만 풍선을 칠 수 있고 같은 모둠 내에서 총 3번까지 칠 수 있다.
⑥ 풍선을 못 넘기거나 땅에 닿았을 경우 상대편이 1점을 득점한다.
⑦ 21점을 먼저 얻는 모둠이 승리한다.
▶ 정리운동</td></tr>
<tr><td>소통</td><td>▶ 지시문을 읽고 적어보세요.
<table>
<tr><td>점수 획득을 위해 친구들과 협동을 하였나요?</td><td></td></tr>
<tr><td>어떤 전략으로 게임에 임했는지 적으세요.</td><td></td></tr>
</table>
</td></tr>
</table>

12 날 따라 해봐요

<table>
<tr><td rowspan="2">학습 목표</td><td>교과 목표</td><td colspan="3">술래는 활동을 이끄는 숨은 학생을 찾고, 나머지는 이끄는 학생을 보며 활동을 따라할 수 있다.</td></tr>
<tr><td>인성 목표</td><td colspan="3">활동을 하면서 이끄는 학생을 숨길 때 협동의 가치를 느끼고 이끄미가 된 학생은 책임감을 느낄 수 있다.</td></tr>
<tr><td>학습 자료</td><td colspan="2">없음</td><td>학년군</td><td>3~4학년</td></tr>
<tr><td>안전</td><td colspan="4">활동 시작 전에는 주위 친구들을 팔이나 다리로 치지 않도록 하고 주변에 장애물이 있으면 치우고 시작하도록 한다.</td></tr>
<tr><td>준비 운동</td><td colspan="4">8 12</td></tr>
<tr><td>활동 장면</td><td colspan="4"></td></tr>
</table>

팁과 재구성

① 1명이었던 이끄미 학생을 2명으로 늘린다. 이때는 전체 학생을 두 모둠으로 나누어서 이끄미는 각각의 모둠을 이끌도록 하는 방법이다.

② 술래에게 추측할 수 있는 기회를 3번으로 제한한다.

수업 구조	활동
이해	▶ 친구의 실수에 대해 용서하고 배려하는 마음 이해하기 - 이끄미가 실수하거나 너무 이끄미를 쳐다봄으로써 술래가 알아차렸을 때, 해당 학생을 비난하지 않도록 하는 것이 중요하다. ▶ 게임활동 이해하기
체험	▶ 준비운동 ▶ 본 활동 * 예시로 보여줄 활동에는 모두가 따라해야 하므로 토끼와 같이 팔을 귀에 대고 깡충깡충 뛰는 정도의 난이도와 행동묘사로 흥미를 유발한다. ① 한 학생을 술래로 정한 후에 술래는 교실 뒤로 가서 벽을 보고 선다. ② 교사는 남은 학생들 중 1명을 활동 이끄미로 지목한다. (유동적으로 인원 수 변경 가능) ③ 학생들 모두 일어선 후에 이끄미 학생은 팔 벌려 뛰기, 제자리 뛰기, 팔 돌리기, 발가락 치기 등 다양한 신체 활동을 하면 나머지 학생들이 따라서 행동한다. (시작 전에 예시 활동을 제시해준다.) ④ 술래는 교실 앞으로 와서 학생들이 활동을 하는 것을 지켜보며, 활동을 이끌고 있는 이끄미를 찾아내야 한다. ⑤ 학생들은 이끄미를 보지 않고 행동해야 한다. ⑥ 술래가 이끄미를 찾아내면 그 학생이 새로운 술래가 된다. ▶ 정리운동
소통	▶ 다음은 체육 활동을 하는 친구의 생각입니다. 물음에 답하시오. 정우: 다른 친구들도 다 따라하는데 나 하나쯤은 열심히 안 해도 되겠지. 윤지: 누가 이끄미인지 모르게 해야 하니까 더 열심히 따라해야지! 1. 위의 대화를 보고 나는 어떤 학생에 더 가까웠는지 이유나 느낀 점을 포함하여 써 봅시다. ____________________ ____________________

소통

2. 게임을 할 때 개선해야 할 점이나 더 재미있게 수정하는 규칙을 만들어 봅시다.

____

____

____

____

3. 게임활동이 끝난 후 서로를 평가해 봅시다.

자기평가(매우 잘함?, 잘함?, 보통?)		상호평가 (모둠원끼리 평가)			
평가기준	자기 평가 내용	친구이름			
이끄미 학생이 술래에게 들키지 않도록 열심히 동작을 따라 하였는가?					
이끄미 역할을 할 때, 학생들이 잘 따라할 수 있는 동작 표현을 하였는가?					

쉬어 가기

▶ 놀이, 게임, 운동, 스포츠의 개념

• 놀이(play)

신체활동 중 상상력과 자목적적 성격을 가지며 문화적으로 사회에서 인정되는 활동이다. 자목적적이란 활동의 결과로 어떤 구체적인 재화나 상품을 산출하지 않는 그 자체가 목적인 것을 말한다.

• 게임(game)

놀이로 인정되는 신체활동 중에서 경쟁성에 바탕을 두고, 시간과 공간을 분리하고 규칙을 정해 결과의 불확실성을 유지하면서 확률, 전술 및 신체의 기능을 통해 승부를 결정하는 활동이다. 게임의 성격에 따라 경쟁, 운, 모방, 현기 등의 요소가 혼성되어 나타난다.

• 운동(exercise)

사람들이 자신의 건강을 위해 의도적이고 계획적으로 행하는 신체적 움직임을 포함하는 근육의 활동이다. 운동은 반복적인 신체 움직임을 포함하는 근육의 활동, 계획적이고 의도적인 목적이 있는 신체활동, 건강이나 체력 및 기술 또는 경쟁 요소에 초점을 두는 활동이다.

• 스포츠(sports)

전통적으로 놀이, 게임, 스포츠로 이어지는 연속성에 바탕을 두고 있으며, 복합적인 신체 기량의 발휘를 통해 개개인의 탁월성을 가지고 경쟁하는 신체활동을 말한다.

13 교실 킨볼 I

<table>
<tr><td rowspan="2">학습 목표</td><td>교과 목표</td><td colspan="3">풍선을 갖고 간이 킨볼 게임을 할 수 있다.</td></tr>
<tr><td>인성 목표</td><td colspan="3">모둠원과 협동하면서 수업 과제를 해결하는 과정을 통해, 협동의 중요성을 깨달을 수 있다.</td></tr>
<tr><td>학습 자료</td><td colspan="2">호루라기, 풍선 4-5개</td><td>학년군</td><td>유~2학년</td></tr>
<tr><td>안전</td><td colspan="4">풍선을 받기 위해 무리하게 달리다 보면 몸의 균형을 잃고 넘어질 수 있기 때문에 공과 풍선의 차이점을 미리 설명해주어야 한다. 풍선을 처음 받을 때에는 미숙할 수 있다는 사실을 전달하여 무리하게 풍선을 쫓지 않도록 한다.</td></tr>
<tr><td>준비 운동</td><td colspan="4">이리저리 풍선 옮기기
• 각 모둠원들은 원으로 동그랗게 선다. 호루라기를 불면 맞은편에 서 있는 학생에게 풍선을 쳐서 보낸다. 호루라기 소리가 한 번 더 나면, 그 때 부터는 자신의 옆에 선 학생에게 풍선을 쳐서 보내는 연습을 한다.</td></tr>
<tr><td>활동 장면</td><td colspan="4"></td></tr>
</table>

팁과 재구성

① 풍선을 치는 신체부위를 다르게 한다. 풍선을 치는 신체부위를 오른손, 오른 팔꿈치 등으로 제한한다.

② 풍선을 옮기는데 풍선을 치는 횟수를 일정한 횟수로 제한한다. 정확하게 7회만 풍선을 쳐서 다른 쪽 벽으로 옮겨야 한다.

수업 구조	활동
이해	▶ 협동과 존중의 의미 이해하기 ▶ 게임활동 이해하기
체험	▶ 준비운동 ▶ 본 활동 ① 학생들을 4개의 모둠으로 나누고, 어떤 모둠이 게임을 먼저 해야 할지 순서를 정한다. ② 동요가 재생되는 동시에 게임은 시작된다. 풍선은 일정한 방향으로만 움직여야 하고, 학생별로 한번 씩 풍선을 칠 수 있으며 모든 모둠원이 풍선을 쳐서 옮기는데 참여해야 한다. ③ 앞에 있는 학생이 오른손으로 풍선을 쳤으면, 뒤에 있는 학생은 왼손으로 풍선을 쳐야 한다. 손을 번갈아가면서 풍선을 쳐야 한다. - 규칙을 어겼을 경우, 풍선을 옮겨 벽을 쳤다 해도 점수는 합산되지 않는다. ④ 교실의 한 쪽 벽에 풍선이 도달했다면 거기서 활동을 중단하지 말고, 풍선이 왔던 쪽으로 방향을 바꿔 풍선을 계속해서 옮겨야 한다. ⑤ 동요가 끝나면 풍선으로 벽을 총 몇 번 쳤는지 합산해서 점수를 매긴다. ⑥ 모둠의 게임이 끝나면 '어떻게 하면 협동해서 게임을 더 잘할 수 있을까?'와 같은 방법에 대해 논의해본다. ▶ 정리운동
소통	▶ 평소 우리가 사용하던 피구공, 축구공과 풍선의 차이점을 써 보세요. ▶ 모둠원들과 함께 풍선을 벽에서 벽으로 옮기는 활동을 했는데, 이러한 활동을 혼자 했다면 어떠했을지 생각해 보고, 모둠원들과 함께 활동을 해서 좋았던 점을 써 보세요.

14 교실 킨볼 II

<table>
<tr><td rowspan="2">학습 목표</td><td>교과 목표</td><td colspan="3">모둠원들이 모두 풍선을 다룰 수 있으며, 다른 모둠과 함께 이름을 외우며 풍선 주고받기 활동을 할 수 있다.</td></tr>
<tr><td>인성 목표</td><td colspan="3">모둠원들과 협동할 수 있는 능력을 기르고, 소외된 학생 없이 학급 전체가 함께 할 수 있다.</td></tr>
<tr><td>학습 자료</td><td colspan="2">호루라기, 모둠별로 색이 다른 풍선 1개</td><td>학년군</td><td>3~4학년</td></tr>
<tr><td>안전</td><td colspan="4">풍선을 주고받을 때 친구들끼리 부딪히지 않도록 서로의 이름을 크게 불러 위치를 알리도록 한다.</td></tr>
<tr><td>준비 운동</td><td colspan="4">○○아 내가 간다!
• 5-6명씩 모둠을 구성하여 둥글게 선다. 한 명이 다른 친구 이름을 호명하며 풍선을 날려 보낸다. 이름이 호명된 친구는 자기 이름을 다시 한 번 부르며 풍선을 받는다. 한 학생이 5초 이상 풍선을 가지고 있을 수 없으며 한 학생이 3번 이상 풍선을 만져서도 안 된다.</td></tr>
<tr><td>활동 장면</td><td colspan="4"></td></tr>
</table>

팁과 재구성

① 같은 색의 학생끼리 모인다. 각자 1~5번의 숫자를 맡는다.

② 다음 모둠으로 넘길 때 교사는 "0번 친구의 이름을 외치며 풍선 넘기기!" 라고 구령한다.

③ 학생들은 해당 풍선 색의 0번 친구를 기억하고 찾아가 풍선을 넘겨야 한다.

수업 구조	활동
이해	▶ 킨볼 게임 이해하기 ▶ 게임활동 이해하기
체험	▶ 준비운동 ▶ 본 활동 ① 5명씩 모둠별로 둥글게 선다. 5개의 모둠도 순서대로 둥글게 선다. ② 5명은 각각 빨, 노, 초, 파, 보 중 한 가지 색을 맡는다. ③ 교사는 "오른쪽!", "왼쪽!", "징검다리 오른쪽!", "징검다리 왼쪽!" 이라 구령한다. - '징검다리' 는 한 학생을 건너뛰어 던지는 것을 의미한다. [1 → 3 (o), 1 → 2(x)] ④ 학생들은 구령에 따라 풍선을 주고받는다. ⑤ 교사는 모든 학생들이 적어도 한번 이상 풍선을 던지고 받으면 "이름 외치며 풍선 넘기기!" 라고 구령한다. ⑥ 각 모둠은 들고 있는 풍선을 오른 쪽에 있는 모둠에게 넘긴다. 넘길 때는 받는 친구의 이름을, 받을 때는 넘기는 친구의 이름을 불러야 한다. ⑦ 넘기는 학생과 받는 학생은 시작 전 해당 풍선 색을 고른 학생이다. ㉠ 빨간 색 풍선을 들고 있는 모둠이라면 빨간색을 담당한 학생이 다음 모둠의 빨간색 학생에게 넘긴다. ㉡ 한 학생이 풍선을 5초 이상 들고 있으면 안 되고, 풍선을 위로 튕기며 이동할 수 있도록 한다. ▶ 정리운동
소통	▶ 풍선을 떨어뜨리지 않고, 친구에게 실수 없이 전해 줄 수 있었던 우리 모둠의 비법은 무엇인지 적어보세요.

15 짝 카드

<table>
<tr><td rowspan="2">학습 목표</td><td>교과 목표</td><td colspan="3">두 장의 같은 카드를 빠른 시간 내에 찾을 수 있다.</td></tr>
<tr><td>인성 목표</td><td colspan="3">경쟁 속에서도 규칙을 준수하는 태도와 소통 능력을 기를 수 있다.</td></tr>
<tr><td>학습 자료</td><td colspan="2">카드2세트(한 세트 10장)</td><td>학년군</td><td>유~2학년</td></tr>
<tr><td>안전</td><td colspan="4">교실 바닥을 정리하여 학생들이 카드를 집는 도중에 손을 다치는 일이 발생하지 않도록 한다.</td></tr>
<tr><td>준비 운동</td><td colspan="4">우리의 땅을 넓히자
• 교사는 교실의 바닥에 두 가지 색의 카드를 무작위로 엎어놓고, 학생들을 두 모둠으로 나눈다. 학생들에게는 각 모둠의 색깔을 정해준다. 게임시간은 1분으로 제한하고, 1분 동안 색깔 카드 판을 뒤집어 색깔 카드 판이 많은 모둠이 이기게 된다.</td></tr>
<tr><td>활동 장면</td><td colspan="4"></td></tr>
</table>

팁과 재구성

① 카드의 종류를 다양하게 한다. 카드의 종류를 학생 수보다 다양하게 한다.

② 카드 집을 때 액션을 추가 한다. 카드를 잡을 때 한 발만 집고 하는 등의 행동을 추가할 수 있다.

수업 구조	활동
이해	▶ 경쟁 속에서도 규칙을 준수하고 긍정적으로 소통하는 방법 이해하기 ▶ 게임활동 이해하기
체험	▶ 준비운동 ▶ 본 활동 ① 교사 책상배열을 지도하고, 카드 2세트 〈10장×2〉를 바닥에 펼쳐놓는다. ② 게임을 시작할 한 모둠은 교실 가운데에 서 있고, 다른 한 모둠은 칠판 앞 쪽에 선다. ③ 교사가 호루라기로 시작을 알리고, 초시계로 시간을 측정한다. ④ 학생들은 교실 바닥에 있는 카드를 뒤집은 후에 같은 모양의 카드를 찾는다. ⑤ 카드를 찾을 때에는 "짝꿍을 찾아요."라고 말한다. ⑥ 같은 모양의 카드는 바닥에서 찾을 수도 있고, 같은 카드를 집은 친구를 찾을 수도 있다. ⑦ 두 모둠의 시간을 비교하여 짧은 시간 내에 카드 10쌍을 다 배열한 모둠이 이긴다. ▶ 정리운동
소통	▶ 그림과 같이 게임을 할 때, 좋은 점과 좋지 않은 점을 써보세요. 

16 교실 씨름

<table>
<tr><td rowspan="2">학습 목표</td><td>교과 목표</td><td colspan="3">앉거나 일어서서 씨름을 할 수 있다.</td></tr>
<tr><td>인성 목표</td><td colspan="3">너무 경쟁적으로 생각하기보다는 상대방을 배려하면서 게임에 참여함으로써 공감능력을 키울 수 있다.</td></tr>
<tr><td>학습 자료</td><td colspan="2">없음</td><td>학년군</td><td>3~6학년</td></tr>
<tr><td>안전</td><td colspan="4">힘의 세기가 다른 학생들끼리 하면 다칠 수 있으므로 힘이 비슷한 학생들끼리 게임할 수 있도록 한다.</td></tr>
<tr><td>준비 운동</td><td colspan="4">1</td></tr>
<tr><td>활동 장면</td><td colspan="4">돼지 씨름
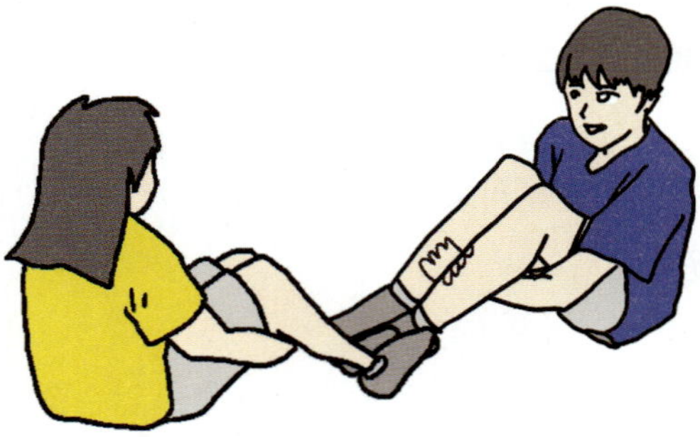
선(서서하는) 씨름
</td></tr>
</table>

수업 구조	활동
이해	▶ 지나친 경쟁을 피하는 방법에 대해 토의해보고, 상대방을 이해하는 공감능력에 대해 이야기해보기 ▶ 게임활동 이해하기
체험	▶ 준비운동 ▶ 본 활동 〈돼지 씨름〉 ① 앉아서 사진처럼 손을 엇갈려 다리를 잡는다. ② 서로 마주본 상태에서 발만 사용하여 상대를 밀어 넘어뜨린다. ③ 2:2, 3:3 또는 단체전으로 해도 좋다. 〈선(서서하는) 씨름〉 ① 일어서서 오른발을 서로 붙인다. ② 오른손을 잡고 당기고 밀기를 반복한다. ③ 발이 먼저 떨어진 학생이 지는 게임이다. ▶ 정리운동
소통	▶ 다음 문항을 읽고 자신의 생각을 써 보세요. 1. 상대방이 내 몸 쪽으로 계속 밀고 있을 때 내가 이길 수 있는 방법은 무엇인가? __________ __________ __________ __________ 2. 게임을 할 때, 지나친 경쟁심을 피하는 방법이 무엇이라고 생각하는가? __________ __________ __________ __________

17 앉은뱅이 피구

<table>
<tr><td rowspan="2">학습 목표</td><td>교과 목표</td><td colspan="3">앉은뱅이 피구를 하면서 피하는 방법과 기본 운동 능력을 기를 수 있다.</td></tr>
<tr><td>인성 목표</td><td colspan="3">경쟁적으로 생각하기보다는 상대방을 배려하며 게임을 함으로써 협동심을 키울 수 있다.</td></tr>
<tr><td>학습 자료</td><td colspan="2">피구 공</td><td>학년군</td><td>3~6학년</td></tr>
<tr><td>안전</td><td colspan="4">공을 피하기 위해 앉아있는 친구의 발을 밟을 수 있으므로 주의하도록 한다.</td></tr>
<tr><td>준비 운동</td><td colspan="4">7</td></tr>
<tr><td>활동 장면</td><td colspan="4"></td></tr>
</table>

팁과 재구성

① 럭비공을 이용하면 더 재미있게 게임을 즐길 수 있다.

② 탱탱볼을 이용하여 굴리지 않고 던져서 앉은뱅이 피구를 할 수 있다.

수업 구조	활동
이해	▶ 공을 잘 피하기 위한 방법에 대해 모둠별로 토의하기 ▶ 게임활동 이해하기
체험	▶ 준비운동 ▶ 본 활동 * 제한시간은 3분이다. ① 두 모둠으로 나눈다. 원을 그리고 공격 모둠은 원밖에 수비 모둠은 원 안으로 들어간다. ② 공격 모둠은 다리를 넓게 벌리거나 시야를 넓게 하여 공이 밖으로 나가지 않도록 한다. 공격모둠이 공을 굴린다. ③ 공은 무조건 굴린다. ④ 굴린 공에 맞으면 아웃이다. ⑤ 수비 모둠은(서있는 학생들) 아웃될 경우 한쪽에 서서 차례대로 대기한다. ⑥ 다음의 경우 수비 모둠은 아웃된 순서대로 다시 경기장 안쪽으로 들어온다. - 공이 공격 모둠의 다리 밖으로 나갈 경우 - 공이 튕길 경우 - 공을 던질 경우 ▶ 정리운동
소통	▶ 다음 문항을 읽고 자신의 생각을 작성해 봅시다. 1. 공을 잘 피하면서 게임을 이길 수 있는 방법은 무엇인가? __________ __________ __________ 2. 우리 모둠은 협동하면서 게임을 하였는지 생각해보고, 자신이 생각하는 협동의 의미를 써 보세요. __________ __________ __________

제10장

사랑을 율동으로

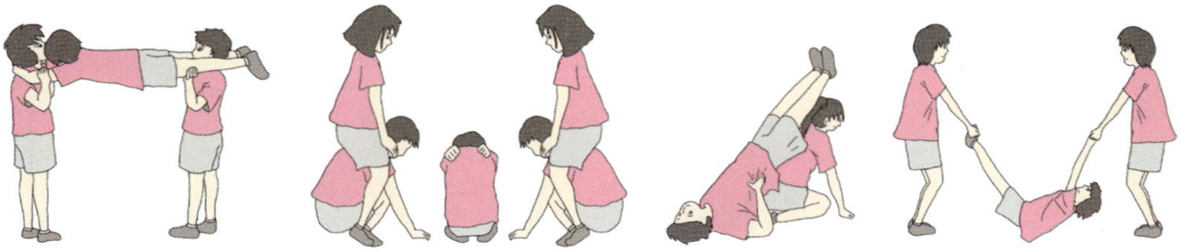

표현활동은 자신의 생각이나 느낌을 움직임으로 표현하는 신체활동이다. 표현활동은 스스로 아름다움과 즐거움을 창조할 수 있는 기회를 제공하며, 다양한 상상적 체험을 해 볼 수 있는 활동으로 초등학교에서는 신체 활동의 심미적 요소를 이해하고 창의적으로 표현하며 다양한 표현 유형과 문화적 특성을 감상하는데 초점을 두고 있다.

그 동안 초등학교에서의 표현활동은 교육과정의 취지와는 다르게 학예회나 운동회 등의 무용 발표에 초점을 맞춰 완성된 동작을 따라하는데 치중하였다. 체육교과의 그 어떤 활동보다 창의성이 발현되어야 하는 활동임에도 불구하고 창의적이지 못한 교육활동이 전개되었던 것을 자숙하며 학생 주도적인 표현활동 전개가 이루어지는데 중점을 두어야 할 것이다.

1 그대로 멈춰라

<table>
<tr><td rowspan="2">학습 목표</td><td>교과 목표</td><td colspan="3">음악에 맞춰 몸을 흔들고 멈출 수 있다.</td></tr>
<tr><td>인성 목표</td><td colspan="3">리듬에 맞춰 신체를 이완시켜보고 긍정적인 마음을 지닐 수 있다.</td></tr>
<tr><td>학습 자료</td><td colspan="2">시작 음악, 멈춤 음악</td><td>학년군</td><td>5~6학년</td></tr>
<tr><td>안전</td><td colspan="4">몸이 풀리지 않은 상태에서 과도하게 몸을 흔들면 근육과 관절에 상해를 입을 수 있다. 그러므로 준비운동을 충분히 한 후 실시한다.</td></tr>
<tr><td>준비 운동</td><td colspan="4">2</td></tr>
<tr><td>활동 장면</td><td colspan="4">
</td></tr>
</table>

팁과 재구성

모든 학생들이 스스로 과제를 해결하면서 성취감을 느낄 수 있도록 한다.

<table>
<tr><th>수업
구조</th><th>활동</th></tr>
<tr><td>이해</td><td>▶ 음악을 들으며 신체를 이완하고 마음 다스리는 방법 이해하기
▶ 게임활동 이해하기</td></tr>
<tr><td>체험</td><td>▶ 준비운동
▶ 본 활동
① 학생들에게 먼저 시작 음악과 멈춤 음악을 들려준다.
② 교실 중앙에 5명의 학생들이 원을 그리며 선다.
③ 학생들은 시작 음악이 들리면 몸을 자유롭게 흔들고, 멈춤 음악이 들리면 그대로 정지한다.
④ 이때 여러 신체 부위만을 사용하여 흔든다. 예를 들어, 팔, 머리, 다리, 엉덩이, 어깨, 무릎 등
▶ 정리운동</td></tr>
<tr><td>소통</td><td>
<table>
<tr><th>질 문</th><th>작성해 보세요.</th></tr>
<tr><td>흔드는데 어려웠던 신체 부위를 생각하고 나서 잘 움직이려면 어떻게 해야 하는지 적어보세요.</td><td></td></tr>
<tr><td>준비운동을 하지 않고 몸을 심하게 흔들면 어떻게 될지 생각해 봅시다.</td><td></td></tr>
</table>
▶ 쉬는 시간이나 방과 후에 친구들과 스마트폰으로 음악을 들으며 놀 수 있다.</td></tr>
</table>

2 따라 쟁이

<table>
<tr><td rowspan="2">학습 목표</td><td>교과 목표</td><td colspan="3">리더의 동작을 정확하게 따라할 수 있다.</td></tr>
<tr><td>인성 목표</td><td colspan="3">리더의 동작에 집중하고 따라함으로써 타인 존중감을 배울 수 있다.</td></tr>
<tr><td>학습 자료</td><td colspan="2">활동 음악</td><td>학년군</td><td>3~4학년</td></tr>
<tr><td>안전</td><td colspan="4">몸이 풀리지 않은 상태에서 몸을 흔들면 근육과 관절에 상해를 입힐 수 있다. 준비운동을 충분히 한 후 실시한다.</td></tr>
<tr><td>준비 운동</td><td colspan="4">2</td></tr>
<tr><td>활동 장면</td><td colspan="4"></td></tr>
</table>

팁과 재구성

① 리더역할을 맡은 학생이 잘 하지 못하더라도 스스로 과제를 해결하도록 기다려준다.

② 동작을 올바르게 따라한 학생을 새로운 리더로 정할 수 있다.

③ 리더가 음악을 정할 수 있게 한다.

수업 구조	활동
이해	▶ 음악에 맞춰 친구의 동작 이해하기 ▶ 게임활동 이해하기
체험	▶ 준비운동 ▶ 본 활동 ① 학생들은 책상 옆이나 교실 여기저기 흩어져 자유롭게 선다. ② 교사는 한 학생을 리더로 정한다. ③ 음악이 시작되면 리더는 다양한 동작을 하며 움직인다. ④ 팔 벌려 뛰기, 팔 돌리기, 제자리 뛰기, 무릎으로 팔꿈치 치기 등 다양한 동작을 한다. ⑤ 정해진 시간이 지나면 리더를 다시 정한다. ▶ 정리운동

소통

문 항	점 수
리더의 동작을 최선을 다해 따라하였다.	3
리더의 동작을 최선을 다해 따라하려고 하였다.	2
리더의 동작을 최선을 다해 따라하려고 하지 않았다.	1
전혀 참여하지 않았다.	0

질 문	작성해 보세요.
따라 하기 어려웠던 동작을 생각해보고 어떻게 해결하면 좋을지 써 봅시다.	

3 교실 댄스

<table>
<tr><td rowspan="2">학습 목표</td><td>교과 목표</td><td colspan="3">종이를 활용해 다양한 신체 표현을 할 수 있다.</td></tr>
<tr><td>인성 목표</td><td colspan="3">리더의 동작에 집중하고 따라함으로써 타인을 존중할 수 있다.</td></tr>
<tr><td>학습 자료</td><td colspan="2">활동 음악</td><td>학년군</td><td>3~4학년</td></tr>
<tr><td>안전</td><td colspan="4">학생들이 동작을 하기에 충분한 공간을 확보한다. 주변에 부딪힐 수 있는 모서리나 위험한 물건이 없는지 확인하도록 한다.</td></tr>
<tr><td>준비 운동</td><td colspan="4">2 13</td></tr>
<tr><td>활동 장면</td><td colspan="4"></td></tr>
</table>

팁과 재구성

① 교사가 시범보이는 다양한 동작은 다음과 같다.

- 종이를 앞뒤 옆으로 흔들기
- 허리 주변에서 종이를 미끄러뜨리기
- 음악에 맞춰 한 손으로 종이 구기기
- 음악에 맞춰 종이 공을 위로 튕기기
- 종이를 바닥에 놓고 발로 주위를 돌기
- 종이를 손가락 위에 올려놓고 돌리기
- 공을 만들어 몸의 한 부위에 던진 후 다시 잡아내기

② 템포, 비트 등 음악과 관련된 개념을 설명해준다.

③ 종이를 갖고 익숙해질 때까지 연습한 후, 공을 이용하여 게임을 할 수도 있다.

<table>
<tr><th>수업
구조</th><th>활동</th></tr>
<tr><td>이해</td><td>▶ 종이의 동작에 따라 창의적으로 사고하는 방법 이해하기
▶ 게임활동 이해하기</td></tr>
<tr><td>체험</td><td>▶ 준비운동
▶ 본 활동
① 학생들은 책상 옆에 혹은 자유롭게 교실에 흩어져서 선다.
② 교사가 종이 한 장을 보여주며 할 수 있는 동작을 보여준다.
③ 학생들은 그 동작을 창의적으로 따라한다.
▶ 정리운동</td></tr>
<tr><td>소통</td><td>
<table>
<tr><th>문 항</th><th>점 수</th></tr>
<tr><td>종이 춤에 최선을 다해 참여하였다.</td><td>3</td></tr>
<tr><td>종이 춤에 최선을 다하려고 하였다.</td><td>2</td></tr>
<tr><td>종이 춤에 최선을 다하려고 하지 않았다.</td><td>1</td></tr>
<tr><td>전혀 참여하지 않았다.</td><td>0</td></tr>
</table>
<table>
<tr><th>질 문</th><th>작성해 보세요.</th></tr>
<tr><td>종이 춤을 추면서
느낀 점을 적어보세요.</td><td></td></tr>
</table>
</td></tr>
</table>

4 무슨동작일까요

<table>
<tr><td rowspan="2">학습
목표</td><td>교과
목표</td><td colspan="3">주어진 제시어를 보고, 몸으로 재미있게 표현할 수 있다.</td></tr>
<tr><td>인성
목표</td><td colspan="3">내가 이해한 것을 상대방도 이해할 수 있게끔 창의적으로 표현할 수 있다.</td></tr>
<tr><td>학습
자료</td><td colspan="2">몸으로 말해요 게임을 하는 영상, 주제에 맞는 제시어 ppt자료</td><td>학년군</td><td>3~4학년</td></tr>
<tr><td>안전</td><td colspan="4">한 문제를 맞추고 나서 표현한 학생은 들어가고 새로운 학생이 나오는데, 이때 누가 먼저 나오는지 순서를 정하여 들어가고 나올 때 부딪히는 일이 없도록 주의한다.</td></tr>
<tr><td>준비
운동</td><td colspan="4">재미있는 표현의 달인
• 대표 학생 몇 명을 뽑아 한 명씩 앞으로 나온다. 스케치북이나 종이에 쓴 제시어를 보고 재미있게 표현한다. 나머지 학생들은 동작을 보고 제시어가 무엇인지 맞춘다. 끝나고 난 후, 대표 학생에게 어려운 점과 어떻게 하면 잘 할 수 있을지 말해보도록 한다.</td></tr>
<tr><td>활동
장면</td><td colspan="4">
</td></tr>
</table>

팁과 재구성

① 한 명이 나와서 의자에 앉는다. 나머지 학생들 중 하고 싶은 학생은 제시어가 등장하면 일어서서 표현한다. 여러 번 표현을 한 학생과 맞춘 한명에게는 혜택을 준다.

② 한 명은 제시어를 보지 않고 앉아 있고, 4명이 제시어를 몸짓으로 설명한다. 순서대로 표현하도록 지도한다.

<table>
<tr><th>수업
구조</th><th>활동</th></tr>
<tr><td>이해</td><td>▶ 몸으로 하는 의사소통 전달 이해하기
▶ 게임활동 이해하기</td></tr>
<tr><td>체험</td><td>▶ 준비운동
▶ 본 활동
① 5명으로 구성된 한 모둠이 앞으로 나온다.
② 준비된 4개의 의자에 앉고, 한명은 제시어를 설명하기 위해 모둠원과 마주보며 선다.
- 의자는 화면이 보이지 않도록 나머지 학생들을 향해 있다.
③ 화면에 있는 타이머를 누르면 설명하는 학생이 몸짓으로 제시어를 표현한다.
- 제한된 시간은 1분이다.
④ 한 문제를 맞출 때마다 설명하는 학생을 바꾼다.
㉠ 패스는 모둠별로 3번만 쓸 수 있다.
㉡ 친구 찬스를 쓸 수도 있다. 나머지 학생들 중에서 도움을 요청해 함께 표현한다. 이것은 한 번 쓸 수 있다.
⑤ 네 모둠이 활동을 마친 후, 맞은 개수를 비교하여 가장 많이 맞춘 모둠이 이긴다.
▶ 정리운동</td></tr>
<tr><td>소통</td><td>▶ 오늘의 표현왕은 누구인가요? 우리 모둠에서 뽑아봅시다.
<table><tr><th>★오늘의 표현왕★</th><th>그 이유는 무엇인가요?</th></tr><tr><td></td><td></td></tr></table></td></tr>
</table>

5 리더는 바로 '너'

<table>
<tr><td rowspan="2">학습 목표</td><td>교과 목표</td><td colspan="3">활동을 이끄는 친구를 따라할 수 있고 추측도 할 수 있다.</td></tr>
<tr><td>인성 목표</td><td colspan="3">친구들의 표정과 행동을 읽고 상대방의 마음을 공감할 수 있다.</td></tr>
<tr><td>학습 자료</td><td colspan="2">신나는 비트가 있는 음악, 느린 음악, 보통 속도의 음악</td><td>학년군</td><td>5~6학년</td></tr>
<tr><td>안전</td><td colspan="4">리더에게 다른 학생들이 따라 하기 힘든 동작, 위험한 동작을 하지 말 것을 안내한다.</td></tr>
<tr><td>준비 운동</td><td colspan="4">2인조 셔플댄스
• 2인 1조로 모둠을 만들어 마주본다. 세 걸음 정도의 간격으로 선 후 한 학생은 '따라 쟁이', 다른 한 학생은 '개성 쟁이'의 역할을 맡는다. 제자리에서 함께 10회를 뛴 후 마지막에 한 쪽 발을 내민다. 내민 발이 같으면(오른발과 오른발 또는 왼발과 왼발) 따라 쟁이가 1점을 얻고, 내민 발이 다르면 개성 쟁이가 1점을 가져간다. 한 발을 내밀기 전에 10회 뛰는 동안 음악에 맞추어 팔 돌리기, 제자리 뛰기 등의 다양한 행동과 자세를 취할 수 있다.</td></tr>
<tr><td>활동 장면</td><td colspan="4"></td></tr>
</table>

팁과 재구성

■ 리더를 두 명으로 늘려 번갈아가며 동작을 바꾼다. 술래도 3명으로 늘린다.

■ 리더가 동작을 바꾸는 횟수를 줄이거나 술래가 리더를 지목할 수 있는 횟수를 줄인다.

<table>
<tr><th>수업 구조</th><th>활동</th></tr>
<tr><td>이해</td><td>▶ 친구의 움직임을 이해하고 공감하기
▶ 게임활동 이해하기</td></tr>
<tr><td>체험</td><td>▶ 준비운동
▶ 본 활동
* 학급의 학생 수가 20명이면 술래 2명을 제외한 18명의 학생은 큰 원 모양으로 선다.
① 술래가 가운데에서 눈을 감고 있을 때 교사는 술래를 제외한 모든 학생들이 알 수 있도록 리더를 지목한다.
② 리듬이 빠르거나 보통이거나 느린 음악을 재생하고 리더는 음악의 리듬에 맞추어 제자리 뛰기, 한발로 뛰기, 머리 위로 손뼉 치기와 같은 동작을 시작한다. 나머지 학생들은 그 동작을 따라한다.
③ 술래는 눈을 뜨고 누가 동작을 바꾸고 있는 리더인지 찾아야 한다.
④ 제한 시간은 60초이고 리더는 60초 동안 5번 이상으로 동작을 바꾸도록 한다.
⑤ 술래 두 명은 상의를 할 수 있고 60초 동안 리더를 지목할 수 있는 3번의 기회가 있다.
⑥ 학생들은 자신이 리더인 것처럼 행동을 하여 리더를 숨겨야 하고, 리더는 들키지 않기 위해 다른 학생을 보며 동작을 하는 등 연기를 한다.
⑦ 술래 두 명이 리더를 맞추면 게임은 종료되고 지목된 리더와 리더의 오른쪽에 있던 학생은 술래가 된다. 술래가 리더를 맞추지 못하면 교사는 다음 게임에서 술래 2명을 새롭게 지목한다.
▶ 정리운동</td></tr>
<tr><td>소통</td><td>▶ 자신이 리더라면 다음 제시된 노래에 어울리는 동작을 그림으로 나타내고 이유를 써보세요.
<table><tr><th>노래</th><th>그림</th><th>글</th></tr><tr><td>노래 제목은 교사가 지정한다.</td><td></td><td></td></tr></table></td></tr>
</table>

6 리더를 따라 해요

<table>
<tr><td rowspan="2">학습 목표</td><td>교과 목표</td><td colspan="3">다양한 신체표현 활동을 통해 신체의 모든 부분을 고루 발달시킬 수 있다.</td></tr>
<tr><td>인성 목표</td><td colspan="3">함께 활동하는 친구들과 협동심을 기를 수 있고, 상대방과 의사소통하며 서로를 배려하는 방법을 터득할 수 있다.</td></tr>
<tr><td>학습 자료</td><td colspan="2">각종 민속 음악 음원, 호루라기</td><td>학년군</td><td>5~6학년</td></tr>
<tr><td>안전</td><td colspan="4">학생들이 서로 질서를 지켜가면서 활동을 진행할 수 있도록 해야 한다.</td></tr>
<tr><td>준비 운동</td><td colspan="4">호키포키
• 20명을 10명씩 2그룹으로 나누어 호키포키 노래에 맞춰 게임을 진행한다. 먼저 오른손을 원 안으로 넣었다 빼고, 몸을 흔든다. 다음은 왼손을 원 안으로 넣었다 빼고, 몸을 흔든다. 그 뒤 오른발, 왼발도 같은 방식으로 진행하여 게임을 진행한다. 몸 풀기 게임이므로 간단하게 2번 정도 반복하여 진행한다.</td></tr>
<tr><td>활동 장면</td><td colspan="4"></td></tr>
</table>

팁과 재구성

① 패티케이크 폴카

리더가 '폴카!' 라고 외치면, 처음 원을 만든 것처럼 9명이 바깥에 큰 원을 만들고 나머지 9명이 작은 안쪽 원을 만든다. 원을 만든 후 각각 짝을 지어 춤을 춘다. 이전 시간에 배운 포크 댄스 동작의 힐, 토, 슬라이드를 이용해 음악에 맞춰 춤을 춘 후 짝을 바꾼다. 이때 원 안쪽의 학생만 이동한다. 리더는 2명이 되고, 리더도 폴카를 추다가 짝이 바뀔 때 새로운 짝을 찾아 이동한다.

② 구스타프 스콜

리더가 "스콜!"이라 외치고 짝꿍 4커플을 지목한다. 원에서 짝꿍 4커플이 모여 8명의 학생이 모둠을 만들어 이전시간에 배운 포크댄스를 춘다. 스텝, 박수를 이용한 춤을 춘 후 로테이션 1번이 끝나면 그 모둠에서 다른 모둠을 지목한다. 다른 모둠이 한 번 더 댄스를 추고 나면 리더가 다른 동작을 지시한다.

수업 구조	활동
이해	▶ 다양한 나라의 민속 음악 이해하기 ▶ 게임활동 이해하기
체험	▶ 준비운동 ▶ 본 활동 * 한반의 학생이 21명이라 가정하고 수업을 진행한다. ① 학생들 중 리더를 선정한다. ② 리더를 제외한 나머지 20명의 학생들은 반으로 나뉘어 원을 만든다. 10명은 원의 바깥쪽에, 10명은 원의 안쪽에 선다. ③ 리더가 된 학생은 원의 안쪽에 서서 학생들이 해야 할 동작을 지시하고, 나머지 학생들은 짝꿍과 함께 리더가 지시한 동작을 음악에 맞춰 수행한다. ④ 각종 동작을 마친 후, 교사가 호루라기를 불면 리더는 다음 동작을 지시하거나 다른 학생들이 짝꿍을 바꾸게 할 수 있다. ⑤ 리더가 "당신은 당신의 친구를 사랑하십니까?" 라고 외치면, 리더를 제외한 학생들은 짝꿍을 바꾼다. 이때 원의 안쪽에 있는 학생들만 움직이며, 바로 옆에 있는 학생과 새로운 짝을 이룰 수 없다. ⑥ 짝꿍을 바꿀 때, 리더도 새로운 짝꿍을 찾아 나선다. 새로운 짝꿍을 찾지 못한 학생이 다음 리더가 된다. ⑦ 이와 같은 규칙으로 활동을 반복한다. * 리더가 지시하는 동작은 다음과 같다. ① 등을 마주대고 발을 맞추어 오른쪽 왼쪽으로 이동하기 ② 얼굴의 특정 신체부위를 맞대고 손뼉 치기 ③ 악수를 한 뒤 손을 위아래로 흔들기 ④ 한쪽 발로만 점프를 하며(hop동작) 손뼉 5번치기 등이 있다. ▶ 정리운동
소통	▶ 자기평가 (잘함 : 3, 보통 : 2, 미흡 : 1)

평가 항목	잘함	보통	미흡
1. 나는 리더의 지시를 잘 따라 동작을 수행했다.			
2. 나는 짝꿍과 호흡을 맞춰 동작을 수행했다.			
3. 나는 짝꿍을 바꿀 때 다양한 친구들과 짝을 이뤄 동작을 수행했다.			
4. 나는 적극적으로 수업에 임했다.			

7 탐정이 되어보자

<table>
<tr><td rowspan="2">학습 목표</td><td>교과 목표</td><td colspan="3">시간 내에 친구의 행동을 관찰하고, 그대로 따라 할 수 있다.</td></tr>
<tr><td>인성 목표</td><td colspan="3">친구의 동작을 주의 깊게 관찰하고 따라 하면서 친구에 대하여 더 깊게 이해할 수 있다.</td></tr>
<tr><td>학습 자료</td><td colspan="2">호루라기</td><td>학년군</td><td>5~6학년</td></tr>
<tr><td>안전</td><td colspan="4">리더의 행동을 따라 하는 것이기 때문에 시작 전에 위험한 동작을 하지 않도록 주의를 기울어야 한다.</td></tr>
<tr><td>준비 운동</td><td colspan="4">신체자석
• 책상 주위를 돌아다니며 자유롭게 노래를 부르면서 움직인다. 교사가 호루라기를 불고 신체의 한 곳을 말하면 그 부분만 책상에 붙인다. 이때 학생들이 최대한 많이 돌아다니도록 유도한다.</td></tr>
<tr><td>활동 장면</td><td colspan="4"></td></tr>
</table>

팁과 재구성

① 리더를 한 명으로 하고 셜록을 두 명으로 하여 주의 집중하여 리더를 따라 하고 학생들은 리더가 들키지 않도록 조심한다.

② 세 번의 추측 안에 리더를 맞춘다.

③ 교사가 행동 카드를 준비하여 리더에게 보여준 뒤 다양한 행동을 따라 하게 한다.

<table>
<tr><th>수업
구조</th><th>활동</th></tr>
<tr><td>이해</td><td>▶ 몸으로 대화하는 방법 이해하기
▶ 게임활동 이해하기</td></tr>
<tr><td>체험</td><td>▶ 준비운동
▶ 본 활동
* 한 학급을 20명으로 가정한다.
* 책상을 뒤 쪽으로 밀어 놓고 학생들이 자유롭게 움직일 공간을 확보한다.
① 모두 자리에 앉는다.
② 한 학생을 셜록 홈즈(술래)로 정한다.
③ 셜록홈즈는 교실을 나간다.
④ 5명을 한 모둠으로 만든 다음 그 중에 한 명을 리더로 뽑는다.
⑤ 모든 학생들이 일어선다. 모둠 내의 리더 학생이 팔 벌려 뛰기, 제자리 뛰기, 팔 돌리기, 윗몸 앞으로 굽히기, 맨 손 체조 등 다양한 신체활동을 하면 나머지 학생들이 따라서 행동한다.
⑥ 술래가 교실로 돌아와 활동을 이끌고 있는 리더들을 찾아내야 한다.
⑦ 학생들은 리더를 보지 않고 행동한다.
⑧ 술래가 리더를 찾아내면 그 학생이 새로운 셜록 홈즈가 된다.
▶ 정리운동</td></tr>
<tr><td>소통</td><td>▶ 다음 지시문을 읽고 답해보세요.
<table>
<tr><td>리더가 (다시)되면 하고 싶었던 동작은 무엇인가요?</td><td></td></tr>
<tr><td>만약 우리 반에 다리가 다친 친구가 있다면 어떻게 하겠습니까?</td><td></td></tr>
</table></td></tr>
</table>

8 왕과 신하

<table>
<tr><td rowspan="2">학습 목표</td><td>교과 목표</td><td colspan="3">친구의 행동을 관찰한 뒤 따라할 수 있다.</td></tr>
<tr><td>인성 목표</td><td colspan="3">친구의 행동을 모방하면서 신뢰감과 일체감을 느낄 수 있다.</td></tr>
<tr><td>학습 자료</td><td colspan="2">없음</td><td>학년군</td><td>5~6학년</td></tr>
<tr><td>안전</td><td colspan="4">움직임이 큰 동작을 취할 경우에 옆에 학생과 충돌할 위험이 있으므로 처음 원을 만들 때 충분한 간격을 두고 원을 만들도록 한다.</td></tr>
<tr><td>준비 운동</td><td colspan="4">따라 하기 게임
• 따라 하기에 다소 어려운 동작은 동영상을 보여주고, 10가지 동작을 똑같이 따라하게 한다. 가장 잘 따라한 학생은 본 게임에서 술래인 바보가 된다.</td></tr>
<tr><td>활동 장면</td><td colspan="4">
</td></tr>
</table>

팁과 재구성

왕을 돕는 신하 역할 2명을 만들어 왕보다 먼저 행동을 취하게 하여, 바보의 시선을 빼앗는다. 일반 학생들 또한 신하의 행동을 따라하면 안되므로 더 높은 집중력이 요구된다.

수업 구조	활동
이해	▶ 친구와의 신뢰를 높일 수 있는 방법 이해하기 ▶ 게임활동 이해하기
체험	▶ 준비운동 ▶ 본 활동 * 왕에게만 시선이 집중되면 신하가 왕을 맞추기 쉽기 때문에 되도록이면 학생들의 시선은 정면을 향하도록 한다. ① 술래인 신하를 제외한 모든 학생은 원을 만든다. ② 원을 만든 친구들 중에서 왕을 한 명 뽑는데, 신하 혼자 왕이 누군지 모르게 한다. ③ 왕이 어떤 동작을 취하거나 움직일 때마다 다른 학생들은 다 똑같이 따라한다. ④ 신하는 친구들 중에 누가 왕인지(동작을 처음 하는 학생이 누구인지) 알아 맞혀야 한다. ⑤ 신하가 왕을 알아맞히면 왕이었던 친구는 신하가 된다. ▶ 정리운동
소통	▶ 문항 1 왕 역할 친구의 행동을 따라하면서 어떤 기분이 들었는지 생각해 봅시다. 집에서 가족들에게 기쁨을 주기 위해 내가 할 수 있는 동작에는 어떤 것들이 있을까요? ▶문항 2 왕 역할, 신하역할 중 어려웠던 역할은 무엇이었나요. 만약, 하지 않았다면 어려워 보이는 역할은 무엇인가요? 왜 그렇게 생각했는지도 적어봅시다.

9 위험해 위험해

<table>
<tr><td rowspan="2">학습 목표</td><td>교과 목표</td><td colspan="3">눈을 가리고, 친구들이 내는 소리만으로 신체를 움직일 수 있다.</td></tr>
<tr><td>인성 목표</td><td colspan="3">신체 한 부위를 못 쓰는 것이 어떤 불편함을 주는지 체험함으로써 타인의 불편함을 이해할 수 있다.</td></tr>
<tr><td>학습 자료</td><td colspan="2">안대 2개</td><td>학년군</td><td>5~6학년</td></tr>
<tr><td>안전</td><td colspan="4">눈이 안 보이는 상태에서 뛰다가 안전사고가 일어날 수 있으므로 빠른 걸음까지만 가능하도록 규칙을 정한다. 놀이용 매트가 있다면 깔아주는 것이 좋다.</td></tr>
<tr><td>준비 운동</td><td colspan="4">넌 나의 눈.
• 안전을 위해 세 명씩 짝을 지어 한 명의 눈을 가린다. 눈을 가린 학생이 가운데 서며 양 옆에 눈을 가리지 않은 학생 두 명이 선다. 양 옆의 학생은 가운데 학생에게 장애물의 구조를 설명해주거나 부축하여 장애물 코스를 통과해야 한다.</td></tr>
<tr><td>활동 장면</td><td colspan="4">
</td></tr>
</table>

팁과 재구성

공간이 넓을수록 사자와 토끼의 술래잡기가 어려워진다. 22명의 학생이 큰 사각형을 만들고 같은 활동을 진행한다.

수업 구조	활동
이해	▶ 눈이 보이지 않으면 불편한 점 이해하기(시각장애인 이해하기) ▶ 게임활동 이해하기
체험	▶ 준비운동 ▶ 본 활동 ① 각 모둠은 사각형 형태의 링을 만든다. ② 구성원 중 두 명을 뽑아 사냥꾼과 토끼가 된다. ③ 사냥꾼과 토끼 모두 안대를 착용한다. ④ 원 안에서 토끼는 사냥꾼을 피해 도망 다니고, 사냥꾼은 토끼를 잡아야 한다. ⑤ 이때 사각형을 이루고 있는 구성원들은 "위험해 위험해"라고 하며 반복적인 소리를 내준다. ⑥ 토끼와 사냥꾼이 가까워지면 소리를 크고 빠르게 내고, 멀어질수록 천천히 작게 낸다. ⑦ 사냥꾼이 토끼를 잡으면 놀이는 끝난다. 다른 두 명이 새로운 사자와 토끼가 된다. ▶ 정리운동
소통	▶ 문항 1 신체 중 일부가 불편했던 경험이 있었다면 적어봅시다. _____ _____ _____ ▶ 문항 2 오늘 활동 중 내가 잘했던 점과 못했던 점을 적어보고, 다음에 비슷한 활동이 있다면 어떻게 참여할지 생각해봅시다. _____ _____ _____ _____

10 너와 나의 공통점

<table>
<tr><td rowspan="2">학습 목표</td><td>교과 목표</td><td colspan="3">여러 주제어를 몸으로 흉내 내어 보고, 짝과 각자의 몸동작을 비교하여 흉내 낸 동작을 맞출 수 있다.</td></tr>
<tr><td>인성 목표</td><td colspan="3">짝과 함께 활동하여 협동심을 기르고, 상호작용을 통하여 친밀감을 높일 수 있다.</td></tr>
<tr><td>학습 자료</td><td colspan="2">제시어를 적은 A4용지, 제시어 1개당 그것에 관련된 몸동작을 그린카드 3장</td><td>학년군</td><td>유~2학년</td></tr>
<tr><td>안전</td><td colspan="4">이 게임에서는 앞에 나가서 활동을 하는 모둠원이 아니면, 반 전체 인원이 움직이는 상황이 발생하지 않으므로 안전규칙을 설정하기보다는 게임 중에 수업분위기가 소란스러워지지 않도록 한다.</td></tr>
<tr><td>준비 운동</td><td colspan="4">10</td></tr>
<tr><td>활동 장면</td><td colspan="4">
</td></tr>
</table>

팁과 재구성

① 모둠원의 숫자를 늘린다. 3, 4명 등으로 학생 숫자를 구성하여 난이도를 높인다.

② 제시어와 관련된 몸동작 카드의 수를 늘린다.

수업 구조	활동
이해	▶ 친구와 말이 아닌 행동으로 대화하며 친구의 마음 이해하기 ▶ 게임활동 이해하기
체험	▶ 준비운동 ▶ 본 활동 ① 학생들은 모두 일어선다. ② 자신의 짝과 한 모둠을 이루어 마주선다. 그리고 지원하는 한 팀이 앞으로 나온다. ③ 앞에 나온 모둠은 제시어가 적힌 용지들 중 1개를 고른다. 학생이 고른 제시어 카드와 그 제시어에 관련된 몸동작을 그린카드 3장을 학생들에게 보여준다. ④ 3장의 제시어에 관련된 몸동작 카드를 보고, 학생들은 짝과 상의하지 않은 채, 그 중 하나의 몸동작을 골라 몸으로 표현한다. ⑤ 동시에 몸동작을 한 뒤, 둘의 동작을 비교한다. 같은 동작을 하였으면 2점, 다른 동작을 하였으면 1점을 받는다. ⑥ 일정 점수를 얻을 때까지 게임을 계속 하고, 게임이 끝나면 다시 지원 모둠을 뽑아서 계속 진행한다. ▶ 정리운동
소통	▶ '나만의 제시어' 를 만들어 봅시다. 또 그 제시어에 맞는 그림 카드 3장을 만들어봅시다. 나만의 제시어 이유

11 사랑을 율동으로

<table>
<tr><td rowspan="2">학습 목표</td><td>교과 목표</td><td colspan="3">노래를 듣고 사랑이라는 단어가 나올 때 마다 본인이 지정한 율동을 할 수 있다.</td></tr>
<tr><td>인성 목표</td><td colspan="3">사랑이라는 단어를 몸으로도 표현해봄으로서 감정의 다양한 표현방법을 익힐 수 있다.</td></tr>
<tr><td>학습 자료</td><td colspan="2">'사랑'이라는 단어가 많이 나오는 노래(싹트네, 사랑해요 이 한마디 참 좋은 말, 당신은 사랑받기 위해 태어난 사람 등)</td><td>학년군</td><td>유~2학년</td></tr>
<tr><td>안전</td><td colspan="4">준비활동이나 변형활동에서 앉았다 일어날 때에만 학생들이 넘어지지 않도록 지도한다.</td></tr>
<tr><td>준비 운동</td><td colspan="4">손들어
• 교사가 들려주는 이야기를 듣고 사전에 이야기한 특정한 단어가 나올 때마다 학생들은 손을 든다.</td></tr>
<tr><td>활동 장면</td><td colspan="4"></td></tr>
</table>

팁과 재구성

① 한국노래가 아닌 영어노래를 들려주며, 여기서 G(알파벳은 다양하게 선택 가능하다)로 시작하는 단어가 나올 때마다 율동을 한다.

② 짝꿍끼리 한 모둠을 정한 후, 사랑이라는 노래가 나올 때마다 같이 일어나서 미리 정한 율동을 해야만 점수로 인정한다. 높은 점수를 획득한 모둠이 승리한다.

수업 구조	활동
이해	▶ 부모님과 형제, 친구를 사랑하는 마음 이해하기 ▶ 게임활동 이해하기
체험	▶ 준비운동 ▶ 본 활동 ① 2명씩 짝이 될 수 있도록 책상 배열을 만든다. ② 먼저 짝끼리 의논하여 '사랑'이라는 노래가 나올 때 어떤 율동을 할 것인지 정한다. ③ 노래를 한 번 듣고 홀수 번째는 오른쪽 학생이 그리고 짝수 번째는 왼쪽 학생이 번갈아가면서 활동을 한다. ④ 율동을 할 때 교사는 학생이 짝과 다른 친구들 그리고 교사를 향해 사랑 표현을 할 수 있도록 유도한다. ⑤ 노래는 총 4곡이 준비되어 있는데, 그 순서는 '사랑'이라는 단어가 나오는 빈도에 따라 점점 수준을 높인다. ⑥ 오른쪽에 있는 학생들이 한 모둠이고, 왼쪽에 있는 학생들이 한 모둠이다. 그래서 각자의 짝꿍이 틀린 횟수를 모둠 전원이 다 합하여, 그 점수가 더 낮은 모둠이 승리하게 된다. ⑦ 활동 후 짝과 함께 다른 학생들의 율동을 자신들의 율동과 비교하며 다양한 표현 방법에 대해 이야기 해보도록 한다. ▶ 정리운동
소통	▶ 오늘 활동을 통해 알게 된 '사랑'을 표현하는 율동을 3가지 이상 적고, 이 중에서 가장 해보고 싶은 율동이 무엇인지 그리고 그 이유를 쓰시오.

12 소고춤 ①(소고춤 소개하기)

<table>
<tr><td rowspan="2">학습 목표</td><td>교과 목표</td><td colspan="3">세계 여러 나라의 민속 무용을 감상하고 소고춤을 소개하는 신문을 만들 수 있다.</td></tr>
<tr><td>인성 목표</td><td colspan="3">우리나라의 전통과 문화에 대해 아름다움을 느끼고 소중히 여기는 태도를 간직할 수 있다.</td></tr>
<tr><td>학습 자료</td><td colspan="2">동영상, PPT자료, 도화지, 사인펜, 색연필</td><td>학년군</td><td>5~6학년</td></tr>
<tr><td>활동 장면</td><td colspan="4"></td></tr>
</table>

팁과 재구성

① 세계 여러 나라의 민속 무용을 서로 비교해볼 수 있다.

② 신문을 만들 때 단순한 글로 소개하는 것이 아니라 창의적인 방법을 생각하여 신문을 만들 수 있다.

수업 구조	활동
이해	▶ 다양한 동영상 자료를 활용하여 민속 무용 활동에 관심을 가질 수 있도록 지도한다. - 세계 여러 나라의 민속 무용 동영상을 감상한다. - 민속 무용이란 무엇인지 자신의 생각을 발표한다.
체험	▶ 활동1 : 세계 여러 나라의 민속 무용 알아보기 - 우리나라의 민속 무용인 소고춤과 탈춤에 대해 알아본다. - 외국의 민속 무용의 특징과 종류에 대해 알아본다. ▶ 활동2 : 모둠별로 소고춤을 소개하는 신문 만들기 - 모둠 내에서 각자의 역할을 분배한다. - 모둠원들이 서로 협력하여 소고춤을 소개하는 신문을 만들어본다. ▶ 활동3 : 모둠별로 만든 신문을 발표하고 다른 모둠의 신문 평가하기 - 모둠별로 만든 신문을 발표한다. - 다른 모둠의 발표를 듣고 평가해본다.
소통	▶ 자기평가 및 민속 무용에 대한 자기 생각 발표하기 - 모둠활동 시 자신의 역할에 대해 기록하고 스스로 평가해본다. - 민속 무용을 배우고 난 후 새롭게 느끼게 된 우리나라 문화의 소중함에 대해 자유롭게 발표한다.

13 소고춤 ②(소고치며 달리기)

<table>
<tr><td rowspan="2">학습 목표</td><td>교과 목표</td><td colspan="3">다양한 소고춤 걷기 방법을 이해하고 느낌을 살려 표현할 수 있다.</td></tr>
<tr><td>인성 목표</td><td colspan="3">모둠별로 릴레이를 하면서 협동심을 기르고, 모둠 내에서 적극적이고 능동적으로 참여하는 태도를 기를 수 있다.</td></tr>
<tr><td>학습 자료</td><td colspan="2">소고(1명당 1개씩), 소고춤의상(체육복), 자진모리장단 음악</td><td>학년군</td><td>5~6학년</td></tr>
<tr><td>안전</td><td colspan="4">소고에 집중하다가 장애물을 발견하지 못해 다칠 수 있으므로 속도를 천천히 하여 움직일 수 있도록 지도한다.</td></tr>
<tr><td>준비 운동</td><td colspan="4">7</td></tr>
<tr><td>활동 장면</td><td colspan="4"></td></tr>
</table>

팁과 재구성

① 자진모리장단의 구음을 부르면서 경주를 한다.

② 소고를 치면서 경주를 한다. 소고를 치는 방법은 자유롭게 하되, 네 박에 한 번씩 칠 수 있도록 한다.

수업 구조	활동
이해	▶ 소고춤의 기본 장단인 자진모리장단의 음악을 들으며 자유롭게 걸어보기
체험	▶ 준비운동 ▶ 본 활동 ① 릴레이 경주를 하기 전에 교사는 출발선을 직선으로 표시하여 놓는다. ② 반환점을 돌 때에 학생들이 서로 부딪히지 않도록 간격을 충분히 넓혀 놓는다. 또한 네 번을 돌아와야 하는 경주이기 때문에 출발선부터 반환점의 거리는 너무 멀지 않도록 조정한다. ③ 학생들은 처음에 발바닥의 뒤꿈치부터 닿는 재근재근 걷기만을 통해 한 바퀴를 돌아와야만 한다. 이때 잘못된 걷기 방법을 쓰지 않도록 교사가 중간에서 점검을 하는 것이 중요하다. ④ 학생들은 다른 모둠이 올바른 방법으로 걷기를 하고 있는지 서로 보고 있기 때문에 걷기의 방법을 익힐 수 있다. ⑤ 한 바퀴를 돈 주자가 출발선 안에 있는 다른 주자의 손바닥을 치면 다음 주자가 출발할 수 있다. 이렇게 모든 모둠원들이 출발선 안으로 들어온 모둠이 우승하게 된다. ⑥ 같은 방법으로 사뿐사뿐 걷기, 거듭 뛰기, 옆으로 뛰기로도 경주를 펼친다. 총 네 번의 경기를 합산하여 가장 많이 우승한 모둠이 최종 우승 모둠이 된다. ▶ 활동 1 : 소고춤 기본 걸음으로 릴레이하기 ① 교사의 시범을 보고 걷는 법(재근재근 걷기, 사뿐사뿐 걷기, 거듭 뛰기, 옆으로 뛰기)을 연습한다. ② 4명씩 6모둠을 지어 모둠별로 릴레이 형식을 통해 재근재근 걷기로 반환점을 돌아서오는 경주를 한다. ③ 동일한 방법으로 다른 걷기를 통해서도 경주를 펼친 후, 승점이 가장 높은 모둠이 최종 우승하게 된다. ▶ 활동 2 : 소고 바르게 잡는 법 배우기 ① 오른손에 소고 채를 잡고 왼손에 소고를 쥐게 한다. ② 왼손 엄지로 소고의 앞부분을 잡고 검지와 중지로 소고의 뒷부분을 받치며 가볍게 치도록 지도한다. ▶ 활동 3 : 소고를 다양하게 쳐보기 ① 위에서 아래로, 아래에서 위로 쳐보면서 어떻게 다른지 자유롭게 이야기해보도록 한다. ② 소고의 북면을 쳤을 때와 옆면을 쳤을 때의 소리는 어떻게 다른지 자유롭게 이야기해보도록 한다. ③ 다르게 칠 수 있는 방법은 없는지 생각해보도록 한다. ▶ 정리운동
소통	▶ 가장 재미있었던 걷는 방법과 치는 방법을 이야기 해보세요.

14 소고춤 ③(얼쑤~ 놀아보자)

<table>
<tr><td rowspan="2">학습 목표</td><td>교과 목표</td><td colspan="3">수업 시간에 배운 다양한 기본 움직임을 몸소 익히고 이를 연결하여 16박의 소고춤을 출 수 있다.</td></tr>
<tr><td>인성 목표</td><td colspan="3">소고춤을 추고, 경로를 만들어 보며 소고와 소고춤에 대해 친숙함을 느끼고 흥미를 간직할 수 있다.</td></tr>
<tr><td>학습 자료</td><td colspan="2">소고(1명당 1개씩), 소고춤 의상(체육복), 꽹과리나 장구 장단소리</td><td>학년군</td><td>5~6학년</td></tr>
<tr><td>안전</td><td colspan="4">소고춤을 출 때 간격을 고려해야 소고나 채로 서로 치는 일이 생기지 않는다.</td></tr>
<tr><td>준비 운동</td><td colspan="4">7 8</td></tr>
<tr><td>활동 장면</td><td colspan="4">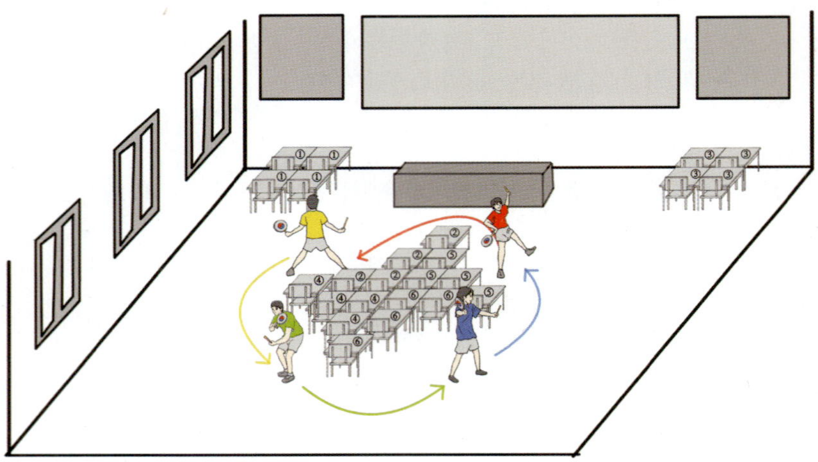</td></tr>
</table>

팁과 재구성

① 나만의 동작을 만들어 발표해보자. 주어진 4가지의 동작 말고, 자신만의 동작을 만들어 발표해 보고, 다함께 해본다.

② 다른 장단에 맞추어 보자. 연결된 동작을 제시한 자진모리장단 외에 다른 장단에 맞추어 본다.

수업 구조	활동
이해	▶ 전 차시 내용을 복습하고 소고채로 자유롭게 두드려 소리 내 보기
체험	▶ 준비운동 ▶ 본 활동 ① 소고로 장단 치며 걸어 보기 2박에 한 번 치며 디디기: 4박자동안 발동작은 한 반자씩 발뒤꿈치부터 바닥에 디딤하고, 팔 동작은 1~2 박자에서는 소고를 위에서 아래로 치고 양팔을 벌리고 2~4박자에서는 소고를 아래에서 위로 치고 양팔을 벌린다. ② 소고 치며 앉아 뛰기 첫 박에 소고를 위에서 아래로 치면서 오른쪽 다리를 앞으로 뻗고 왼쪽 다리로 지탱하며, 두 번째 박자에서 양팔을 벌린 채 왼발로 뛰며 다시 일어선다. ③ 방향 바꾸기 1 첫 박에 소고를 치며 오른발을 디디고, 두 번째 박자에 양팔을 위로 들며 시계 반대 방향으로 몸을 회전시켜 오른발로 뛰고 왼발을 무릎 세워 들어올린다. ④ 방향 바꾸기 2 소고를 잡은 손과 소고 채를 잡은 손의 방향이 엇갈리도록 밀어 치며(가슴 앞에서 소고를 치고, 친 후에 왼손이 위로 가면 오른손이 아래로 향함.) 왼손이 위로 갈 때에는 왼쪽으로 방향을 바꾸고, 오른손이 위로 갈 때에는 오른쪽으로 방향을 바꾼다. ▶ 활동1 : 기본동작 익히기 (위의 4가지 동작 연습하기) ▶ 활동2 : 모둠별로 16박에 맞춰 동작 연결해보기 - 활동1에서 배운 기본동작을 이용하여 연결된 동작을 16박에 맞추어 춰본다. ▶ 활동3 : 모둠별로 경로를 짜고 학습지를 작성한다. ▶ 정리운동
소통	▶ 오늘 수업에서 느낀 점 등을 자유롭게 발표해보기

15 소고춤 ④ (날 따라오세요)

<table>
<tr><td rowspan="2">학습 목표</td><td>교과 목표</td><td colspan="3">장단에 맞추어 다양한 경로를 따라 소고를 치면서 이동할 수 있다.</td></tr>
<tr><td>인성 목표</td><td colspan="3">소고를 이용해 다양한 활동을 하면서 우리 음악에 대한 친근함을 느낄 수 있다.</td></tr>
<tr><td>학습 자료</td><td colspan="2">소고(1명당 1개씩), 소고춤 의상(체육복), 꽹과리나 장구 장단소리</td><td>학년군</td><td>5~6학년</td></tr>
<tr><td>안전</td><td colspan="4">소고춤을 출 때 간격을 고려해야 소고나 채로 서로 치는 일이 생기지 않는다. 꼬리 물기 활동을 할 때 지나치게 빠르거나 느리게 이동하여 다른 학생의 진로를 방해하는 일이 없도록 한다.</td></tr>
<tr><td>준비 운동</td><td colspan="4">1 3</td></tr>
<tr><td>활동 장면</td><td colspan="4"></td></tr>
</table>

팁과 재구성

① 학습한 동작을 꼬리 물기로 활동할 때에 주어진 장단 이외에도 빠르기의 변화를 주어 박자와 동작을 유연하게 연결할 수 있도록 한다.

② 새로 배운 것뿐만 아니라 모둠별로 창의적인 동작을 만들어 프로그램 구성에 적용할 수 있도록 한다.

수업 구조	활동
이해	▶ 제자리에서 소고를 치는 방법 이외에 다른 방법은 무엇이 있을지 생각해보기
체험	▶ 준비운동 ▶ 본 활동 ▶ 활동1 : 소고를 치면서 이동하기 ① 소고를 치면서 이동하는 다양한 방법들을 배워본다. ② 일자형으로 이동하기, S자 형으로 이동하기, 달팽이 형으로 이동하기 ▶ 활동2 : 일렬로 서서 꼬리를 물며 이동하기 ① 교사의 뒤를 따라 일렬로 서서 소고를 치면서 이동한다. ② 박자를 빠르게, 느리게 조절하면서 다양한 장단에 맞추어 이동해본다. ▶ 활동3 : 이전 차시에서 만든 경로를 배운 것을 사용하여 고쳐보기 ① 5명씩 5모둠으로 둥글게 앉아서 토의한다. ② 단순한 동작뿐만 아니라 창의적인 이동 경로를 사용하여 프로그램을 재구성한다. ▶ 정리운동 - 조용한 장단에 맞추어 천천히 호흡하고 몸을 풀어준다.
소통	▶ 이번 차시 활동한 내용에 대하여 어려운 점, 좋았던 점 등을 자유롭게 발표해보기

16 소고춤 ⑤(날 좀 보소, 날 좀 보소)

<table>
<tr><td rowspan="2">학습 목표</td><td>교과 목표</td><td colspan="3">수업시간에 배운 소고춤 동작을 이용하여 프로그램을 구성하고 이를 장단에 맞추어 공연할 수 있다.</td></tr>
<tr><td>인성 목표</td><td colspan="3">소고춤 발표를 하면서 학생들 앞에서 공연하는 것에 대해 부담감을 줄이고 자신감을 가질 수 있다.</td></tr>
<tr><td>학습 자료</td><td colspan="2">소고(1명당 1개씩), 소고춤 의상(체육복), 꽹과리나 장구 장단소리, 평가표(개인별)</td><td>학년군</td><td>5~6학년</td></tr>
<tr><td>안전</td><td colspan="4">교사는 학생과 학생 사이의 간격을 유지할 수 있도록 지도하여 소고로 주변 학생들을 치는 일이 없도록 주의해야 한다.</td></tr>
<tr><td>준비 운동</td><td colspan="4">1 3</td></tr>
<tr><td>활동 장면</td><td colspan="4">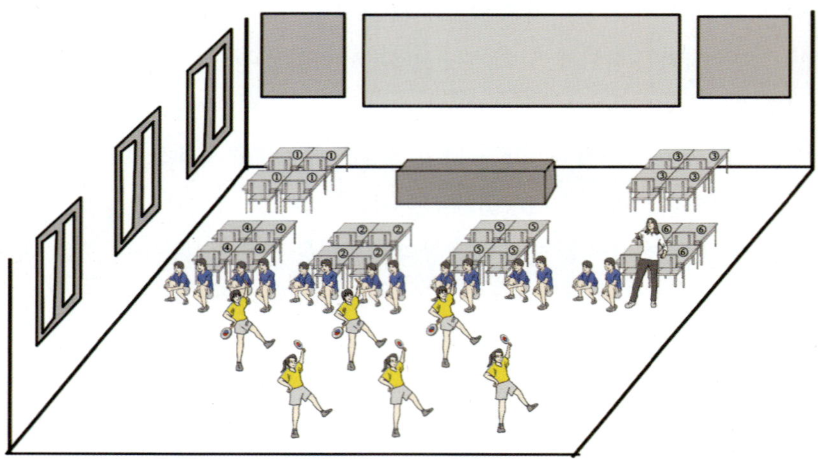</td></tr>
</table>

팁과 재구성

활동 1에서 모둠별로 발표연습을 할 때, 같은 16박이지만 빠르기를 달리한 음악을 틀어주어 구성한 프로그램을 빠르기에 맞춰 빠르거나 느리게 공연해 볼 수 있도록 지도한다.

<table>
<tr><th>수업 구조</th><th>활동</th></tr>
<tr><td>이해</td><td>▶ 전 차시에서 배웠던 동작들을 장단에 맞추어 혼자, 파트너와 함께 해보며 동작 이해하기</td></tr>
<tr><td>체험</td><td>▶ 준비운동
▶ 본 활동

▶ 활동 1 : 모둠별로 연습하기
- 이전 차시에서 모둠별로 구성한 프로그램을 함께 연습한다.

▶ 활동 2 : 모둠별로 창의적으로 꾸민 소고춤을 친구들 앞에서 발표하기
① 발표자가 아닌 학생들은 미리 나눠준 평가표를 작성하면서 감상한다.
② 다른 모둠이 발표할 때 지켜야 할 예절을 상기시킨다.
③ 친구들의 공연을 관람하면서 좋다고 생각되는 점, 느낀 점 등을 메모해 두었다가 감상문 학습지를 작성할 때 활용하도록 지도한다.

▶ 활동 3 : 발표를 한 소감을 친구들과 이야기하기
① 무대 및 의상을 정리시키고, 공연을 감상할 때 작성해 놓은 메모를 바탕으로 ‘잘했다’, ‘부족하다’ 와 같은 단순한 감상소감보다는 다른 모둠이 소고춤 출 때의 느낌, 기본 움직임, 예절, 잘한 점 등 다양한 관점에서 감상문을 작성하게 한다.
② 소고춤의 문화적인 측면도 생각하여 감상문을 작성하게 함으로써 우리 전통문화에 대한 바른 인식을 가질 수 있도록 지도한다.
③ 발표자가 되었던 경험, 친구들의 공연을 감상한 경험 등을 자유롭게 발표해본다.
▶ 정리운동
- 간단한 스트레칭을 하면서 정리운동하기</td></tr>
<tr><td>소통</td><td>▶ 이번 차시 활동한 내용에 대하여 어려운 점, 좋았던 점 등을 자유롭게 발표해보기</td></tr>
</table>

17 멋진 조각가가 되어보자

<table>
<tr><td rowspan="2">학습 목표</td><td>교과 목표</td><td colspan="3">얼굴의 표정과 팔, 다리를 모두 사용하여 다양한 감정을 표현할 수 있다.</td></tr>
<tr><td>인성 목표</td><td colspan="3">친구의 몸을 움직여보는 활동을 통해 협동심을 기르고, 다양한 감정을 표현해 봄으로써 감정을 순화할 수 있다.</td></tr>
<tr><td>학습 자료</td><td colspan="2">거울, 짧은 상황극 대본 5개, 즉흥극에 필요한 책상과 의자 각각 3개씩 등</td><td>학년군</td><td>3~4학년</td></tr>
<tr><td>안전</td><td colspan="4">활동 시 한 학생이 누울 수 있을 만한 공간을 가질 수 있도록 해주는 것이 바람직하며, 심화 활동을 할 때에는 5인의 행동반경을 충분하게 확보해 주는 것이 중요하다.</td></tr>
<tr><td>준비 운동</td><td colspan="4">2 3</td></tr>
<tr><td>활동 장면</td><td colspan="4"></td></tr>
</table>

팁과 재구성

① 표현 대상을 단어에서 상황으로 확장한다.

② 행동과 감정을 동시에 상상해서 표현하도록 한다.

<table>
<tr><th>수업 구조</th><th>활동</th></tr>
<tr><td>이해</td><td>▶ 상대방 감정의 소중함과 공감하는 마음 이해하기</td></tr>
<tr><td>체험</td><td>▶ 준비운동
▶ 본 활동
* 학생들을 2인 1조나 3인 1조로 구성한다.
① 교사가 기쁨, 슬픔, 외로움, 절망, 설렘 등의 감정 중 하나를 제시하면 각 모둠의 한 학생이 다른 학생의 몸을 움직여 감정을 표현한다. 3인 1조에서는 한 명이 나머지 두 명을 조각하도록 한다.
② 조각이 되는 학생은 몸에 힘을 주지 않고 조각가가 조각하는 대로 따라주어야 한다.
③ 조각의 자세는 앉기, 서기, 눕기, 엉거주춤하기 등 다양하게 할 수 있음을 알려준다.
④ 얼굴 표정도 자유롭게 나타낼 수 있다.
⑤ 다양한 생각과 시도를 할 수 있도록 시간을 충분히 준다.
⑥ 조각의 특징은 팔과 다리 같은 부분을 이동시킬 수는 있지만, 몸 전체가 이동하지 않는다는 것이다.
⑦ 정해진 시간이 끝나면 모둠별로 조각을 앞으로 데려와서 학생들 앞에서 발표한다. 이렇게 표현한 이유도 함께 말한다. 이때 학생들에게 가장 재미있는 조각으로 뽑힌 모둠에게는 보상을 준다.
⑧ 조각과 조각가의 역할을 바꾸어 시행해서 모두가 한 번씩 각각의 역할을 해볼 수 있게 한다.
▶ 정리운동</td></tr>
<tr><td>소통</td><td>▶ '멋진 조각가가 되어보자' 활동을 통해 몸으로 대상을 표현하면서 자신이 잘한 점이나 부족했다고 생각하는 점을 쓰고, 활동을 돌아보며 눈에 보이는 대상과 눈에 보이지 않는 감정을 표현하는 것이 어떻게 다른지 자신의 생각을 써봅시다.
<table><tr><th>잘한 점 또는 부족했던 점</th><th>눈에 보이는 대상과 눈에 보이지 않는 감정을 표현하는 것의 차이</th></tr><tr><td></td><td></td></tr></table></td></tr>
</table>

18 우리 반 댄싱 왕

<table>
<tr><td rowspan="2">학습 목표</td><td>교과 목표</td><td colspan="3">주제에 맞도록 다양한 표현을 구상하여 이를 신체로 표현할 수 있다.</td></tr>
<tr><td>인성 목표</td><td colspan="3">모둠 창작 활동을 통해 창의력을 함양하고, 책임감 및 협동심을 기를 수 있다.</td></tr>
<tr><td>학습 자료</td><td colspan="2">주제 표현을 위한 소품(의상, 책상, 의자, 가방, 배경음악 등), 캠코더(교사가 준비)</td><td>학년군</td><td>3~4학년</td></tr>
<tr><td>안전</td><td colspan="4">위험한 동작은 넣지 않도록 지도하고, 안무 중 큰 동작이 있을 경우 안전거리를 유지할 수 있도록 지도한다.</td></tr>
<tr><td>준비 운동</td><td colspan="4"></td></tr>
<tr><td>활동 장면</td><td colspan="4">

〈활동장면 예시 – 수업시간의 모습〉</td></tr>
</table>

<table>
<tr><th>수업 구조</th><th>활동</th></tr>
<tr><td>이해</td><td>▶ 주제 표현을 토의하기 위해 모둠원들이 해야 할 역할에 대해 이해하기</td></tr>
<tr><td>체험</td><td>▶ 본 활동
① 교사는 학생들에게 주제 발표하는 방법을 설명한다.
② 모둠별로 상황에 적합한 안무를 구상한다.
㉠ 2분 이내로 표현할 수 있는 동작을 창작해야 한다.
㉡ 배경음악, 도구 등은 자유롭게 선택하고 배경음악의 경우 교사에게 알려 발표 전 준비될 수 있도록 한다.
③ 순서대로 모둠별 발표를 하여 하나의 작품을 완성한다.
④ 교사가 촬영한 영상을 다시 보며 잘한 점, 아쉬운 점 등에 대한 이야기를 하면서 성찰의 시간을 갖는다.
<table>
<tr><th colspan="3">※ 주제 발표 방법 ?</th></tr>
<tr><td colspan="3">• 하나의 주제나 에피소드를 선택하여 그것을 표현할 수 있는 동작을 창작한다. 단, 한 모둠이 하나의 에피소드를 다 표현하는 것이 아니라 다섯 모둠이 하나의 에피소드를 5부분으로 나누어 표현하도록 한다.
• 모둠별 창작활동이 끝나면 차례대로 발표하며 하나의 주제를 완성시킨다.</td></tr>
<tr><td rowspan="4">예시</td><td colspan="2">대주제 : 학교에서의 하루</td></tr>
<tr><td>소주제 1 (1모둠) : 등교하는 모습
- 학교가기 위해 준비하는 동작
- 친구와 함께 등교하는 동작</td><td>소주제 2 (2모둠) : 수업시간의 모습
- 열심히 수업에 참여하는 동작
- 친구와 몰래 떠드는 동작</td></tr>
<tr><td>소주제 3 (3모둠) : 쉬는 시간 모습
- 친구들과 게임하는/ 이야기 하는 동작</td><td>소주제 4 (4모둠) : 점심시간의 모습
- 급식 받기 위해 준비하는 동작(책상정리, 손 씻기, 줄서기 등)</td></tr>
<tr><td colspan="2">소주제 5 (5모둠) : 하교하는 모습</td></tr>
</table>
</td></tr>
<tr><td>소통</td><td>▶ 발표가 끝나면 자기 및 동료 평가표를 작성하며 잘한 점 및 아쉬운 점, 개선할 점 등에 대해 스스로 생각해보고 전체적으로 의견을 나누는 시간을 갖는다.</td></tr>
</table>

19 신체표현 1단계

<table>
<tr><td rowspan="2">학습 목표</td><td>교과 목표</td><td colspan="3">여러 가지 요소에 따라 움직임을 다양하게 표현할 수 있다.</td></tr>
<tr><td>인성 목표</td><td colspan="3">몸을 자유자재로 사용해보며, 표현하는 즐거움을 느낄 수 있다.</td></tr>
<tr><td>학습 자료</td><td colspan="2">호루라기, 리듬스틱, 체육복</td><td>학년군</td><td>유~4학년</td></tr>
<tr><td>안전</td><td colspan="4">모든 동작을 취할 때, 팔이나 다리가 다른 학생의 신체를 건드리는 일이 없도록 넓게 선다. 교사는 안전거리를 유지하도록 모둠을 돌아다니며 지도한다.</td></tr>
<tr><td>준비 운동</td><td colspan="4">3 7</td></tr>
<tr><td>활동 장면</td><td colspan="4"></td></tr>
</table>

팁과 재구성

① 학생들이 움직임의 요소들을 익혔다면, 보다 심화된 요소들을 알려주어 놀이하도록 한다.

② 학생들이 기본적인 움직임의 요소들을 익혔다면, 조금 더 심화된 동작을 통해 한꺼번에 두 가지의 요소를 조합하여 표현해보도록 한다.

<table>
<tr><th>수업 구조</th><th>활동</th></tr>
<tr><td>이해</td><td>▶ 교사는 학생들에게 움직임을 하나씩 보여주며 각 움직임이 어떤 요소를 나타내는지 알려주기</td></tr>
<tr><td>체험</td><td>▶ 본 활동
① 교사는 교실의 가운데에서 교실 중앙을 바라보고 선다.
② 학생들은 5명씩 총 5줄로 교사를 바라보고 선다.
③ '양팔 벌려 나란히' 를 활용하여 학생들 사이의 간격을 띄운다.
④ 학생들에게 여러 가지의 요소를 가르쳐주며 교사가 몸으로 요소를 표현한다.
• 형태 : 대칭/비대칭, 직선/곡선/지그재그
• 공간 : 위에/아래에, 가까이/멀리, 앞/뒤, 오른쪽/왼쪽, 크게/작게
• 에포트 : 빠르게/느리게, 강하게/약하게, 갑작스럽게/자유롭게
⑤ 학생들이 교사의 몸동작을 따라하며 각각의 요소를 익히도록 한다.
⑥ 대조되는 몸동작을 통해 요소들 간의 차이점을 느끼며, 요소의 개념을 익히도록 돕는다.
⑦ 이후, 교사가 5명씩 5모둠을 짜주고, 각 모둠원들이 동그란 원을 만들도록 한다.
⑧ 모둠 안에서 돌아가며 한 학생씩 움직임을 보이고, 다른 학생들은 그 움직임을 보고 어떤 요소를 표현한 것인지 맞추도록 하는 놀이를 진행한다.
⑨ 교사는 각 모둠을 돌아다니며 학생들이 제대로 요소들을 이해하고 있는지 관찰하고, 이해하지 못한 학생은 1대 1로 개인 지도를 한다.</td></tr>
<tr><td>소통</td><td>▶ 아래 평가지를 작성하세요.
<table>
<tr><th colspan="4">요소에 따른 움직임 - 학생 개인 평가지</th></tr>
<tr><td>평가문항</td><td>상</td><td>중</td><td>하</td></tr>
<tr><td>움직임을 표현하는 요소들에는 어떤 것들이 있는지 알 수 있는가?</td><td></td><td></td><td></td></tr>
<tr><td>특정한 요소를 표현하기 위해 몸을 어떻게 움직여야 하는지 알 수 있는가?</td><td></td><td></td><td></td></tr>
<tr><td>친구들의 움직임을 보고 어떠한 요소를 나타내는지 알 수 있는가?</td><td></td><td></td><td></td></tr>
<tr><td colspan="4">* 여러 가지 움직임 표현 활동을 통해 배운 움직임 요소에는 어떤 것들이 있는지 생각나는 대로 쓰고, 놀이 활동을 하면서 힘들었던 점 또는 알게 된 점을 쓰시오.</td></tr>
<tr><td colspan="2">기억나는 움직임 요소들</td><td colspan="2">힘들었던 점 또는 알게 된 점</td></tr>
<tr><td colspan="2"></td><td colspan="2"></td></tr>
</table></td></tr>
</table>

20 신체표현 2단계

학습 목표	교과 목표	신체 표현 요소들을 활용하여 소리에 어울리는 동작을 표현할 수 있다.		
	인성 목표	다른 친구들과 협력하여 문제를 해결하려는 마음가짐을 지닐 수 있다.		
학습 자료	다양한 음악		학년군	유~4학년
안전	모든 동작을 취할 때, 팔이나 다리가 다른 학생의 신체를 건드리지 않도록 넓게 선다. 교사는 학생들이 안전거리를 유지하도록 모둠 사이를 돌아다니며 지도한다.			
준비 운동	• 천둥과 번개 번개가 치면 이내 천둥소리가 들리는 것처럼, 짧은 효과음을 들려주고 3초 뒤에 그것을 신체로 표현해보도록 한다.			
활동 장면				

팁과 재구성

이 활동은 미리 들려준 효과음의 개수에 따라 난이도가 급격히 달라질 수 있다. 또한, 고학년의 경우에는 효과음을 미리 들려주는 과정을 생략하고 진행하여 창의적인 답변이 나오게 할 수도 있다.

수업 구조	활동
이해	▶ 술래를 정하는데 있어서 공평한 방법은 무엇인지 토의하기
체험	▶ 본 활동 ① 한 반 정원을 30명으로 가정했을 때, 5명씩 6개의 모둠을 구성한다. ② 각 모둠에서 술래를 정한다. ③ 교사는 준비한 효과음 샘플 12개를 학생들에게 두 차례씩 들려준다. ④ 교사는 술래가 된 학생에게 헤드폰을 착용시키고, 앞서 들려준 12개의 효과음 중에서 하나의 효과음을 들려준다. ⑤ 술래는 효과음을 몸으로 표현한다. ⑥ 각 모둠은 8개의 효과음 중 어느 효과음을 표현한 것인지를 맞춘다. ⑦ 가장 많은 득점을 한 모둠이 승리한다.

소통

▶ 아래 평가지를 작성해 보세요.

효과음을 듣고 한 가지의 움직임을 보이기 자기 평가			
평가 문항	상	중	하
1. 나는 효과음을 듣고 빠른 시간 안에 동작을 표현해낼 수 있다.			
2. 나는 효과음을 듣고 적절한 동작을 표현할 수 있다.			
3. 나는 나의 표현이 친구들에게 잘 전달되었다고 생각한다.			

1) '쿵' 소리를 표현하기 위해서는 몸동작을 (크게/ 작게) 하는 것이 보다 더 좋다.
2) '휙' 소리를 표현하기 위해서는 몸동작을 (느리게/ 빠르게) 하는 것이 보다 더 좋다.
3) '끼이익' 하는 브레이크 밟는 소리를 표현하기 위해서는 (빠르다가 느리게/ 느리다가 빨리) 하는 것이 더 좋다.

21 신체표현 3단계

<table>
<tr><td rowspan="2">학습 목표</td><td>교과 목표</td><td colspan="3">다양한 음악을 듣고 자기만의 움직임을 표현하면서 창의성과 몸의 리듬감을 기를 수 있다.</td></tr>
<tr><td>인성 목표</td><td colspan="3">상황에 어울리는 몸짓을 상상력을 발휘하여 표현하고 주어진 과제를 다양하게 표현함으로써 특정한 상황에 몸짓을 적절히 적용시킬 수 있다.</td></tr>
<tr><td>학습 자료</td><td colspan="2">미리 준비된 음악, 체육복</td><td>학년군</td><td>유~4학년</td></tr>
<tr><td>안전</td><td colspan="4">혼잡해 질 수 있는 요소들이 많기 때문에 교사는 학생들 간의 간격 배치에 유의한다.</td></tr>
<tr><td>준비 운동</td><td colspan="4">2</td></tr>
<tr><td>활동 장면</td><td colspan="4">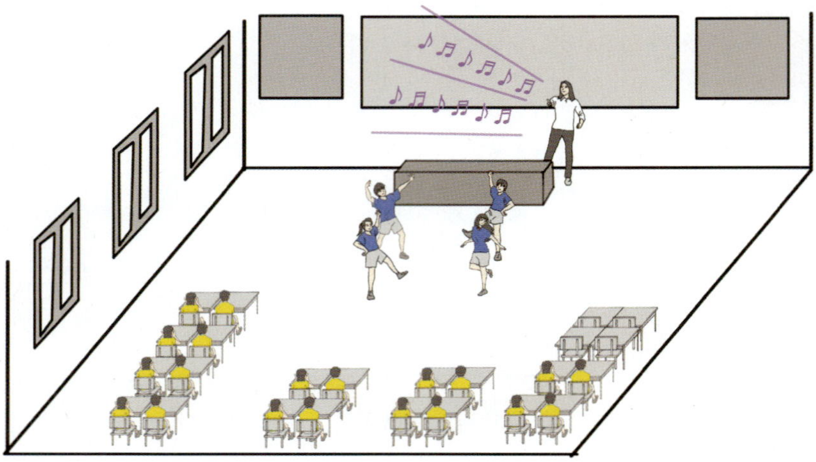</td></tr>
</table>

팁과 재구성

① 음악의 길이가 조금 더 긴 것으로 표현을 해보는 활동을 한다.

② 음악의 성격이 자주 변하는 음악을 선택하여 몸짓 표현을 다양하게 제시할 수 있도록 한다.
ex) 슬픔–경쾌–화남–즐거움

수업 구조	활동
이해	▶ 처음의 음악을 들려준 후 음악의 느낌을 발표하는 시간 갖기 ▶ 이 음악에는 어떤 몸짓이 어울릴지 본격적으로 활동하기 전에 발표해보는 시간 갖기
체험	▶ 본 활동 ① 미리 준비 된 음악들을 미리 학생들에게 들려준다. (이때 교사는 잔잔한 음악, 경쾌한 음악 등 다양한 장르의 음악을 준비하도록 한다.) ② 하나의 음악을 부분으로 잘라서 들려주고 각 부분에 학생들 자신이 생각하는 어울리는 동작을 창의적으로 표현해보도록 한다. ③ 부분으로 들려주던 음악을 전체로 들려주어 움직임을 이어서 표현하도록 한다. ④ 한 개의 음악 표현이 완성되면 다른 음악 또한 이와 같은 과정을 반복한다. ⑤ 2~3개의 표현활동을 마친 후 학생들끼리 서로의 몸짓을 비교하고 의견을 나누는 시간을 갖도록 한다.
소통	▶ 음악을 듣고 자기만의 표현을 할 때 어떤 점이 어려웠는지 써 보세요. ▶ 아래의 두 그림은 음악을 듣고 표현할 수 있는 다양한 몸짓 중 하나이다. 두 상황이 비슷한 음악에서 나왔다면 어떤 분위기의 노래였을지 써보세요. 그렇지 않다고 생각하면 '가' 와 '나' 각각 어떤 음악이 사용되었을지를 써보세요. 가.  나. 

22 신체표현 4단계

<table>
<tr><td rowspan="2">학습 목표</td><td>교과 목표</td><td colspan="3">창의력과 주제표현에 대해 알고 주어진 단어를 창의적으로 표현할 수 있다.</td></tr>
<tr><td>인성 목표</td><td colspan="3">나와 다른 의견이 있을 수 있음을 인정하고 서로 배려하면서 협동할 수 있다.</td></tr>
<tr><td>학습 자료</td><td colspan="2">체육복</td><td>학년군</td><td>5~6학년</td></tr>
<tr><td>안전</td><td colspan="4">학생들이 활동 도중 부상 당하지 않도록 질서 있는 활동이 되도록 지도한다.</td></tr>
<tr><td>준비 운동</td><td colspan="4">3</td></tr>
<tr><td>활동 장면</td><td colspan="4">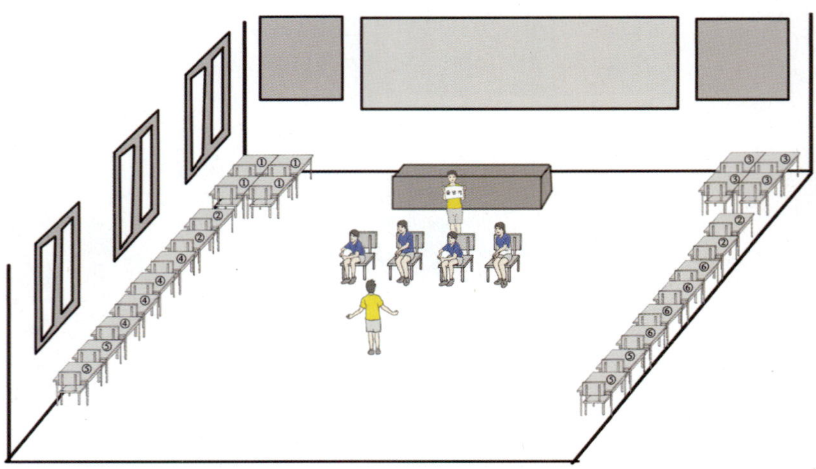</td></tr>
</table>

<table>
<tr><th>수업
구조</th><th>활동</th></tr>
<tr><td>이해</td><td>▶ 교과내용 이해하기
본 수업을 시작하기에 앞서 관련 교과 내용을 설명한다. 창의력은 단순히 새로운 것을 생성해 내는 사고뿐만 아니라 새롭고 유용한 어떤 것을 생산해 내는 행동 또는 정신과정을 포함한다. 창의력을 표현할 수 있는 표현 요소에는 신체, 공간, 노력, 관계 등 네 가지가 있다. 4단계 수업에서는 그 중 신체를 활용한 표현에 주목한다. 신체로 할 수 있는 표현에는 부분과 전체, 대칭과 비대칭 두 가지가 있다. 부분과 전체에 대해서는 신체의 한 부분만 움직여 본 후 신체 전체를 움직여 보면서 그 차이를 느껴볼 수 있다. 대칭과 비대칭에 대해 알아보는 방법은 다음과 같다. 우리 몸 가운데에 선이 있다고 상상하고 좌우가 대칭이 되도록 움직여 본다. 다음은 좌우가 다르게 비대칭이 되게 움직여본 후 대칭일 때와 비대칭일 때의 차이점을 이야기 할 수 있다.</td></tr>
<tr><td>체험</td><td>▶ 본 활동
① 4명~5명씩 모둠을 구성한다.
② 각기 다른 두 모둠에서 두 명의 학생을 나오게 한다. 한 명은 뒤에서 단어가 적힌 카드를 들고 서 있고, 다른 한 명은 앞에서 신체를 이용해 창의적으로 단어를 설명한다.
③ 이때 앞에서 설명하는 학생은 말을 할 수 없고 모둠원들은 뒤를 돌아볼 수 없다. 규칙을 지키지 않으면 감점을 준다.
④ 각 모둠은 손을 들고 발표할 수 있고 발표 기회는 돌아가며 갖는다.
⑤ 단어를 맞히면 다른 두 모둠에서 학생 두 명이 나와 위와 같은 활동을 진행한다.
⑥ 제한 시간 안에 많은 단어를 맞춘 모둠이 승리한다.</td></tr>
<tr><td>소통</td><td>▶ 주어진 단어를 이용하여 신체를 창의적으로 표현한 후 평가기준에 따라 스스로 평가하고, 모둠원간 서로 평가한다.
<table>
<tr><th colspan="2">자기평가 (상 중 하)</th><th colspan="3">모둠원 상호평가</th></tr>
<tr><td rowspan="2">평가기준</td><td rowspan="2">자기
평가
내용</td><td colspan="3">모둠원이름</td></tr>
<tr><td></td><td></td><td></td></tr>
<tr><td>창의력의 정의와 주제표현 구성 원리에 대해 말할 수 있다.</td><td></td><td></td><td></td><td></td></tr>
<tr><td>주어진 단어를 신체를 이용하여 표현할 수 있다.</td><td></td><td></td><td></td><td></td></tr>
<tr><td>활동에 임하면서 반칙을 하지 않았고, 모둠원들과 협동하였다.</td><td></td><td></td><td></td><td></td></tr>
</table></td></tr>
</table>

23 신체표현 5단계

<table>
<tr><td rowspan="2">학습 목표</td><td>교과 목표</td><td colspan="3">꾸미기 체조에 대해서 이해하고, 꾸미기 체조 작품을 창작하여 발표할 수 있다.</td></tr>
<tr><td>인성 목표</td><td colspan="3">표현활동에서 친구들과의 협동이 중요함을 체험할 수 있다.</td></tr>
<tr><td>학습 자료</td><td colspan="2">교사 준비물 : 매트(반 전체가 들어갈 수 있을 만큼 커야 함), 사진기, 놀이터 사진, 학생 준비물 : 직접 찍은 동네 사진</td><td>학년군</td><td>유~6학년</td></tr>
<tr><td>안전</td><td colspan="4">꾸미기 체조를 하는 도중 학생들이 균형을 잃고 넘어질 수 있으므로 꾸미기 체조 활동은 되도록 딱딱한 바닥이나 운동장에서 하지 않는 것이 좋다.</td></tr>
<tr><td>준비 운동</td><td colspan="4">2 3</td></tr>
<tr><td>활동 장면</td><td colspan="4">
놀이터에서 볼 수 있는 것들

<table>
<tr><td></td><td></td><td></td><td>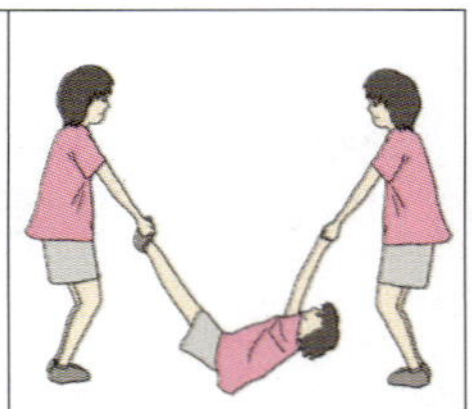</td></tr>
<tr><td>철 봉</td><td>시 소</td><td>미끄럼틀</td><td>그 네</td></tr>
</table>

동네에서 볼 수 있는 것들

<table>
<tr><td></td><td></td><td></td><td></td></tr>
<tr><td>꽃</td><td>산</td><td>다 리</td><td>빌 딩</td></tr>
</table>
</td></tr>
</table>

팁과 재구성

① 표현하고자 하는 장소를 변경한다.

② 꾸미기 체조로 표현하고자 하는 주제를 맞춘다.

수업 구조	활동
이해	▶ 꾸미기 체조에 대해 알아보기
체험	▶ 본 활동 * 장면묘사 - 수업 전 교사는 모둠별로 꾸미기 체조 활동을 할 때, 학생들이 꾸미기 체조 공간을 확보함과 동시에 다른 모둠의 꾸미기 체조를 감상할 수 있도록 적절한 위치에 구역을 설정한다. - 교사가 '시작' 을 외치면 학생들은 자신들이 구상한 꾸미기 체조를 5-10초간 만들고, 교사가 '그만' 을 외칠 때 동작을 푼다. * 교사는 놀이터 사진을 파워포인트로 만들거나 그림을 인쇄하여 준비한다. ① 학생들을 6명씩 구성하여 4개의 모둠으로 나눈다. - 각 모둠에 여학생과 남학생이 고루 배치되도록 구성한다. ② 교사는 학생들이 꾸미기 체조를 통해 표현하고자 할 사물이 있는 장소(놀이터)와 그 장소에 있는 사물들(미끄럼틀, 그네, 시소, 철봉 등)을 제시한다. - 스토리텔링을 통해 장소를 제시해도 좋다. ③ 학생들은 교사가 제시한 주제를 어떻게 표현할 것인지 모둠원들과 의논한다.(5-7분) ④ 의논이 끝나면 한 모둠씩 맡은 주제를 꾸미기 체조를 이용해 표현한다. - 학생들이 만든 꾸미기 체조에 대하여 교사가 조언을 한다. ⑤ 발표가 모두 끝나면 학생들이 가져온 동네 사진을 보면서 모둠별로 '우리 동네에서 볼 수 있는 것' 을 정하는 시간을 가진다.(7-8분) ⑥ 의논이 끝나면 한 모둠씩 맡은 주제를 꾸미기 체조를 이용해 표현한다.

소통

▶ 다음은 꾸미기 체조를 통해 나무를 표현하는 학생에 대한 그림입니다. 물음에 답하세요.

1. (1) 번 그림에서 학생이 고민하는 이유는 무엇일까요?

____

____

2. (4) 번 칸에 들어갈 꾸미기 체조 모형을 그려보세요.

24 신체표현 6단계

학습 목표	교과 목표	직접 춤을 창작하여 몸으로 표현할 수 있다.		
	인성 목표	교사나 다른 학생들의 도움 없이 스스로의 힘으로 자유롭게 창작하고 구성해봄으로써 창의력을 기르고 흥미를 느낄 수 있다.		
학습 자료	의상, 소도구		학년군	5~6학년
안전	의상이나 소도구 등을 제작할 때, 칼 혹은 가위 등에 상처가 나지 않도록 주의한다.			
준비 운동	2 3			
활동 장면				

팁과 재구성

① 점프나 돌기 등의 동작을 추가한다. 꼭 들어가야 하는 동작을 정해준다.

② 두 명 혹은 네 명이 함께하는 동작을 만든다. 친구와 협동하는 동작을 추가한다.

수업 구조	활동
이해	▶ 학생들에게 지금까지 배운 수업 내용 상기하기
체험	▶ 본 활동 ① 학생들은 4~5명 정도로 모둠을 구성한다. ② 모둠원들끼리 상의하여 주제를 정한다. ③ 주제에 대해 생각나는 것이나 추가하고 싶은 동작에 대하여 생각해 본다. ④ 주제와 동작에 적절한 음악을 선택한다. ⑤ 음악의 어떤 부분에 중요한 동작을 넣어야 좋을지 생각한다. ⑥ 주제와 주요 동작에 맞추어 다른 동작들을 구성한다. ⑦ 직접 음악에 맞추어 춤을 춰보며 어색한 부분이 없는지 확인한다. ⑧ 창작한 춤에 맞는 의상과 소도구를 정한다. ⑨ 모두 갖추어 춤을 춰본다. ⑩ 모둠원들끼리 춤에 대해 의견을 나눈다.
소통	▶ 다음을 해결하세요. 신체로 가을을 표현하기에 적절하다고 생각되는 동작과 그 이유를 말해보세요.

제11장

융합교실체육

융합체육수업은 수학, 영어와 진로교육을 익히고 난 후 신체활동과 게임을 통해 체득해가는 활동이다. 여기서 중요한 점은 신체활동이 주가 되고 이를 통해 인지적인 부분의 발달을 꾀하도록 한다는 데 있다.

1 덧셈

학습 목표	교과 목표	콩의 개수를 세어본 후 덧셈을 할 수 있다.	
	인성 목표	속이기 위한 게임이 아닌 수의 개념을 이해하는 게임이므로 정직성이 중요함을 알 수 있다.	
학습 자료	한 명당 콩(바둑알) 8개	학년군	3~4학년
안전	학생들은 자신의 짝을 찾기 위해 순간적으로 몸을 빠르게 움직이므로 주변에 걸려 넘어지거나 부딪힐 수 있는 모서리 등을 조심하도록 한다.		
준비 운동	8		
활동 장면			

팁과 재구성

콩을 금방 잃는 학생을 위해 여분의 콩을 준비한다.

<table>
<tr><th>수업 구조</th><th>활동</th></tr>
<tr><td>이해</td><td>▶ 연산의 개념 이해하기
▶ 게임활동 이해하기</td></tr>
<tr><td>체험</td><td>▶ 준비운동
▶ 본 활동
① 학생들은 교실에 흩어져서 선다.
② 학생들은 한 움큼의 콩을 잡고 다른 손에는 남은 콩을 잡고 그 손을 뒤로 숨긴다.
③ 교사가 짝을 지으라고 할 때까지 교실을 돌아다닌다. 짝을 만나면 주먹을 쥔 채로 먼저 A학생이 보여줄 손을 내민다.
④ B학생은 A학생의 콩이 홀수인지 짝수인지 말한다. A학생은 손을 펴서 콩을 보여준다.
⑤ B학생의 말이 맞으면 콩을 보여준 학생은 임의의 숫자를 이야기한 후 “곱하기(더하기, 빼기, 나누기)”를 외친다.
⑥ A학생은 B학생이 외친 숫자와 콩의 개수를 곱한(더한, 뺀, 나눈) 후 정답이 맞으면 콩을 가질 수 있다. 그러나 정답이 틀리면 콩을 가질 수 없다.
⑦ 다시 돌아다니며 교사의 신호에 따라 동일한 활동을 반복한다.
▶ 정리운동</td></tr>
<tr><td>소통</td><td>
<table>
<tr><th>문 항</th><th>점 수</th></tr>
<tr><td>짝과 함께 최선을 다해 참여하였다.</td><td>3</td></tr>
<tr><td>짝과 함께 최선을 다해 참여하려고 하였다.</td><td>2</td></tr>
<tr><td>짝과 함께 최선을 다해 참여하지 않았다.</td><td>1</td></tr>
<tr><td>전혀 참여하지 않았다.</td><td>0</td></tr>
</table>
<table>
<tr><th>질 문</th><th>작성해 보세요.</th></tr>
<tr><td>사칙연산을 보다 빠르게 계산하기 위해 내가 보완해야 할 점을 적어보세요.</td><td></td></tr>
</table>
▶ 사칙연산이 부족한 학생은 빨리 계산할 수 있도록 학습지를 풀 수 있도록 한다.</td></tr>
</table>

2 몸으로 도형 만들기

<table>
<tr><td rowspan="2">학습 목표</td><td>교과 목표</td><td colspan="3">도형의 이름을 듣고 그 도형을 친구들과 줄을 이용하여 표현할 수 있다.</td></tr>
<tr><td>인성 목표</td><td colspan="3">모둠원들끼리 서로 협동하여 결과물을 만들 수 있다.</td></tr>
<tr><td>학습 자료</td><td colspan="2">학생들이 원형으로 서 있을 수 있는 만큼의 긴 줄</td><td>학년군</td><td>유~2 학년</td></tr>
<tr><td>안전</td><td colspan="4">본 활동을 할 때에 6명이 한 모둠이기 때문에 학생들의 동선이 클 수 있다. 따라서 교사는 활동 전에 넓은 공간을 확보해야 한다.</td></tr>
<tr><td>준비 운동</td><td colspan="4">도형을 찾아보자!
• 6명씩 한 모둠을 이루어 교실 안에 숨겨져 있는 여러 도형의 쪽지를 찾는다. 그 쪽지에는 모둠 전체 미션이 적혀 있다. 제한 시간 10분 내에 쪽지를 많이 찾고 미션을 모두 성공한 모둠이 승리한다.</td></tr>
<tr><td>활동 장면</td><td colspan="4"></td></tr>
</table>

팁과 재구성

① 활동 방법과 규칙은 동일하게 유지하고 제한 시간을 20초로 줄임으로써 학생들의 순발력을 더 높여준다.

② 6명씩 모둠을 구성하여 다섯 모둠을 만든다. 교사는 모둠별로 긴 줄과 골든벨 판을 준다. 각 모둠은 교사가 제시한 도형의 영어 이름을 골든벨 판에 쓰고 도형을 표현한다. 제한 시간은 1분이고, 총 5번의 시도 중에 가장 많이 성공한 모둠이 승리한다.

<table>
<tr><th>수업
구조</th><th>활동</th></tr>
<tr><td>이해</td><td>▶ 다양한 도형 이해하기
▶ 게임활동 이해하기</td></tr>
<tr><td>체험</td><td>▶ 준비운동
▶ 본 활동
① 책상은 뒤로 밀어놓고 학생들이 충분히 움직일 수 있도록 공간을 만들어준다.
② 교사는 3~4학년 학생들이 이미 배운 도형을 외치고 30초의 시간을 준다.
③ 학생들은 줄을 잡고 서서 교사가 제시한 도형을 만든다.
④ 5번의 시도 중 가장 많이 성공한 모둠이 승리하게 된다.
▶ 정리운동</td></tr>
<tr><td>소통</td><td>▶ '매우 잘함 / 잘함 / 보통' 으로 평가하시오
<table>
<tr><th></th><th>자기 평가</th><th>모둠원 평가</th></tr>
<tr><td>1) 성공한 도형의 개수가 4개 이상-매우 잘함/
2개 이상-잘함/ 1개 이하-보통</td><td></td><td></td></tr>
<tr><td>2) 모둠원과 의견을 나누고 협동하면서 활동에
적극적으로 참여했다.</td><td></td><td></td></tr>
</table>
</td></tr>
</table>

3 Where are they?

<table>
<tr><td rowspan="2">학습 목표</td><td>교과 목표</td><td colspan="3">"Where are they?" 표현을 익힐 수 있다.</td></tr>
<tr><td>인성 목표</td><td colspan="3">모둠원들끼리 서로 협동하면서 게임활동에 참여할 수 있다.</td></tr>
<tr><td>학습 자료</td><td colspan="2">없음</td><td>학년군</td><td>5~6학년</td></tr>
<tr><td>안전</td><td colspan="4">학생들은 자신의 짝을 찾기 위해 순간적으로 몸을 빠르게 움직이므로 주변에 걸려 넘어지거나 부딪힐 수 있는 모서리 등을 조심하도록 한다.</td></tr>
<tr><td>준비 운동</td><td colspan="4">14</td></tr>
<tr><td>활동 장면</td><td colspan="4">
</td></tr>
</table>

팁과 재구성

① 술래는 동서남북을 이용하여 말을 할 수 있다. (South, East 등)

② 한 모둠만 나와서 하고 다음 모둠이 할 수도 있으며 4개 모둠이 동시에 진행할 수도 있다. 4개 모둠이 동시에 진행할 경우에 술래는 한 모둠씩 돌아가면서 정한다. 이때 술래는 자기 모둠을 찾아 방향을 가리킨다.

③ "Where are they?" 이외에 다른 영어 표현을 익히도록 한다.

<table>
<tr><th>수업 구조</th><th>활동</th></tr>
<tr><td>이해</td><td>▶ "Where are they?" 의 표현 이해하기
▶ 게임활동 이해하기</td></tr>
<tr><td>체험</td><td>▶ 준비운동
▶ 본 활동
① 5명씩 모둠을 구성하고, 모둠별로 술래를 정한다.
② 술래는 눈을 가린 채 교실 중앙에 선다.
③ 나머지 학생들은 교실의 네 구석 중 한 곳으로 재빠르게 이동한다. (이동하는데 5-10초의 시간을 준다.)
④ 교사가 "Where are they?"이라고 물으면, 술래는 우리 모둠이 있다고 생각되는 쪽을 손으로 지시한다.
⑤ 술래는 눈을 뜨고 정답을 확인한다.
⑥ 새로운 술래를 정하고 활동을 계속한다.
▶ 정리운동</td></tr>
<tr><td>소통</td><td>
<table>
<tr><th>문 항</th><th>점 수</th></tr>
<tr><td>모둠과 함께 최선을 다해 참여하였다.</td><td>3</td></tr>
<tr><td>모둠과 함께 최선을 다해 참여하려고 하였다.</td><td>2</td></tr>
<tr><td>모둠과 함께 최선을 다해 참여하지 않았다.</td><td>1</td></tr>
<tr><td>전혀 참여하지 않았다.</td><td>0</td></tr>
</table>
▶ "Where are they?" 이외에 "Where are my team?" 등 다양한 표현을 자연스럽게 사용하기 위해 친구들과 게임을 해 봅시다.</td></tr>
</table>

4 원, 투, 쓰리, 포

<table>
<tr><td rowspan="2">학습 목표</td><td>교과 목표</td><td colspan="3">친구와 함께 술래에게 잡히지 않도록 움직일 수 있다.</td></tr>
<tr><td>인성 목표</td><td colspan="3">각자의 역할에 맞는 기능을 줌으로써 책임감을 기를 수 있고 자신들만의 전략을 세우는 것을 통해 창의력을 신장시킬 수 있다.</td></tr>
<tr><td>학습 자료</td><td colspan="2">사인펜, A4용지</td><td>학년군</td><td>유~2학년</td></tr>
<tr><td>안전</td><td colspan="4">학생 심판을 정하여 게임을 안전하게 하는 친구들에게 칭찬 카드를 부여하고 칭찬 카드를 받은 학생들은 사탕을 주는 방식으로 게임의 안전성을 높일 수 있다.</td></tr>
<tr><td>준비 운동</td><td colspan="4">다리 숫자 만들기
• 학생들은 의자를 집어넣고 각자의 책상 옆에 선다. 한 분단씩 한 모둠이 되고 교사가 칠판에 1~10/ 1~14 등 학생 수에 알맞은 숫자 범위를 적는다. 학생들은 교사가 적은 숫자의 범위에 맞게 다리를 이용해서 최대한 많은 숫자를 표현해 본다. 숫자를 표현할 때에 다리만 사용해야 하며 학생들끼리 서로 협동하여 2, 3명이 1개의 숫자를 만들 수도 있다. 제일 많은 숫자를 만들어낸 모둠이 점수 1점을 얻는다. 3점을 먼저 만든 모둠이 승자가 된다.</td></tr>
<tr><td>활동 장면</td><td colspan="4"></td></tr>
</table>

팁과 재구성

① 학생들이 술래로부터 잡힐 수 있는 가능성을 높인다. 술래를 더 뽑는다거나 의자에 앉을 수 있는 시간을 3, 4초로 줄여서 게임의 난이도를 높인다.

② 각 모둠별로 뽑기를 하여서 이동하는 방법을 다르게 한다. 모둠별로 대표가 나와서 토끼, 개구리, 강아지 등 움직이는 방법을 각자 다르게 하여 이동하게 한다.

<table>
<tr><th>수업 구조</th><th>활동</th></tr>
<tr><td>이해</td><td>▶ 심판의 역할 이해하기
▶ 게임활동 이해하기</td></tr>
<tr><td>체험</td><td>▶ 준비운동
▶ 본 활동
① 학생들은 의자에 앉는다.
② 3, 4명의 술래를 정한다. 나머지 학생들은 4명씩 짝을 지어 모둠을 구성한다. 4명의 모둠원들에게 각각 one, two, three, four의 영어 숫자가 적힌 종이를 붙여준다.
③ 신호를 하면 모든 학생이 일어선다.
④ 술래는 서 있는 학생을 쳐야 한다.
⑤ 서 있는 학생들은 2가지 방법으로 술래를 피할 수 있다. 자리에 앉거나 숫자를 이용하는 것이다.
첫째, 자리에 앉아서 술래를 피할 때는 5초 동안만 앉아 있을 수 있고, 5초가 지난 뒤에는 5초간 일어나서 술래를 피해 다녀야 한다. 이때 숫자는 영어로 표현한다. 한국말로 표현하면 반칙이 된다.
둘째, 숫자를 이용하는 방법이 있다. '1번을 붙인 학생이 2번의 손을 잡을 때 술래는 2번은 잡지 못한다. 그러나 1번은 술래에게 잡힐 수 있다. 나머지 번호도 위와 같은 규칙을 적용한다. 즉 1 → 2 → 3 → 4 → 1 이렇게 서로의 번호를 술래로부터 보호할 수 있다. 그러나 3명의 학생이 동시에 손을 잡는 것은 허용되지 않는다.
⑤ 술래가 서있는 학생을 치면, 그 학생은 탈락한다. 최대한 많은 모둠원이 살아남은 모둠이 승자가 된다.
▶ 정리운동</td></tr>
<tr><td>소통</td><td>▶ 모둠에서 역할을 잘 수행한 친구를 뽑고, 그 이유를 적어봅시다.
<table><tr><th>이름</th><th>이 유</th></tr><tr><td></td><td></td></tr><tr><td></td><td></td></tr></table></td></tr>
</table>

5 Colors

<table>
<tr><td rowspan="2">학습 목표</td><td>교과 목표</td><td colspan="3">구호에 맞춰 정확한 동작을 하며 모둠원들과 줄을 맞춰 행진할 수 있다.</td></tr>
<tr><td>인성 목표</td><td colspan="3">신체의 다양한 부분을 이용하여 모둠원들과 동작을 만들 수 있다.</td></tr>
<tr><td>학습 자료</td><td colspan="2">사인펜, A4용지</td><td>학년군</td><td>유~2학년</td></tr>
<tr><td>안전</td><td colspan="4">학생 심판을 정하여 게임을 안전하게 하는 친구들에게 칭찬 카드를 부여하고, 칭찬 카드를 받은 학생들에게 사탕을 주는 방식으로 게임의 안전성을 높일 수 있다.</td></tr>
<tr><td>준비 운동</td><td colspan="4">2</td></tr>
<tr><td>활동 장면</td><td colspan="4">
</td></tr>
</table>

팁과 재구성

① 모둠의 수를 늘려 외워야 할 동작의 수가 많아지게 한다.

② 구호 이름에 다양성을 준다. 악어, 사자 등으로 구호의 이름을 바꾸어 다시 활동 해본다.

수업 구조	활동
이해	▶ 다양한 색깔의 영어표현 이해하기 ▶ 게임활동 이해하기
체험	▶ 준비운동 ▶ 본 활동 ① 학생들을 5개의 모둠으로 나누고, 모둠의 이름을 각각 Red, Blue, Yellow, Green, Purple로 정한다. ② 각 모둠은 행진 중에 어떤 동작을 할지에 대해 의논한 뒤, 한 동작을 정한다. ex) 양팔을 모두 하늘을 향해 뻗기, 발을 구르기 ③ 각 모둠이 정한 동작을 반 전체 친구들 앞에서 선보인다. 'Red' 모둠에서 정한 동작이 발을 구르는 동작이라면, 행진 도중에 교사가 'Red'라고 외쳤을 때, 모두 발을 굴러야 한다. ④ 각 모둠이 정한 동작을 소개한 뒤, 모둠별로 모여 각 구호마다 어떤 동작을 하는지 확인하는 시간을 갖고 구호에 맞춰 행진하는 연습을 한다. ⑤ 충분한 연습시간을 가진 뒤, 한 모둠씩 나와서 행진해 보는 시간을 갖는다. 이때 구호는 다른 모둠의 학생들이 외치도록 한다. ⑥ 어느 모둠이 동작을 정확하고, 통일성 있게 행진을 했는지 평가하는 시간을 갖는다. ▶ 정리운동
소통	▶ 모둠에서 정한 동작을 직접 그려보고 왜 이 동작을 선택하였는지 써 봅시다. ▶ 모둠원들과 함께 행진 연습을 할 때 가장 어려웠던 점이 무엇인지 써 봅시다.

6 "C"를 찾아라

<table>
<tr><td rowspan="2">학습 목표</td><td>교과 목표</td><td colspan="3">"C"로 시작하는 여러 단어들을 생각할 수 있고, 이것을 실제 물건과 연관시켜 찾을 수 있다.</td></tr>
<tr><td>인성 목표</td><td colspan="3">주변에 물건에 관심을 갖으면서 '나'를 둘러싸고 있는 세상에 좀 더 관심을 기울일 수 있다.</td></tr>
<tr><td>학습 자료</td><td colspan="2">학생들이 영어로 말할 수 있는 여러 가지 물건들</td><td>학년군</td><td>유~2학년</td></tr>
<tr><td>안전</td><td colspan="4">책상 배치를 할 때에는 학생들의 동선과 겹치지 않게 하고, 모서리가 있는 부분이 앞쪽으로 나오지 않도록 한다. 학생들끼리 부딪쳤을 때 서로 사과하고 양보하도록 지도한다.</td></tr>
<tr><td>준비 운동</td><td colspan="4">알맞은 과일을 찾아라!
• 5명씩 한 모둠을 이루어 과일카드를 나누어준다. 모둠 중에 1, 2, 3, 4, 5번 순서를 정하여 차례대로 교사가 부르는 과일 카드를 가져온다. 1등을 한 학생이 가장 많은 모둠이 승리한다.</td></tr>
<tr><td>활동 장면</td><td colspan="4"></td></tr>
</table>

팁과 재구성

① 교사가 삼각형, 사각형, 원과 같은 도형을 말하면 그 모양을 하고 있는 물건을 교사에게 가져온다. (나머지 규칙은 본 게임과 동일)

② 교사가 음식, 과학 도구 등과 같은 한 범주를 말해주면 그에 속한 물건을 교사에게 가져온다. (나머지 규칙은 본 게임과 동일)

수업 구조	활동
이해	▶ 우리 교실 물건의 영어표현 이해하기 ▶ 게임활동 이해하기
체험	▶ 준비운동 ▶ 본 활동 * 활동 전 교사는 학생들의 수준을 고려한 여러 가지 물건들을 교실 곳곳에 미리 배치해 둔다. ① 책상을 ㄷ자 형태로 미뤄놓고 교실 중앙에 돗자리를 깔아 학생들이 5명씩 한 모둠을 이루어 앉을 수 있도록 한다. ② 모둠별 내에서 번호가 빠른 순대로 1, 2, 3, 4, 5번 순서를 정한다. ③ 번호 순대로 교사가 말한 알파벳 철자로 시작한 물건을 교실 곳곳에서 찾아 교사에게 가져간다. ④ 모둠 내에 1등이 가장 많은 모둠이 승리하게 된다. ⑤ 모둠원이 물건을 찾지 못하고 헤맬 때 같은 모둠원이 힌트를 줄 수 있다. ▶ 정리운동
소통	▶ 모둠원들끼리 서로 도와줄 때 의사소통을 올바르게 하였나요? 불편하거나 힘든 점이 무엇이었는지 쓰고, 해결방안을 써보세요. ▶ 우리 주변에는 어떠한 물건들이 있었나요? 그리고 이 활동을 통해 느낀 점은 무엇인가요?

7 문장 완성하기

<table>
<tr><td rowspan="2">학습 목표</td><td>교과 목표</td><td colspan="3">대화문을 듣고, 알파벳 카드를 이용하여 한 문장을 순서대로 배열할 수 있다.</td></tr>
<tr><td>인성 목표</td><td colspan="3">모둠원들이 서로의 능력을 보완하기 위해 협동할 수 있다.</td></tr>
<tr><td>학습 자료</td><td colspan="2">대화문, 알파벳 카드</td><td>학년군</td><td>5~6학년</td></tr>
<tr><td>안전</td><td colspan="4">심화 활동에서는 알파벳을 몸으로 표현하고, 미션을 수행하는 등 움직임이 커지므로 넘어지거나 다치지 않도록 칠판 앞에 매트를 깔아 놓도록 한다.</td></tr>
<tr><td>준비 운동</td><td colspan="4">철자를 맞춰요!
• 5명씩 모둠을 구성하고 이전 차시 중에 나왔던 단어를 교사가 말하면 모둠원이 모두 나와 철자를 순서대로 배열한다. 이때 걸린 시간이 짧은 모둠이 승리하게 된다.</td></tr>
<tr><td>활동 장면</td><td colspan="4">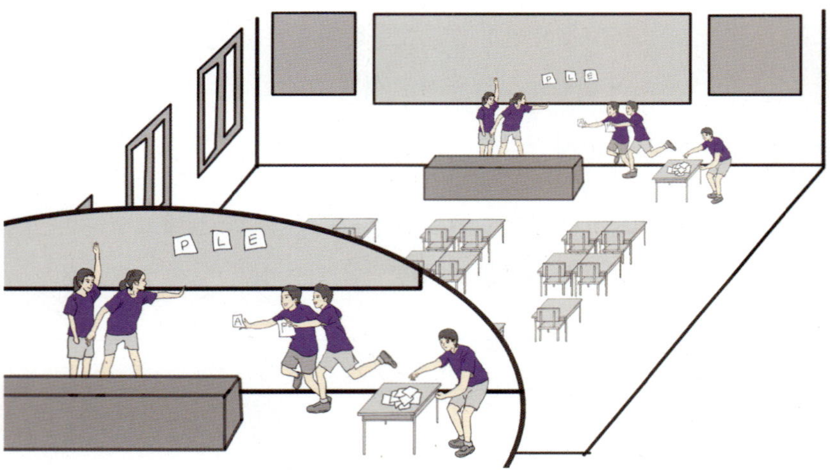</td></tr>
</table>

팁과 재구성

① 알파벳을 고른 후 칠판에 붙이기 전에 해당 알파벳을 몸으로 표현해야만 칠판에 붙일 수 있다. (나머지 규칙은 본 활동과 동일)

② 알파벳 뒤에 미션을 적고(제기차기, 후프 돌리기 등) 그 카드를 칠판에 붙이기 위해서는 미션을 수행해야만 한다. (나머지 규칙은 본 활동과 동일)

<table>
<tr><th>수업
구조</th><th>활동</th></tr>
<tr><td>이해</td><td>▶ 그동안 배운 영어 문장 표현 이해하기
▶ 게임활동 이해하기</td></tr>
<tr><td>체험</td><td>▶ 준비운동
▶본 활동
① 책상은 5명이 한 모둠을 이루는 형태로 만든다.
② 교사가 반 학생들 모두에게 대화문을 들려준다. (읽어주어도 좋고, 컴퓨터를 이용하여도 좋다.)
③ 대화문은 6문장으로 이루어져 있는데 1모둠부터 차례로 나와 1~6번을 제비뽑기로 골라 그 번호 순서의 문장을 다시 들은 후 앞 책상 위에 있는 알파벳 카드를 순서대로 칠판에 붙인다.
④ 이때 교사는 모든 모둠원들이 참여하도록 격려한다.
⑤ 모둠별로 시간을 측정하여 짧은 시간을 소비한 모둠이 승리한다.
▶ 정리운동</td></tr>
<tr><td>소통</td><td>▶ 이 활동을 혼자서 하는 상황을 상상해보고, 모둠원끼리 활동을 하였을 때 좋은 점과 불편한 점을 써 봅시다.
<table><tr><td>좋은 점</td><td></td></tr><tr><td>불편한 점</td><td></td></tr></table></td></tr>
</table>

8 신체 진로교육 I

<table>
<tr><td rowspan="2">학습 목표</td><td>교과 목표</td><td colspan="3">직업을 알맞게 표현하며, 직업의 다양성에 대해 알 수 있다.</td></tr>
<tr><td>인성 목표</td><td colspan="3">직업에 대해 표현해 보면서 표현력을 키우고, 다양한 직업을 간접적으로 경험해 볼 수 있다.</td></tr>
<tr><td>학습 자료</td><td colspan="2">이모티콘 PPT자료</td><td>학년군</td><td>5~6학년</td></tr>
<tr><td>안전</td><td colspan="4">교실이라는 작은 공간에서 여러 명과 함께하는 활동이기 때문에 동작을 크게 하지 않도록 지도한다.</td></tr>
<tr><td>준비 운동</td><td colspan="4">표정을 따라 해요
• 슬픔, 기쁨, 우울 등을 나타내는 이모티콘을 보여주며 그 표정을 다함께 따라해 본다. 그 후 감정, 동물 등의 주제어를 제시해 짝과 함께 번갈아 가며 표현하고 맞춰보도록 한다. 맞출 때마다 1점씩 추가하고, 높은 점수를 획득한 학생이 승리한다.</td></tr>
<tr><td>활동 장면</td><td colspan="4"></td></tr>
</table>

팁과 재구성

① 직업명은 상상력을 동원해 다양화 한다. ex) 배가 아픈 의사, 오징어 댄서 등

② '무궁화 꽃이 피었습니다.'를 '꽃이 피었습니다.', '피었습니다.' 이렇게 줄여 나가며 학생들이 생각할 동작의 시간을 줄인다.

<table>
<tr><th>수업
구조</th><th>활동</th></tr>
<tr><td>이해</td><td>▶ 다양한 직업에 대해 이해하기
▶ 게임활동 이해하기</td></tr>
<tr><td>체험</td><td>▶ 준비운동
▶ 본 활동
* 6명씩 세 모둠으로 나누어 진행한다.
* 교사는 시작 전 출발선을 색깔 테이프로 표시해둔다.
① 한 모둠을 6명으로 구성하여 가위, 바위, 보를 통해 술래를 정한다.
② 먼저, 술래는 특정 직업을 외친다.
③ 술래가 '무궁화 꽃이 피었습니다.' 를 외치는 동안 나머지 학생들은 직업을 나타내는 동작을 취한다.
- 이때 행동도 가능하다.
④ 술래는 동작을 잘 표현한 친구를 고른다.
⑤ 선택받은 학생은 한 발 앞으로 나오도록 한다.
⑥ 제일 먼저 도착한 학생이 다음 라운드에 진출하게 된다.
- 각 모둠별로 먼저 도착한 학생들끼리 결승전을 한다.
- 결승전에서 최종 승리한 학생이 표현왕이 된다.
▶ 정리운동</td></tr>
<tr><td>소통</td><td>▶ 오늘 표현해본 다양한 직업 중 3가지를 선택하고, 그 직업에 대해 간단히 조사해 봅시다.
<table>
<tr><th>직업명</th><th>어떤 일을 하는 직업인가요?</th></tr>
<tr><td></td><td></td></tr>
<tr><td></td><td></td></tr>
<tr><td></td><td></td></tr>
</table>
</td></tr>
</table>

9 신체 진로교육 II

<table>
<tr><td rowspan="2">학습 목표</td><td>교과 목표</td><td colspan="3">여러 가지 직업에 대해 알고 몸으로 표현할 수 있다.</td></tr>
<tr><td>인성 목표</td><td colspan="3">여러 직업을 알아보면서 자신의 꿈에 대해 생각해보는 시간을 갖고, 똑같은 직업카드를 갖고 있는 친구를 찾는 과정을 통해 여러 친구와 친해지며 사교성을 키울 수 있다.</td></tr>
<tr><td>학습 자료</td><td colspan="2">직업이름이 적힌 카드 (학생 수에 맞게 준비한다)</td><td>학년군</td><td>5~6학년</td></tr>
<tr><td>안전</td><td colspan="4">게임이 활동적이지는 않지만 경쟁이 과열되어 몸싸움이 일어나거나 교실에서 뛰어다닐 수 있기 때문에 주의 깊은 관찰이 요구된다.</td></tr>
<tr><td>준비 운동</td><td colspan="4">나는 만물이다.
• 학생들은 자유롭게 교실에 흩어져서 선다. 교사는 학생들에게 자연, 사물, 동물, 식물 등을 몸으로 표현하라고 한다. 예를 들어, 교사가 "나비처럼 날기"라고 말하면 학생은 교실 안에서 자유롭게 나비처럼 나는 흉내를 내며 표현을 한다. 추상적인 것도 가능하다. 비오는 날의 천둥번개의 경우에 학생들은 상상력을 발휘하여 몸으로 천둥번개를 표현할 수 있다.</td></tr>
<tr><td>활동 장면</td><td colspan="4"></td></tr>
</table>

팁과 재구성

① 직업카드에 변화를 주어 다소 생소한 직업들을 끼워 넣는다.

② 동일한 카드의 수를 반 전체 인원수에 맞게 3개, 4개로 늘려 해당 직업을 찾는 시간을 늘리도록 한다.

<table>
<tr><th>수업
구조</th><th>활동</th></tr>
<tr><td>이해</td><td>▶ 다양한 직업에 대해 이해하기
▶ 게임활동 이해하기</td></tr>
<tr><td>체험</td><td>▶ 준비운동
▶ 본 활동
* 학생들은 책상 옆에 서 있고 책상 위에는 한 장씩 카드를 엎어놓는다.
① 학생들은 돌아다니다가 신호를 주면 카드를 하나 집어 든다.
② 학생들은 카드에 적힌 직업을 몸으로 표현하고 같은 직업을 갖고 있는 학생을 찾는다. 이때 말을 하면 안 된다.
③ 같은 직업을 선택한 학생과 짝을 지었으면, 교사 앞에서 서로의 직업을 말해 같은 직업인지 확인한다.
④ 틀릴 경우, 학생들은 카드를 제자리에 엎어놓고 다른 카드를 보기 위해 돌아다닌다.
⑤ 맞을 경우, 교실 옆으로 가서 대기한다.
⑥ 그렇게 모든 학생이 끝날 경우 한 게임이 끝난다.
▶ 정리운동</td></tr>
<tr><td>소통</td><td>▶ 다음 그림의 직업이 무엇인지 써보세요.
<table>
<tr><td></td><td></td><td></td><td></td><td></td></tr>
<tr><td>1번</td><td>2번</td><td>3번</td><td>4번</td><td>5번</td></tr>
<tr><td></td><td></td><td>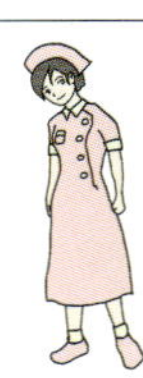</td><td></td><td></td></tr>
<tr><td>6번</td><td>7번</td><td>8번</td><td>9번</td><td>10번</td></tr>
</table></td></tr>
</table>

소통

1번		2번		3번		4번		5번	
6번		7번		8번		9번		10번	

▶ 어떤 직업을 가지고 싶은가요? 미래 직업을 가진 자신의 모습을 그리고 그 이유를 써 보세요.

〈그림 표현〉

〈글로 표현〉

제12장
민속놀이

이 장에서는 전통적으로 전해 내려오는 민속놀이를 교실에서 즐기기 적합하게 변형하여 만들었다. 민속놀이는 '오래 전부터 전해 내려오는 놀이'라는 의미로 전래놀이나 전통놀이로 혼용하여 사용하기도 한다.

1 여우야 여우야 뭐하니

학습 자료	접시콘	학년군	1~3학년
활동 장면			

체험	1. 접시콘으로 출발선(동그라미에서 3~5m 정도 떨어진 곳에 표시)과 동그라미를 표시하고, 술래는 동그라미 안에 뒤돌아 앉는다. 2. 술래가 아닌 아이들은 출발선에서부터 다음과 같이 노래를 부르며 술래에게 한 발 한 발 다가간다. 아이들: 여우야 여우야 뭐하니? / 술래: 잠잔다 / 아이들: 잠꾸러기 아이들: 여우야 여우야 뭐하니? / 술래: 세수한다 / 아이들: 멋쟁이 아이들: 여우야 여우야 뭐하니? / 술래: 밥 먹는다 / 아이들: 무슨 반찬? 술래: 개구리 반~찬! / 아이들: 죽었니? 살았니? / 술래: 죽었다(혹은 살았다) 3. 노래 끝에 술래가 '죽었다' 라고 외치면 아이들은 정지 상태로 있어야 한다. 움직이면 뿅망치 벌칙을 받는다. 4. 노래 끝에 술래가 '살았다' 라고 외치면 재빨리 출발선 너머 안전지대로 앉은 상태(오리걸음)로 간다. 출발선 너머 안전지대에 도착하기 전에 술래가 치면 그 아이가 술래가 된다. 술래가 여러 명을 쳤을 경우 가위바위보를 통해 술래를 정한다. 5. 술래가 한 명도 치지 못한 경우에는 다시 술래가 된다.

팁과 재구성	▶노래말 가사를 바꾸어 불러본다.

2 오리알 술래잡기

학습 자료	모둠 조끼	학년군	3~4학년

활동 장면

체험

1. 두 명의 술래는 한 자리에 함께 서서 "무궁화 꽃이 피었습니다."를 큰 소리로 외친 다음 다른 아이들을 치러 다닌다. 이때 술래를 포함한 모든 아이들은 한발로 뛰어 다닌다.
2. 술래가 손으로 치려고 하면 얼른 "오리알!" 이라고 외치며 주저앉는다. 그러면 술래가 쳐도 잡히지 않는다.
3. 앉아 있다가 술래가 아닌 친구가 손으로 치면서 "부활!" 하고 외쳐주면 "신난다!" 라고 외치며 일어서서 돌아다닌다.
4. 돌아다니다가 술래가 손으로 치면 그 아이는 술래가 되는데 교사에게 모둠 조끼를 받아 조끼를 입고 "무궁화 꽃이 피었습니다!"를 외친 후 놀이 구역으로 들어가서 술래 역할을 한다.
5. 일정 시간 동안 술래잡기를 하고 다시 술래를 정하여 놀이를 이어간다.

팁과 재구성

▶메뚜기 술래잡기: 가위바위보로 술래를 두 명 정하고 안대를 착용한다. 나머지 아이들은 웅크리고 앉는다. 술래 눈을 피해 메뚜기처럼 폴짝 뛰어오르면서 박수를 친다. 술래는 박수 소리를 듣고 메뚜기를 잡는다. 단, 메뚜기가 뛰어오를 때에만 잡을 수 있다. 술래에게 잡힌 경우 술래가 되어 점점 술래가 늘어나는 방식으로 진행한다.

3 강강술래 이어달리기[1]

학습 자료	없음	학년군	3~6학년
활동 장면			

체험	1. 학생들을 두 모둠으로 나누고, 각 모둠에서 공격과 수비를 담당할 학생들을 정한다. 2. 공격을 담당할 학생들은 주자가 되고, 수비를 담당할 학생들은 원형대형으로 손을 잡고 선다. 3. 공격을 담당하는 주자들은 선생님의 신호와 함께 출발하며, 상대의 원형대형 안으로 들어가 한 바퀴를 돌고 되돌아온다. 4. 이 때 수비를 담당하는 학생들은 강강술래를 부르며 빙빙 돌면서 상대 주자를 어지럽히거나 움직임을 방해한다. 5. 마지막 주자까지 먼저 들어온 모둠이 이기고, 한 경기가 끝나면 공수를 바꿔 진행한다.

팁과 재구성	▶주자가 원형대형으로 들어가는 과정에서 안전사고가 일어나지 않도록 지나친 신체 접촉은 반칙임을 사전에 알려주도록 한다.

1) 출처: 공창수 외 5명(2015). 놀이터학교 만들기. 지식프레임.

4 제기 달리기

학습 자료	제기 12개, 종이 상자 2개, 창의 주사위 2개	학년군	1~6학년
활동 장면			

체험	1. 두 모둠으로 나눈다. 2. 출발선을 정한 후, 출발선 앞에 주사위를 놓고, 2m 앞에 제기를 차는 선을 그린다. 3. 제기 차는 선에서 일정 거리에 종이상자를 놓는다. 4. 출발 신호가 떨어지면 각 모둠의 맨 앞사람은 주사위를 던진 후 자를 확인한 뒤 제기를 차는 선까지 앉아서 오리걸음으로 간다. 5. 제기를 차는 선 앞에 서서 주사위에서 나온 수만큼 제기를 종이 상자 안에 넣은 다음 출발점으로 돌아와 다음 사람과 손바닥을 마주친다. 6. 같은 방식으로 모든 모둠원이 돌아올 때까지 계속 경기를 한다. 7. 먼저 모두 들어온 모둠이 이긴다.

팁과 재구성	▶제기를 차는 선과 종이 상자의 거리를 짧게 시작하였다가, 점점 거리를 멀게 진행할 수 있다.

5 실내화 투호 놀이

학습 자료	실내화, 종이 상자 또는 우유곽	학년군	1~6학년
활동 장면	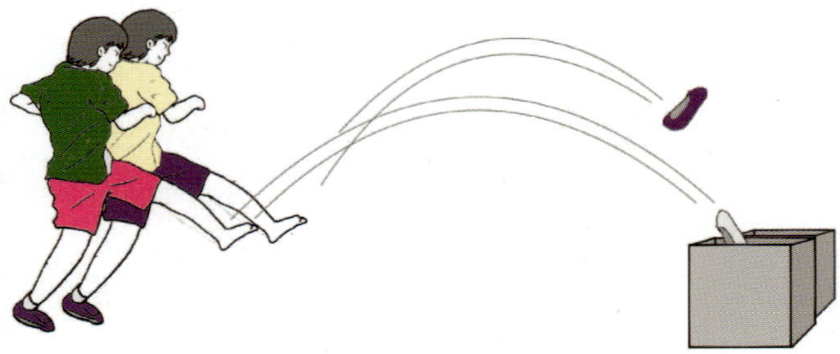		

체험	
체험	1. 4~5명씩 모둠을 만든다. 2. 모둠 전체의 실내화를 한 짝씩 모아 출발선 앞에 놓는다. 3. 출발선에서 조금 떨어진 거리에 종이 상자를 둔다. 4. 모아놓은 모둠 전체의 실내화를 한 사람이 걸쳐 신고 종이 상자에 하나씩 던져 넣는다 5. 모둠 구성원이 모두 돌아가며 실내화 투호 놀이를 한다. 6. 각 모둠별로 가장 잘 하는 사람을 뽑아 왕중왕전을 한다.

팁과 재구성	
팁과 재구성	▶가까운 거리에서 투호놀이를 진행하다가 점차 거리를 늘려 진행할 수 있다.

6 우유 곽 차기

학습 자료	우유곽 30개	학년군	1~6학년
활동 장면	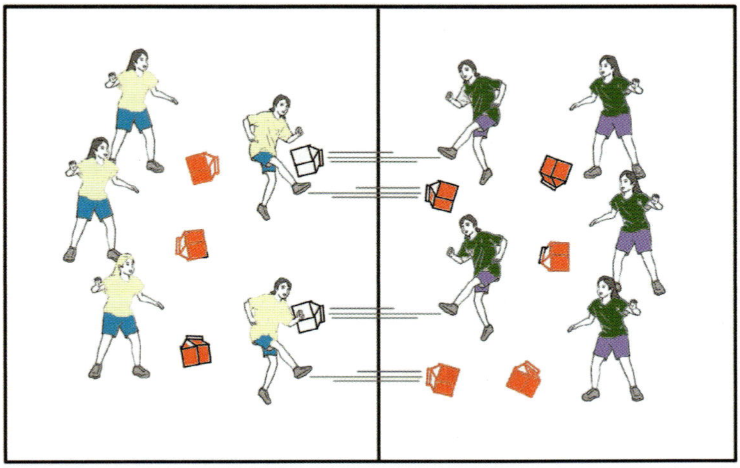		

체험	1. 교실을 전체 2등분한 후, 아이들을 두 모둠으로 나눈다. 2. 교실 가운데에 기준선을 만들어 각 모둠의 영역을 만든다. 각 모둠의 영역에 우유곽 15개씩을 한 줄로 세운다. 3. 시작 신호가 떨어지면 자기 모둠의 영역에 있는 우유 곽을 발로 차서 상대 영역으로 보낸다. 4. 종료 신호가 떨어졌을 때, 자기 영역에 우유 곽이 더 적게 있는 모둠이 이긴다. 5. 우유곽은 씻어서 말린 후 사용하도록 한다.
팁과 재구성	▶공격과 수비의 역할을 나누어 전략을 짜서 게임을 진행할 수 있다. ▶ 우유곽 200ml 100개, 500ml 55개를 주민센터로 가져가면 휴지 1롤로 교환해 준다. 수업 후 자원 재활용 교육으로 활용할 수 있다.

7 풍선 굴렁쇠

학습 자료	풍선, 나무젓가락	학년군	1~6학년

활동 장면

체험

1. 두 모둠으로 나눈다.
2. 두 개의 반환점을 설치한다.
3. 시작 신호가 떨어지면, 각 모둠의 맨 앞의 친구가 나무젓가락으로 굴렁쇠를 굴리듯 풍선을 몰아서 반환점을 돌아온다.
4. 같은 방식으로 모든 모둠원이 돌아올 때까지 계속 경기를 한다.
5. 먼저 모두 들어온 모둠이 승리한다.

팁과 재구성

▶나무젓가락 이외에 다른 도구나 신체는 쓰지 않도록 규칙을 정한다.

8 강강술래하며 튕겨

학습 자료	풍선	학년군	4~6학년
활동 장면			

체험	1. 두 모둠이나 반 전체가 서로 손을 잡고 원을 만든 후, 신체 부위를 이용해 풍선을 위로 튕겨 올린다. 2. 시작할 때 풍선을 띄우기 위해서만 손을 사용하고, 그 이후에는 머리, 어깨, 무릎, 배등의 신체 부위만 사용하여 풍선을 튕긴다. 3. 모둠 친구들끼리 잡은 손이 풀리거나, 풍선이 바닥에 떨어지면 멈춘다. 4. 협동하여 가장 오래 풍선을 튕기는 시간을 측정하여 더 오래 풍선을 튕길 수 있도록 도전한다.

팁과 재구성	▶놀이에 점차 익숙해지면 모둠의 인원수를 늘려서 진행한다.

9 무궁화 꽃이 어떻다고?

학습 자료	없음	학년군	3~6학년
활동 장면	 		

체험	1. '무궁화 꽃이 피었습니다'와 기본적인 규칙은 같다. 2. 단, 술래는 '무궁화 꽃이~'라는 말 뒤에 특정 규칙이나 동작을 넣어서 뒤를 돌아본다. 3. 다른 학생들은 술래가 제시한 동작을 술래가 다시 돌아설 때까지 지속해야한다. 4. 예를 들어, 술래가 '무궁화 꽃이 발목잡고 앉아있습니다'라고 말했다면, 다른 학생은 모두 발목을 잡고 앉아있어야 한다. 5. 술래가 제시한 동작을 따라하지 못한 학생은 술래에게 잡힌다.
팁과 재구성	▶술래에게 문장을 크고 분명한 어조로 말하게끔 지도해야 놀이에 혼선이 생기는걸 피할 수 있다.

10 제기 치기

학습 자료	제기, 주걱, 훌라후프	학년군	3~6학년
활동 장면			

체험	1. 출발선을 긋고 출발선으로부터 일정한 위치에 훌라후프를 놓는다. 2. 학생들을 두 모둠으로 나눠 각 모둠의 훌라후프가 놓인 출발선 앞에 서도록 한다. 3. 선생님의 신호와 함께 한명씩 돌아가면서 주걱으로 제기를 쳐 훌라후프 안에 들어가게 한다. 4. 더 많은 제기가 훌라후프 안에 들어가 있는 모둠이 승리한다.
팁과 재구성	▶주걱이 없다면 책 등, 제기가 없다면 동전이나 공 등으로 도구를 바꿔 진행할 수도 있다.

〈책 속의 민속놀이〉

장	놀이명	쪽수
7	7. 교실 줄다리기	114
7	9. 교실 땅따먹기	118
8	8. 우유곽 투호놀이	138
9	16. 교실 씨름	200
16	12. 소고춤 ①	228
16	13. 소고춤 ②	230
16	14. 소고춤 ③	232
16	15. 소고춤 ④	234
16	16. 소고춤 ⑤	236

참고문헌

고문수, 엄혁주, 송지환(2015). 제2판 초등체육수업론. 서울: 교육과학사.

김선일(2010). '0교시 체육수업'을 통해 체육의 효과를 과학적으로 검증하다. 우리체육, 6, 35-42.

엄혁주(2014). 팀 구성에서 차별을 경험한 초등학생의 내러티브 연구-자기차이 이론(self-discrepancy theory). 한국초등체육학회지, 20(3), 1-13.

엄혁주, 고문수(2013). 체육수업에서의 감정적 협박에 관한 사례연구. 교과교육학연구, 17(4), 1081-1100.

엄혁주, 고문수(2014). 학교스포츠클럽 참가에 따른 기본 심리욕구와 스포츠품성 및 스포츠맨십 간의 관계. 한국초등체육학회지, 20(2), 65-76.

이상헌 역(2009). 운동화 신은 뇌. 서울: 북섬.

조한무, 엄혁주(2014). 초등학생의 방과 후 스포츠 참여정도와 품성 및 학교생활 적응 분석. 한국초등체육학회지, 19(4), 125-137.

Bredekamp, S. (1987). *Developmentally appropriate practice in early childhood programs serving children from birth through age 8: Expanded edition*. Washington, DC: National Association for the Education of Young Children.

Bredekamp, S. (1993). Myths about developmentally appropriate practice: A response to Fowell and Lawton. *Early Childhood Research Quarterly, 8*, 117-119.

Claudine Joëlle Gauthier, Muriel Lefort, Saïd Mekary, Laurence Desjardins-Crépeau, Arnold Skimminge, Pernille Iversen, Cécile Madjar, Michèle Desjardins, Frédéric Lesage, Ellen Garde, Frédérique Frouin, Louis Bherer, Richard D. Hoge(2015). Hearts and minds: linking vascular rigidity and aerobic fitness with cognitive aging. *Neurobiology of aging, 36* (1), 304-314.

king, N. R. (1979). Play: The kindergartner's perspective. *Elementary School Journal, 80*, 81-87.

Laura C. H, Kirk I. E., Joseph L. H,, Michelle W. V., Matthew B. P., Lauren B. R., Charles H. H., and Arthur F. K(2014). Aerobic fitness is associated with greater white matter integrity in children. *Frontiers in Human Neuroscience,* doi: 10.3389/fnhum.2014.00584.

Malina, Robert M. (2001). Physical activity and fitness: Pathways from childhood to adulthood. *American Journal of Human Biology, 13* (2), 162–172.

Orlick, Terry (2006). *Cooperative Games and Sports: Joyful Activities for Everyone (Second Ed).* Champaign, IL: Human Kinetics Publishers.

Piaget, J. (1953). *The origins of intelligence in the child.* London: Routledge & Kegan Paul.

Rink, J. E. (2002). *Teaching physical education for learning (4th ed.).* Boston: McGraw Hill.

USDHHS (2008). *Physical Activity Guidelines for Americans [Internet].* Washington(DC): USDHHS. Available from: www.health.gov/paguideline, 2008.

Weininger, O. (1972) Effects of parental deprivation: an overview of literature and report on some current research. *Psychol Rep 30:* 591–612.

찾아보기

저자 소개

엄혁주(polight@korea.kr)

경인교육대학교 학사
고려대학교 교육학 석사, 체육학 박사
비상교육 체육교과서 집필 위원
아이스크림원격연수원 강사
엄쌤의 교실체육&생존수영 카페 운영자
아동운동심리작가
한국초등체육학회, 한국체육교육학회 이사
경기도 초등학교 교사

〈저서 및 역서〉
실내에서 끝장내는 체육놀이(아이스크림)
재미있는 101가지 준비운동, 정리운동(공역, 레인보우북스)
초등 체육수업론(공저, 교육과학사)
생존 수영(부크크)
신체활동 영어(공저, 레인보우북스)

〈삽화〉

임지백(icepal@naver.com)

경인교육대학교 졸업
경인교육대학교 교육대학원 교육학 석사(초등미술교육 전공)
2011 전국단위 초등 4, 5학년 교과 학습 진단 평가 삽화제작
2012, 2015 인천영상페스티벌 최우수상 수상
경인교육대학교 만화동아리 페이지 회장 역임
(현) 인천광역시 초등학교 교사, 인천서부 교육방송연구회 회장

〈출품〉
2006 경인교대 60주년 미술교육과 총 동문전
2010 제29회 인천시 초등교원 미술작품전

〈2판〉
엄혁주 선생님의 웃음과 배움이 넘치는
교실체육

2015년 4월 30일 1판 1쇄 발행
2019년 2월 20일 2판 1쇄 인쇄
2019년 2월 25일 2판 1쇄 발행

저　자 • 엄혁주
그　림 • 임지백
발행자 • 한정주
발행처 • 교육과학사

경기도 파주시 광인사길 71
전화 • 031) 955-6956~8 / 팩스 031) 955-6037
Home-page • http://www.kyoyookbook.co.kr
E-mail • kyoyook@chol.com
등록 • 1970년 5월 18일 제2-73호

정가 18,000원
ISBN 978-89-254-1353-2